The
Garland Library
of
War and Peace

The
Garland Library
of
War and Peace

Under the General Editorship of

Blanche Wiesen Cook, *John Jay College, C.U.N.Y.*

Sandi E. Cooper, *Richmond College, C.U.N.Y.*

Charles Chatfield, *Wittenberg University*

La Guerre et la paix

Recherches sur le principe
et la constitution du droit des gens

by

Pierre-Joseph Proudhon

in two volumes
Vol. II

with a new introduction
for the Garland Edition by
Mark Weitz

Garland Publishing, Inc., New York & London
1972

Library of Congress Cataloging in Publication Data

Proudhon, Pierre Joseph, 1809-1865.
  La guerre et la paix.

  (The Garland library of war and peace)
  Reprint of the 1861 ed., issued in series: Essais de
philosophie pratique, no. 13 and Collection Hetzel.
  1. International law. 2. War (International law)
I. Title. II. Series.
JX2728.G9 1972   341.1   70-147438
ISBN 0-8240-0227-X

LA GUERRE

ET LA PAIX

RECHERCHES

SUR LE PRINCIPE ET LA CONSTITUTION

DU DROIT DES GENS

LIVRE TROISIÈME

LA GUERRE DANS LES FORMES

(SUITE)

CHAPITRE VI

CRITIQUE DES OPÉRATIONS MILITAIRES.
DES ARMES,
DE L'ESPIONNAGE, DES RUSES DE GUERRE.

De l'idée que nous nous serons faite de la guerre dépend donc le jugement que nous aurons à porter en dernier ressort sur la moralité d'une collision entre deux États, sur l'utilité de la victoire, la solidité de la conquête, la valeur des combattants et la gloire des généraux.

La guerre est-elle simplement, comme quelques-

II.   1

uns le prétendent, *l'art de détruire les forces de l'ennemi?* Soit. L'histoire abonde en sujets qui se sont signalés dans cet art horrible; et si c'était le lieu de nous étendre sur la stratégie, la tactique, la poliorcétique, la balistique, nous constaterions qu'en effet, d'après ses praticiens comme d'après ses théories, la guerre n'a pas eu jusqu'à présent d'autre objet. Mais qu'on ne nous parle plus alors du droit de la guerre. Le droit de la guerre, principe de tout héroïsme, et dont la renommée des conquérants ne saurait se passer, est une fiction atroce qui a cela de particulier qu'elle fait des représentants de la force autant de tartufes. De toutes les hypocrisies, la plus lâche n'est-elle pas, en effet, celle de la bravoure recourant à l'astuce et à la trahison ?

Au contraire, la guerre est-elle, comme nous le soutenons, et comme le sentaient d'instinct les vieux enfants de Romulus, le jugement de la force? La guerre alors, de même que le combat judiciaire et le duel, a ses règles d'honneur; elle a son droit, qui ne consiste pas en de vaines démonstrations de philanthropie ou de sournoises formalités, mais qui se déduit logiquement de l'idée même de la guerre, qui subsiste malgré les infractions des guerriers, et que l'histoire sanctionne, en confirmant les faits de guerre accomplis en conformité de ce droit, ou les annulant et les punissant lorsqu'ils lui sont contraires.

Il n'y a pas une tierce opinion à suivre : il faut opter.

D'un côté le guerre franche, morale, féconde, guerre qui honore la défaite autant que la victoire, et fait vivre ensemble, comme des frères, les vainqueurs et les vaincus ; de l'autre la guerre perfide et stérile, qui dégénère en sauvagerie et brigandage, et rend les haines de peuple à peuple irréconciliables.

Aux faits signalés dans le précédent chapitre, nous allons en joindre d'autres, non moins graves.

L'emploi de la force, dans les luttes nationales, implique l'effusion du sang. On peut même dire que le péril de mort est nécessaire pour mettre en lumière, avec les forces physiques, les forces morales, le courage, la vertu, le dévouement. Or, suivant que la destruction de l'ennemi sera considérée comme le but spécial de la guerre, ou seulement comme la conséquence possible, mais non directement cherchée de la lutte des forces, on conçoit qu'ici, comme dans le duel, le choix des armes n'est pas chose indifférente. Il y a matière à règlement et définition.

On s'est servi pour le duel ou combat singulier de toutes sortes d'armes : sabre, épée, fleuret, dague, poignard, couteau, fusil, carabine, pistolet, pique, lance, bâton, massue, hache, fléau, marteau, compas (dans les duels des compagnons du devoir), etc. Aujourd'hui les seules armes reçues sont l'épée, le sabre, le fleuret et le pistolet. Au moyen âge on se battait à pied ou à cheval, cuirassé ou en chemise ; de nos jours, on ne se bat plus qu'à pied et en chemise.

En cherchant la raison de cette simplification du duel, on découvre que l'on a voulu deux choses : en écarter tout ce qui pouvait le ravaler ou le rendre atroce, en même temps lui donner tout ce qui pouvait faire valoir le courage des combattants.

Je demande donc s'il n'en devrait pas être de même à la guerre ; s'il est permis à la guerre, plus que dans le duel, d'employer toute espèce de moyen homicide, le poison, par exemple, ce qui peut se faire de plusieurs manières, en empoisonnant les armes, lançant des gaz asphyxiants, ou infectant les boissons et aliments? La réponse de Grotius est équivoque sur tous ces cas.

« Certaines nations, dit-il, sont dans l'habitude « d'empoisonner leurs flèches, et l'on ne saurait dire « que le droit de nature s'y oppose. Toutefois les na- « tions de l'Europe ont aboli entre elles cet usage, « qui n'est pas *dans les voies de la force ouverte.* »

Quant aux boissons et aliments, Grotius réprouve le poison, tout en reconnaissant qu'il est permis de rendre les eaux impotables en y jetant des cadavres, de la chaux, comme aussi de dénaturer, par des moyens analogues, les comestibles.

Vattel partage sur ce point l'avis de Grotius.

Ici paraît l'incertitude des principes du célèbre juriste. La guerre a-t-elle pour but direct la destruction de l'ennemi? Dans ce cas, point de scrupules : les mines, les machines infernales, l'huile de vitriol, l'eau bouillante, le poison, la chaux, les charognes, la dyssenterie, l'aveuglement, la famine, la peste, les flèches à crochet ou empoisonnées, tout ce qui produit d'incurables blessures comme ce qui tue sur-le-champ, il faut tout prendre, faire, comme on dit, flèche de tout bois.

Mais la guerre est-elle avant tout, comme le dit son nom latin et comme le porte sa définition, un duel de la force et de la vaillance, dans lequel la mort apparaît comme un risque, non comme une fin? Il est évident qu'alors il y a lieu à un règlement d'armes, sans quoi la guerre n'est plus qu'une lutte hideuse entre une armée de Castaings et une autre armée de Brinvilliers. Je n'aime point ce général qui, dans un combat de mer, ayant fait provision de vipères renfermées dans des bouteilles, les fit jeter par ses soldats dans les vaisseaux ennemis, cherchant ainsi, par une espèce de trahison, ce qu'il désespérait d'obtenir par la force. Et je regarde comme digne du supplice des assassins le soldat qui mord sa balle, dans l'idée que cette morsure empoisonne le projectile et tuera infailliblement l'ennemi.

Nos militaires, il faut leur rendre cette justice, ont généralement horreur de pareils moyens. Je ne leur demande donc que d'être d'accord avec eux-mêmes. Ils croient à un droit de la guerre, par conséquent

à une réglementation des armes, quand ils réprouvent
l'empoisonnement de l'ennemi. Qu'ils suivent cette
idée, et qu'ils répondent maintenant à ma question :
Peut-on regarder comme permises par le droit de la
guerre ces armées de précision qui foudroient à des
distances énormes et à coup sûr ; ces projectiles de
toute forme, coniques, creux, à ressort, qui, après
avoir perforé le corps de l'adversaire, laissent des
blessures dangereuses, pires que celles causées par
les bombes orsiniennes?

« Les Français, écrivait lors de la guerre de Lom-
« bardie un correspondant du *Times*, ont introduit
« récemment dans le service une nouvelle balle, dont
« la base creuse est en forme de pyramide. Cette
« forme donne à la balle cette propriété que, lorsque
« la pointe de la balle touche un os, la base de la py-
« ramide s'ouvre aux angles et fait une blessure ter-
« rible que le médecin de l'hôpital m'a montrée, en
« l'appelant *sehr schœn*.

Le fait rapporté par le *Times* est-il exact? Je m'en
méfie. La presse anglaise est peu bienveillante pour
l'honneur français. L'infanterie française est regardée
aujourd'hui comme la plus brave du monde dans
les charges à la baïonnette ; elle l'a prouvé dans cette
même guerre de Lombardie. Qu'a-t-elle besoin de
balles à ressort?... En tout cas, si les Français ont eu

en ceci le triste mérite de l'invention, ils ne tarderont pas à éprouver les inconvénients de la contrefaçon. C'est pourquoi je dénonce à mon tour le fait à la loyauté de tous les militaires, qui certes n'ont pas imaginé la balle à ressort, et dont la bravoure sait fort bien se passer des inventions infernales des armuriers [1].

1. Les Français ne sont pas seuls, à ce qu'il paraît, coupables de ces attentats contre le droit de la guerre. On lit dans *le Nord* du 3 février 1860 : « Le général Dieu a été, comme vous savez, « grièvement blessé dans la campagne d'Italie. La plus grave de « ses blessures a été causée par une *balle explosible, qui lui a* « *éclaté dans le côté. Quelques fragments des os fracturés par le* « *projectile se sont logés dans les intestins, et y occasionnent fré-* « *quemment des abcès qu'on est obligé de percer.* On ne peut se « faire une idée des souffrances que ces opérations répétées font « endurer à l'héroïque malade. Il les supporte avec une résigna- « tion d'autant plus admirable qu'il connaît toute la gravité de « son mal, etc. »

N'est-ce pas une honte, disait Bayard à propos de l'arquebuse, qu'un homme de cœur soit exposé à périr par une misérable *fri- quenelle* contre laquelle il ne peut se défendre, et qui met de pair le vaillant et le lâche?... A quoi servent, demanderai-je à mon tour, pour le but de la guerre, ces inventions atroces? N'avions- nous pas assez de la lance et de l'épée? Il est vrai qu'avec la lance et l'épée il faut s'aborder de près, ce qui paraît convenir moins à notre moderne bravoure. Notez cependant que les mêmes na- tions qui fabriquent des balles explosibles rougiraient, comme d'une trahison, de les empoisonner. Quelle délicatesse!

C'est un hommage à rendre au corps de l'artillerie française : elle est peu favorable aux inventions destructives, et je l'ai en- tendu blâmer à ce propos par des *industriels* qui se croyaient certainement aussi amis du progrès que philanthropes. Nos ar- tilleurs pensent, apparemment, qu'ils ont bien assez de la mi-

Quoi qu'il en soit de l'anecdote racontée par le *Times*, il est certain que toutes les nations de l'Europe font maintenant usage de la carabine et du canon rayés, de la balle et du boulet coniques, plus dangereux que les mêmes projectiles ronds. On parle même de donner à tous les soldats de l'armée française, cavaliers et fantassins, des revolvers à six coups. Pourquoi ce perfectionnement qui, loin d'ajouter à la force et au courage, sert plutôt la faiblesse et la lâcheté; qu'on peut même dire inutile, puisqu'il suffit pour la victoire que le soldat soit mis hors de combat? N'est-ce pas manquer de tous points au but de la guerre, qui est de vider les différends entre nations par les voies de la force? L'empereur Napoléon III a témoigné, dans la dernière campagne, d'une grande sollicitude pour les blessés, français et autrichiens. Je l'en louerais davantage, si j'apprenais qu'il emploie son autorité sur l'armée et son crédit auprès des puissances pour faire abandonner l'usage des balles coniques et à ressort. Je ne sais plus quel roi de France fit assurer une pension à l'inventeur d'une machine infernale, à condition qu'il ne communiquerait son secret à personne. « Nous avons assez de moyens de « nous détruire, disait-il; je ne veux pas ouvrir de « concours pour cet objet. » L'exemple est bon à

traille, et qu'il est plus digne de gens d'honneur de s'aborder à l'arme blanche que de se canarder à des distances de quatre et cinq kilomètres. En vérité, on ne saurait être plus rétrograde.

suivre : il témoigne, chez un prince ambitieux, — les rois de France le furent tous, — d'un véritable sentiment du droit de la guerre et du droit des gens.

C'est surtout depuis l'invention de la poudre que les idées se sont perverties sur la nature et le droit de la guerre, notamment en ce qui concerne le règlement des armes. On a prétendu que l'emploi du canon avait démocratisé le métier de soldat et porté à la noblesse un coup sensible, en neutralisant la cavalerie et en amoindrissant l'avantage de la bravoure personnelle. J'aimerais mieux, je l'avoue, que le tiers état eût appris à opposer cavalerie à cavalerie, au risque de voir la féodalité durer cent ans de plus.

D'autres, soi-disant amis de l'humanité, se félicitent de voir les armes et machines de guerre suivre les progrès de l'industrie et devenir de plus en plus meurtrières. La guerre finira, disent-ils, par l'excès même de sa puissance destructive. Ils ne voient pas que cette manière de mettre fin à la guerre aboutit tout juste à la désorganisation politique et sociale. Quand les armes seront telles que le nombre et la discipline, aussi bien que le courage, ne seront plus de rien à la guerre, adieu le règne des majorités, adieu le suffrage universel, adieu l'empire, adieu la république, adieu toute forme de gouvernement. Le pouvoir est aux plus scélérats. Ne sait-on pas que si le peuple de Paris voulait user des moyens de destruction que le progrès de l'industrie et des sciences a mis en sa main, aucune

1.

force ne serait capable de le réprimer? Pourquoi donc
aujourd'hui l'émeute fait-elle silence? C'est que le
peuple, même à l'état d'insurrection, croit au droit de
la guerre. Il lui répugne d'attaquer son ennemi par
derrière, d'employer, pour le détruire, le poison, les
fusils à jet continu, les machines à la Fieschi, et les
bombes fulminantes. Comme Barbès, il préfère, au
péril de sa vie, descendre en plein boulevard, en faisant à ses ennemis leur part d'ombre et de soleil.

On a dit que depuis l'invention des armes à feu la
guerre était devenue moins meurtrière. Les plus
grandes batailles de ce siècle n'offrent pas de carnage
comparable à celui de Cannes, par exemple, où
Annibal égorgea 50,000 Romains, et perdit lui-même
plus de 20,000 hommes.

J'avoue le fait; mais je n'en attribue point la cause
à l'artillerie, ce qui serait tout simplement absurde.

Il y a, dans une bataille, trois moments principaux.
Le premier est l'engagement, *congressus :* c'est celui
où les deux armées en viennent aux mains sur toute
leur ligne ; puis vient le combat proprement dit, ou
l'effort, *pugna, conatus,* qui dure jusqu'à ce que l'une
des deux armées faiblisse et que ses bataillons soient
rompus ; enfin la tuerie, *cædes,* qui commence, ainsi
que la fuite du vaincu, à la rupture des bataillons.
C'est ainsi qu'à la bataille de Cannes, sur 90,000
hommes dont se composait l'armée romaine, il y en
eut 50,000 de tués.

Cette tuerie, dernier acte de la bataille, qu'on trouve
régulièrement indiquée dans les auteurs, n'existe plus
pour les modernes que comme un accident. L'ennemi
enfoncé se retire, s'il peut, ou met bas les armes. Au
lieu de massacrer, on fait des prisonniers, ce à quoi le
vainqueur est d'autant mieux disposé qu'il s'est battu
à distance, par des manœuvres et de la fusillade plutôt
que par des chocs, et qu'il est moins échauffé au carnage. C'est aussi un effet de ce sentiment d'humanité
dont j'ai parlé plusieurs fois, sentiment qui a diminué
les destructions de la guerre, mais sans en améliorer
les mœurs, comme le prouve le fait même de l'invention et du perfectionnement des armes à feu. Autrefois,
le nombre des morts et des blessés pendant les deux
premiers actes de la bataille était moindre ; le massacre
ne commençait qu'au dernier acte. Aujourd'hui l'on
se foudroie à distance, en quantité énorme et en
nombre à peu près égal ; l'avantage du vainqueur
est dans le nombre des prisonniers. Ici l'humanité
triomphe, j'en tombe d'accord, mais à la fin ; elle est
sacrifiée, au commencement. Compensation faite, la
valeur militaire a perdu, et la guerre se déprave.

En révolution, disait amèrement Danton, lorsqu'il
se vit enlacé par l'astuce de Robespierre, le triomphe
est au plus scélérat. Il en serait ainsi de la guerre,
d'après les maximes en crédit : la victoire promise au
plus vaillant appartiendrait au plus meurtrier. Supposons qu'aujourd'hui l'un des souverains de l'Europe

possédât seul le secret du fusil et du canon rayés, des
fusées à la Congrève, de l'obusier Paixhans : se croi-
rait-il, la guerre s'allumant, autorisé à s'en servir?
Assurément, si nous devons nous en rapporter au droit
de la guerre tel que l'entendait Grotius et qu'on l'enseigne encore aujourd'hui. L'histoire est pleine de batailles gagnées par la supériorité des armes, plutôt
que par le courage et la force des soldats.

Je dis que de semblables trophées sont chargés de
honte et ne prouvent rien. La guerre, telle que la
veut le droit de la force, telle que le genre humain la
conçoit et que les poëtes la célèbrent, est une lutte
d'énergie, de bravoure, de constance, de prudence,
d'industrie même, si l'on veut; on en fait un assaut
d'extermination. Passe encore s'il s'agissait de brigands
à détruire, de flibustiers, de négriers, auxquels les nations ne doivent ni merci ni miséricorde. Mais entre
citoyens, combattant, non pour le pillage, mais pour
la liberté et la suprématie de leur pays, pareille interprétation du droit de la guerre répugne.

Une déloyauté en amène une autre. Est-il permis à
la guerre de tromper l'ennemi, tranchons le mot, de
mentir? — Certainement, répond Grotius; et le voilà
qui se jette dans une longue dissertation, dont la substance est que, hormis ce qui a été convenu par traité
après la guerre, et qui a pour objet de régler la situation à nouveau, toute tromperie ayant pour but de
faire tomber l'ennemi dans un piége est de bonne

guerre. A cette occasion, il émet la dangereuse maxime, renouvelée de Machiavel et des Jésuites : qu'il est licite de mentir par raison d'État et pour cause de religion. C'est le cas de dire, en parodiant Horace : *Dulce et decorum est pro patria mentiri.*

Admettons pour un moment cette singulière jurisprudence, que la tromperie étant de droit à la guerre n'implique ni crime ni délit. Pourquoi, alors, fusiller les espions, au lieu de les faire simplement prisonniers? Comment! voici un tirailleur qui, couché à plat ventre, comme un chacal, derrière un buisson, tire sur un bataillon qui passe et qui ne l'aperçoit seulement pas. Qu'on se mette à sa poursuite et qu'on l'atteigne, il sera probablement passé par les armes, *vitam pro vita*, à quoi je n'ai rien à dire. Mais qu'il parvienne à s'échapper, et que le lendemain, dans une affaire générale, il soit fait prisonnier : en supposant qu'on le reconnaisse, on n'a plus le droit de le tuer pour le fait de la veille; il n'aura fait que son métier de combattant. En sorte que le flagrant délit aura été tout son crime. En revanche, le paysan qui aura averti les tirailleurs de l'arrivée du bataillon, si plus tard il est arrêté et convaincu, sera pendu. Il est réputé *espion*.

Il y a plus. Que le même soldat, que le droit de la guerre protége aujourd'hui dans son service de tirailleur, quitte son uniforme, ses armes, prenne un déguisement, comme faisait Du Guesclin quand il enlevait

les châteaux forts des Anglais, et passe dans le camp
ennemi pour observer ce qui s'y passe : aussitôt il devient lui-même espion, et s'il est pris, bien que son
crime ne soit commis qu'à moitié, on le fusille à l'instant, impitoyablement. Pendant le siége de Sébastopol, un officier de l'armée russe, découvert dans les
retranchements de l'armée alliée, où il se livrait à un
espionnage héroïque, faillit périr de la sorte. Il ne dut
son salut qu'à la vitesse de ses jambes. Je renouvelle
ma question : Comment, si le mensonge et l'embuscade sont de droit à la guerre, si toutes les armées
pratiquent, les unes à l'égard des autres, l'espionnage,
comment l'espionnage est-il traité sur le pied de trahison et d'assassinat?

J'insiste sur ce point, qui montre d'une manière
frappante combien les militaires sont convaincus, au
fond de leur âme, de la réalité du droit de la guerre,
et quelles ténèbres règnent à ce sujet dans leur conscience. La même chose qu'on punit comme infâme
chez un ennemi, en vertu du droit de la guerre, on se
la permet à soi-même comme licite et honorable, en
vertu du même droit. Je lis dans le *Cours d'art militaire* de M. Laurillard-Fallot, professeur à l'École militaire de Bruxelles :

« On envoie des hommes intelligents et bien payés,
« qui, sous prétexte de commerce, de livraisons de
« grains ou de bestiaux, se mettent en rapport avec

« les fournisseurs de l'armée ennemie et les chefs de
« communes frappées de réquisitions. »

Voilà bien l'espionnage conseillé, préconisé comme
instrument de tactique, et en vertu du droit de la
guerre. C'est une des qualités d'un grand général
d'être bien servi, bien renseigné par ses espions. Mais
s'agit-il des espions de l'ennemi, l'auteur change aussitôt de langage. Il ajoute, quelques lignes plus bas :

   « Si l'humanité défend de priver de la vie l'homme
« contre lequel il n'y a que de simples soupçons, rien
« n'empêche de le retenir jusqu'à ce que ses rapports
« aient cessé d'offrir des dangers. Le soin de notre
« propre défense nous oblige, et la responsabilité de
« la vie de tant d'hommes confiés à notre conduite
« nous fait un devoir d'être inexorables pour la *trahi-*
« *son* prouvée. »

   Soupçonné, l'espion est retenu; convaincu, il est fu-
sillé comme *traître*. La raison d'État militaire ne plaisante pas. Mais comment l'écrivain que je cite ne s'a-
perçoit-il pas que ce qu'il trouve juste de flétrir dans
un cas ne peut pas devenir légitime dans l'autre; et
réciproquement que ce qu'il conseille à celui-ci, il n'a
pas le droit de le proscrire chez celui-là? L'espionnage
est un fait de guerre, rien de plus : voilà ce que la logique lui commande de dire. Donc, ou revenez aux

vrais principes, dont vous n'admettez que la moitié, et
abstenez-vous de part et d'autre de toute trahison et
guet-apens ; ou bien ayez le courage de sanctionner
votre commune fourberie, et traitez réciproquement
vos espions comme vous faites vos tirailleurs, vos pa-
trouilles et vos estafettes. Il n'y a pas de milieu.

Tous les journaux ont rapporté l'histoire de cet officier autrichien qui, dans la dernière guerre, fit fusiller
toute une famille piémontaise soupçonnée, à tort ou à
raison, d'avoir fait l'espionnage. Onze personnes, parmi
lesquelles un vieillard de soixante ans et un enfant de
quatorze, furent passées par les armes. M. de Cavour
dénonça le fait à l'indignation de l'Europe. M. de Cavour a eu grandement raison, si la guerre, par sa nature et par son objet, doit se renfermer exclusivement
dans les moyens de force, attendu qu'elle est un jugement de la force, et qu'elle ne saurait sans infamie
prendre un autre caractère. Mais tel n'est pas le code
actuellement en vigueur. D'après ce code, dont on n'aurait jamais fini de relever les contradictions, mais qui,
tel qu'il est, suffit pour justifier pleinement l'officier autrichien, il est permis de mettre à mort les citoyens
qui espionnent pour le compte de leur pays, comme
les transfuges, les déserteurs et les traîtres, avec lesquels ils n'ont évidemment rien de commun ; permis
en outre de les décourager par la *terreur,* autre moyen
de guerre universellement admis, et qui emporte, à
l'occasion, le massacre de familles entières, sans dis-

tinction d'âge ni de sexe, de coupable ni d'innocent.
L'exécution des onze Piémontais n'a pas empêché les
Autrichiens d'être battus, sans doute : ceci est une
autre affaire. Mais il est probable que la terreur aura
retenu les langues ; et qui sait si l'éclat fait par M. de
Cavour n'a pas justement servi l'objet que se proposait l'Autrichien ?

Grotius va plus loin encore. Il est d'avis qu'on peut
à la guerre, en toute honorabilité, afin de mieux tromper l'ennemi, arborer son pavillon, prendre ses cou-
leurs, dérober, s'il se peut, son mot d'ordre. De faits
pareils les exemples abondent. Sur quoi je réitère mon
observation : comment ne voit-on pas que, par ces
indignes et immorales pratiques, on substitue à la
guerre des hommes, rationnelle et généreuse, juste et
féconde, la chasse à l'affût des carnassiers ? C'est une
maxime parmi les militaires qu'*un général peut être
vaincu*, mais qu'*il ne doit jamais être surpris*. Je le
vieux bien. Mais il y a surprise et surprise, et je ne
puis mettre sur la même ligne la vigilance de l'homme
qui combat, avec la félonie du lâche qui trompe. C'est
une honte pour l'humanité qu'un général honnête
homme, servant son pays dans une guerre régulière,
ait à s'occuper de pareils risques. Est-ce que la police
de la guerre ne devrait pas l'en affranchir ?

Sur tout cela Vattel et les autres pensent absolument comme Grotius. Vattel établit fort bien que les
conventions entre ennemis doivent être observées :

mais s'agit-il des faits de guerre, il trouve parfait que
la ruse et la tromperie, *falsiloquium,* se joignent à la
force ; il va même jusqu'à voir dans cet usage un progrès de la civilisation sur la barbarie.

« Comme l'humanité nous oblige à préférer les
« moyens les plus doux dans la poursuite de nos
« droits, si, par une ruse de guerre, une feinte
« exempte de perfidie, on peut s'emparer d'une place
« forte, surprendre l'ennemi et le réduire, il vaut
« mieux, il est réellement plus louable de réussir de
« cette manière que par un siége meurtrier ou par
« par une bataille sanglante. »

Et il ajoute en note :

« Il fut un temps où l'on condamnait au supplice
« ceux qui étaient saisis en voulant surprendre une
« place. En 1597, le prince Maurice voulut surprendre
« Venloo. L'entreprise manqua, et, quelques-uns de
« ses gens ayant été pris, ils furent condamnés à la
« mort, le consentement des parties ayant introduit ce
« nouvel usage des droits, pour obvier à ces sortes de
« dangers. »

Cet usage-là était dans la bonne voie. « Mais, » dit
Vattel avec un sentiment non équivoque de satisfaction, « depuis lors l'usage a changé... *Les stratagèmes*
« *font la gloire des grands capitaines.* »

Il dit encore, sans songer que les faits qu'il cite démentent sa théorie :

« On a vu des peuples, et les Romains eux-mêmes
« pendant longtemps, faire profession de mépriser à
« la guerre toute espèce de surprise, de ruse, de stra-
« tagème ; d'autres, tels que les anciens Gaulois, qui
« allaient jusqu'à marquer le temps et le lieu où
« ils se proposaient de livrer bataille. *Il y avait plus*
« *de générosité que de sagesse dans une pareille con-*
« *duite.* »

Il cite également, d'après Tite-Live, livre XLII, c. 47, l'exemple des sénateurs qui blâmaient la conduite peu franche tenue dans la guerre contre Persée.

Il résulte de ces passages, qui n'ont jamais été relevés ni contredits, que ni Grotius, ni Vattel, ni aucun de leurs successeurs, n'ont connu la vraie nature, le but et l'essence de la guerre ; qu'ils n'en ont pas compris les lois, et qu'il est juste de leur imputer la plus grande partie du mal qui l'a accompagnée depuis deux siècles. Comment accuser les militaires, quand les docteurs enseignent une pareille morale ?

A Lonato, en 1796, le général Bonaparte, accompagné de son état-major et suivi seulement de 1,200 hommes, tomba au milieu de 4,000 Autrichiens qui le sommèrent de se rendre. On sait comment Bo-

naparte se tira de ce mauvais pas. Il fit débander les
yeux au parlementaire, lui dit qu'il était le général
en chef, que les Autrichiens étaient eux-mêmes cer-
nés par l'armée française, et qu'il leur accordait trois
minutes pour se rendre. La bonhomie germanique fut
dupe de la rouerie italienne, et 4,000 hommes posè-
rent les armes devant 1,200.

J'aime en Bonaparte ce sang-froid que rien n'étonne;
mais je souffre quand je vois présenter ce trait à l'admiration de la postérité. Est-ce là la guerre? Est-ce là
sa loi? N'en est-ce pas plutôt la dépravation? On découvre ici le guerrier qui, après une série de victoires
remportées par l'adresse plus que par la force, sera à la
fin écrasé par la force. — Bonaparte, demandera-t-on,
eût donc mieux fait de se rendre? — Eh! non. Bonaparte, s'il avait eu en ce moment autant de grandeur
d'âme que d'aplomb, après avoir mystifié les 4,000 Autrichiens qui lui demandaient son épée, les aurait ren-
voyés avec armes et bagages. C'est au surplus un cas
que je laisse à décider à la conscience des militaires; la
question pour moi est plus élevée. Je dis que dans un
différend de peuple à peuple, là où la vaillance des armées, assistées, je le veux et je l'exige, du GÉNIE des
généraux, doit décider de la victoire, il est contre la
nature des choses, et partant contre le droit, d'agir de
surprise et d'employer la fourberie. Le génie à la guerre
n'est pas le mensonge, pas plus que la saisie des possessions de l'ennemi n'est le pillage des habitants, pas

plus que l'homicide, en bataille rangée, n'est l'assassinat. Ce peut être une question de savoir si les 4,000 Autrichiens qui avaient perdu leur route avaient le droit d'enlever les 1,200 Français qui s'étaient de leur côté égarés : je n'aime pas plus ces raccrocs à la guerre que dans la littérature et les beaux-arts, et je voudrais ici une bonne définition. Mais je nie que les 1,200 Français eussent le droit, en bonne guerre, d'emmener prisonniers 4,000 hommes qui, sur un mensonge hardiment exprimé, avaient la simplicité de se croire perdus. Qu'on cite, si l'on veut, l'aventure de Lonato en exemple, soit de la présence d'esprit d'un général, soit des irrégularités auxquelles, dans un siècle où le droit de la guerre n'est qu'à moitié connu, le plus brave peut avoir recours : à la bonne heure ! Mais qu'on ne fasse pas de la conduite du général Bonaparte en cette circonstance un exemple à suivre ; ce serait corrompre la morale des armées, ce serait enseigner l'art d'éterniser entre les nations la guerre, et la mauvaise guerre.

CHAPITRE VII.

CRITIQUE DES OPÉRATIONS MILITAIRES :
ACTES DE VANDALISME, SIÉGES, BLOCUS, MASSACRES,
VIOLS, PILLAGE, ASSASSINATS,
COMBATS SINGULIERS, PRISONNIERS DE GUERRE.

En cherchant la définition de ce qui est licite à la guerre et de ce qui est illicite, il est impossible que nous ne nous répétions pas quelquefois. Toute la conduite de l'homme de guerre peut se ramener à deux chefs : les personnes et les choses. On me pardonnera donc quelques redites, si elles ont pour but de faire ressortir davantage les anomalies de la pratique et les difficultés de la théorie.

Puisque la guerre est le jugement de la force, que la force se démontre par la lutte et par la victoire ; et puisque la force, pour lutter et vaincre, a besoin de se livrer à des manœuvres souvent compliquées, difficiles, qui exigent, avec beaucoup d'hommes, beaucoup de temps et d'argent, nous pouvons, à ce point de vue tout économique, considérer la guerre comme une sorte d'industrie, ce que les militaires ont fait d'ailleurs de tout temps. On dit le *métier* de la guerre, l'*art* de la guerre, la *profession* des armes.

Ainsi la guerre a ses frais de main-d'œuvre ; elle a sa matière première, qui sont ses munitions, des pro-

duits souvent très-perfectionnés de l'industrie ; elle a
ses travailleurs, qui sont les soldats; elle a son produit, qui est la conquête, l'incorporation d'une ville,
d'une province, d'une nation, ou leur affranchissement. La guerre implique donc, avec l'effusion du
sang, le sacrifice d'une certaine quantité de capitaux
et de produits. En un mot elle a, comme toute industrie, son compte de recettes et de dépenses.

Les expositions industrielles, qu'on pourrait définir
des joutes pacifiques, coûtent fort cher : on se les
permet cependant, dans l'intérêt de l'industrie elle-
même et du progrès des nations. La guerre, qui est la
lutte armée des nations, combattant soit pour leur
indépendance, soit pour leur prépondérance, coûte
bien davantage. On s'y résigne néanmoins, et, une fois
l'héroïque résolution arrêtée, on ne songe plus qu'à la
mener avec vigueur et rapidité, les pires des guerres
étant les guerres prolongées avec des résultats indécis.

Il suit de là que la guerre, ne se faisant pas pour
elle-même, ne sacrifiant pas les hommes et les choses
pour le plaisir de la destruction, mais pour la victoire,
c'est-à-dire pour la conquête, ou, ce qui revient au
même, pour la suprématie, la guerre, dis-je, a aussi
son économie; elle est conservatrice, productrice
même, de la même manière que le travail, qui, tout
en consommant, conserve et reproduit. Toute destruction en dehors de ces règles est abusive, viole
le droit. C'est barbarie pure, guerre de bête féroce.

Une conséquence de ce principe, c'est que l'État qui entreprend la guerre, la nation qui la consent, le général qui la conduit, doivent avoir constamment en vue de proportionner leurs sacrifices à l'intérêt qu'ils veulent sauvegarder, à l'avantage qu'ils prétendent obtenir. Il serait contre le droit de la guerre, autant que contre le vulgaire bon sens, de dépenser à la guerre, en hommes et en argent, plus que ne vaut l'objet même de la guerre. Une telle opiniâtreté serait blâmable, et dégénérerait en férocité.

Ceci posé, venons aux faits.

On raconte que la police papale, ne sachant comment venir à bout des brigands qui infestaient les États de l'Église, prit le parti de détruire les forêts qui leur servaient de repaire. Le déboisement produisit un fléau pire que le brigandage, la *malaria*. Ne voilà-t-il pas une police bien faite? Et ceci ne montre-t-il pas toute l'incapacité du gouvernement ecclésiastique, d'un gouvernement à qui il n'est pas permis de tirer l'épée, même contre des brigands, sans doute par crainte de perdre leurs âmes?

Mais voici qui est plus grave. Napoléon a accusé de vandalisme le gouverneur Rostopchin, qui, à l'approche des Français, mit le feu à la ville de Moscou; il l'a cité au ban des nations civilisées. On demande ce qu'il faut penser de cet acte, que les uns traitent, avec Napoléon, de barbare; que les autres qualifient d'héroïque.

Détruire son propre pays, brûler ses magasins, afin de laisser son ennemi dans le vide, c'est d'abord ne faire tort qu'à soi-même. Nul ne peut être tenu de nourrir son ennemi, et chacun est juge du prix qu'il attache à son indépendance et à sa liberté.

Mais, d'autre part, ce ne fut pas l'incendie de Moscou qui amena le désastre de l'armée française : les marches et les combats, depuis le Niémen, l'avaient réduite de plus des trois quarts, et, même après l'incendie de la ville, les vivres et munitions ne lui manquèrent pas. Le sacrifice accompli par Rostopchin fut donc en pure perte. D'autre part, il y avait à considérer si la Russie, même après avoir perdu sa capitale, pouvait se croire en péril; et Napoléon avait le droit de dire, en citant ses propres campagnes, que la prise de Vienne et celle de Berlin avaient certainement fait moins de mal à l'Autriche et à la Prusse que ne leur aurait coûté la destruction de ces deux villes.

Voilà le pour et le contre. Que décidons-nous?

Une infraction au droit de la guerre en amène une autre : *abyssus abyssum invocat*. La conduite de Rostopchin fut une réponse à celle de Napoléon. Laissant de côté la cause même de la guerre de Russie, que je ne discute point, j'observe que Napoléon, en franchissant le Niémen, avait compté sur deux choses : la première, que le pays lui fournirait des ressources; la seconde, que les Russes accepteraient le duel en une ou deux batailles rangées, après lesquelles il ne

leur resterait, vaincus, qu'à recevoir la loi du vainqueur. Or, ce calcul impliquait une double violation
du droit de la guerre, non pas tel que Napoléon et ses
adversaires le pratiquaient, mais tel que nous le révèle
la notion de la guerre, et que nous cherchons à le
déterminer.

Pour vaincre la Russie en l'attaquant chez elle,
c'est-à-dire, au besoin, pour la conquérir, il y avait à
remplir deux conditions. La première était de pouvoir
l'occuper militairement tout entière, en tenant compte,
par conséquent, de l'immensité de son étendue, sa
principale et naturelle défense. Ce n'était donc pas
avec 400,000 hommes que Napoléon devait franchir le
Niémen, c'était avec 1,200,000, faute de quoi il con-
trevenait à ses propres maximes, en prétendant
subjuguer la Russie avec une force réellement trop
faible.

La seconde condition, c'est que, à part la ressource
que l'armée envahissante pouvait trouver dans les
magasins militaires dont elle parviendrait à s'emparer,
elle devait être en mesure de subsister de ses propres
moyens, sans rien extorquer à la population ; puisque,
d'après la critique que nous avons faite, la maraude
est une infraction au droit de guerre, qui dans certains
cas rend nulle la victoire.

L'événement a confirmé cette théorie. L'armée française n'était pas à cent lieues de l'autre côté du Niémen que la campagne pouvait être considérée comme

perdue. Les victoires de Smolensk et de la Moscowa ne rétablirent point les affaires; le froid, qui plus tard assaillit l'armée française, ne fut qu'un sinistre de plus dans un désastre aux trois quarts accompli.

La conduite de Napoléon, dans cette injustifiable campagne, servit de provocation et jusqu'à certain point d'excuse à celle de Rostopchin. Il était évident, d'un côté, que Napoléon ne pouvait porter le guerre en Russie, à six cents lieues de sa capitale, sans exercer une immense maraude; le service de transport qu'il essaya d'organiser de Dantzig au Niémen et qui ne lui fut presque d'aucune utilité le prouve. D'autre part, il n'est pas moins clair qu'un pays de cinquante millions d'âmes ne pouvait jouer son indépendance sur le sort d'une bataille contre une armée de 400,000 hommes. C'était laisser trop d'avantage à Napoléon. La loi des forces n'était plus observée. Napoléon ne pouvait plus dès lors être considéré comme un vrai conquérant, le représentant de la civilisation et du progrès, puisque, si l'on pouvait accorder qu'il eût pour lui l'idée, il n'avait pas le nombre, il n'avait pas la force. C'était un usurpateur de souverainetés, un perturbateur de l'Europe, un aventurier qu'il fallait détruire à tout prix, en l'affamant. A cet égard, Rostopchin dut se croire d'autant plus autorisé que Napoléon lui donnait l'exemple. En vertu du principe que le salut de l'armée est pour un général la loi suprême, Napoléon avait donné l'ordre, afin de ralentir l'ennemi, de brûler tout ce qu'on ne pouvait emporter, et jamais ordre ne fut plus consciencieusement exécuté, dit M. Thiers, que celui-là ne le fut par Davoust.

Tout se tient dans les choses humaines : une faute contre le droit de la force en devient une contre le droit des gens, et de faute en faute la puissance la mieux établie finit par se perdre. Quels que fussent les griefs de Napoléon contre Alexandre, dès lors qu'il ne pouvait absorber la Russie, ni même l'occuper militairement, il devait s'abstenir de toute invasion. La manière dont a été faite la guerre de Crimée servirait au besoin à justifier cette proposition; cette guerre, où fut déployée une puissance bien autrement formidable que celle dirigée par Napoléon 1er en 1812, et qui n'avait cependant d'autre but que de contraindre la Russie à la paix en détruisant sa forteresse de Sébastopol, est la critique la plus péremptoire qu'on puisse faire de l'expédition de 1812.

Changeons de sujet. Tout le monde connaît l'histoire, ou le roman, de Judith et du siége de Béthulie. Les Juifs, selon le récit biblique, menacés par une armée d'invasion, se réfugient dans leurs places fortes. Arrivé devant Béthulie, bâtie sur un rocher, et ne pouvant s'en emparer par un coup de main, le général ennemi coupe le canal qui fournissait de l'eau à la ville. Bientôt les assiégés, mourant de soif, sont dans la nécessité de se rendre. Dans cette légende, devenue populaire, on peut voir, au point de vue du droit, l'histoire de tous les blocus. Je n'examine pas s'il y avait raison suffisante de guerre entre les Assyriens et les Hébreux ; j'admets le cas. Je demande seulement si la conduite d'Holopherne était bien selon le droit de la guerre, laquelle, comme dit Cicéron, est une manière de vider les différends par les voies de la force.

— Sans nul doute, répondent les militaires, Holopherne était ici dans son droit. Si les Juifs voulaient éviter les inconvénients du blocus, ils n'avaient qu'à descendre et accepter la bataille. Tout siége de place a pour but de forcer un ennemi, qui par le fait de sa retraite s'avoue impuissant, mais qui, par l'art de la fortification, entreprend de suppléer à l'infériorité du nombre par la supériorité de la position. Se défendre chez soi, au moyen de remparts, de fossés pleins d'eau, etc., est de plein droit à la guerre, attendu que c'est à l'agresseur à forcer le défendeur et à le forcer chez lui ; attendu, en outre, que la fortification d'une place est déjà par elle-même un acte considérable de force, qui doit compter dans la balance de la justice guerrière ; attendu enfin que, si une nation se trouvait, par la nature du sol, tout à fait hors d'atteinte, elle échapperait à la loi d'incorporation et devrait être neutralisée. C'est ce motif qui a fait admettre par le droit européen l'indépendance de la confédération helvétique, placée, pour ainsi dire, en l'air, à l'abri des conquêtes, et hors d'état elle-même de nuire aux puissances qui l'enveloppent. Mais ce droit de la

2.

défense dans une place fortifiée implique que l'ingénieur aura pourvu à tout, à l'eau et aux vivres aussi
bien qu'à l'armement. Sinon, le blocus et ce qui s'ensuit deviennent un moyen de contrainte d'autant plus
légitime que l'assiégeant est exposé aux mêmes inconvénients que l'assiégé, et que, lorsqu'une armée est
forcée de lever un siége, c'est d'ordinaire par l'effet
des maladies ou le manque de vivres.

Je n'ai rien à opposer à cette argumentation. Se
défendre dans une place fortifiée et inaccessible, bien
que ce soit un moyen de se soustraire à la loi de la
force, qui est celle de la guerre, est légitime. Mais
attaquer une place par la soif et la famine, bien que
ces moyens ne soient pas de vive force, est légitime
aussi, puisque cette attaque a pour but de forcer
l'ennemi au combat. Double exception, qui au fond
rentre dans la règle. Je ne reviendrai pas sur les raisons données. Je m'empare de ces raisons au contraire,
et je dis à mes interlocuteurs :

Donc, gens de guerre, vous regardez la guerre
comme l'exercice du droit de la force, droit positif,
auquel, sauf certaines exceptions prévues, il n'est pas
permis, dans une guerre régulière, de se soustraire.
C'est pour cela que les places assiégées n'attendent
pas d'ordinaire l'assaut avant de se soumettre : elles
savent que, pendant tout le temps qui a précédé l'assaut, leurs forces se sont dépensées tandis que l'ardeur de l'ennemi s'est accrue; qu'une défense plus

longtemps prolongée ne serait pas plus honorable, et
que l'ennemi pourrait s'irriter d'une défense trop
opiniâtre, et s'en venger comme d'un crime. C'est
pour cela aussi que dans les capitulations il est dit
souvent que, si dans un délai déterminé il ne se présente pas d'armée pour combattre, la ville sera remise
à l'assiégeant. Tout cela implique évidemment un
droit positif de la force, base du droit de la guerre,
dont les militaires ont le sentiment profond, mais
dont ils ne savent pas déduire les formules, parce
qu'ils ne sont pas juristes, et que les juristes à leur
tour expliquent on ne peut plus mal, parce qu'ils ne
sont pas militaires.

Tout cela marche on ne peut mieux. Mais alors il
faut suivre la loi dans toutes ses déductions : s'en tenir, sauf les exceptions et modifications prévues, aux
moyens de force, lesquels excluent la perfidie, le sac,
le massacre, le pillage; ne rien faire en dehors du but
légitime de la guerre, lequel se réduit généralement
à une question de suprématie, d'incorporation ou d'affranchissement; s'abstenir, enfin, hors du champ de
bataille, de toute atteinte aux personnes et aux propriétés, sauf la répression des crimes commis et les
indemnités à exiger. Or, est-ce ainsi que les choses se
passent à la guerre? Non, la guerre est, ou peu s'en
faut, aussi brutale chez les civilisés que chez les barbares. On dirait que les conditions qu'impose le droit
de la force répugnent aux soldats; que s'il y fallait

tant de façons, tant de vertu, personne ne voudrait du
métier.

Les combats finiraient faute de combattants.

De l'égorgement, du pillage, du viol, il semble qu'on
ait besoin de tout cela pour satisfaire je ne sais quel
instinct de destruction, entretenir la main au soldat,
l'animer, lui relever le moral. Dans toute bataille,
comme dans toute ville prise d'assaut, une part plus
ou moins large est faite au carnage, en dehors de l'utilité comme du péril. On dirait que, sans colère et sans
haine, le civilisé serait incapable de se battre. A la
bataille de Ligny, les soldats français, emportés par la
haine, excités par les paroles du général Roguet, ne
faisaient pas de prisonniers. Le surlendemain, à Mont-
Saint-Jean, les Prussiens prenaient leur revanche ; il
ne tint pas à Blücher que Napoléon n'expiât de sa personne ces infractions au droit de la guerre. Mais passons
sur ces tueries, que les relations dissimulent le plus
qu'elles peuvent. Aussi bien, est-ce qu'on a le temps,
sur le champ de bataille, de faire des prisonniers?
Est-ce qu'on le peut? Ne faudrait-il pas les garder?
Tue! tue! les morts ne reviendront pas... Parlons de
choses moins atroces.

Le viol n'est plus aussi fréquent, à ce qu'on assure,
dans les armées qu'il l'était autrefois. C'est un progrès dont nos modernes guerriers aiment à se glori-
fier, et dont je les félicite de bon cœur, si le compli-

ment les touche. Mais point d'escobarderie. Il y a viol
et viol. La galanterie soldatesque a de nos jours des
façons beaucoup moins inhospitalières que jadis. Dans
son *Histoire de la Révolution*, M. Thiers, parlant des
belles Italiennes, dont les heureux soldats de Bonaparte
recueillaient les faveurs, exclut naturellement l'idée
de viol : la chose en valait-elle mieux? C'est ce dont
les historiens étrangers, italiens et autres, ne sont pas
avec nous d'accord.

Quoi qu'il en soit de la réserve de MM. les militaires,
reste la question de droit : à cet égard, il ne faut pas
qu'on se fasse d'illusion. D'après les notions reçues,
le viol est licite, en principe, de par la loi de la guerre :
de même que le pillage, il rentre dans la prérogative
de la victoire. Grotius ne trouve à combattre le viol
qu'au moyen du précepte de morale chrétienne qui
interdit au chrétien la fornication. Mais dans les mœurs
antiques, où la fornication n'était pas même réputée
péché véniel, le viol à la guerre était de plein droit;
pour mieux dire, il n'existait pas. De même que celui
qui achète une esclave pour en faire sa concubine ne
peut être accusé de viol, attendu que, suivant le langage de la Bible, la femme achetée, payée, est devenue sa propriété, *pecunia ejus est;* de même le soldat
qui, en pays ennemi, saisit une femme, ne peut être
accusé de crime, à moins que sa consigne ne le lui ait,
pour des motifs particuliers, défendu, et cela, parce
que la femme ennemie est la *conquête* du soldat. Le

mot a passé, chez nous, dans le style de la galanterie.

Après la défaite des Teutons, les femmes de ces barbares ayant demandé au consul Marius la vie et la pudeur sauves, Marius, en vertu du droit de la guerre, refusa de souscrire à la seconde de ces conditions. Il ne pouvait, général et magistrat, priver ses soldats d'un droit qu'ils avaient conquis au risque de leur vie. Pourquoi la continence de Scipion le Jeune fut-elle tant admirée des Romains? C'est que la victoire lui donnait le droit de posséder la jeune princesse qu'il rendit à son fiancé, et qu'en faisant à la politique, au respect de la dignité humaine, le sacrifice de sa propre volupté, il faisait un acte de vertu véritablement hors ligne. On sait le conseil donné à Absalon, révolté contre David, par Achitophel, de violer aux yeux du peuple les femmes de son père. La victoire lui en donnait le droit, la politique lui en faisait un devoir. Dans les idées des anciens, la possession de la femme du prince, en mettant le sceau à sa honte, consacrait la transmission de la couronne. Le meurtrier de Candaule, roi de Lydie, devient son successeur en épousant sa femme. Quelque chose de semblable avait lieu de nation à nation : Moïse, en ordonnant d'exterminer tous les mâles des nations condamnées, réservait les filles. On sait que le peuple romain naquit d'un rapt. Chose singulière! de tous les faits de guerre le plus révoltant par sa nature, et que l'honneur et l'honnêteté pardonnent le moins au soldat, est peut-être celui qui, eu égard à l'état de son âme, mérite le plus d'indulgence. Il y a là un instinct tout à la fois de fusion et de suprématie qui rappelle clairement le but de la guerre et le droit de la force.

Actuellement le viol semble sortir de plus en plus des habitudes du soldat. Mais ce n'est qu'une apparence, qui résulte plutôt de notre manière de faire la guerre que d'une véritable modification des mœurs militaires. Si l'opinion, plus respectueuse de nos jours envers le sexe que dans les temps antiques, semble avoir devancé sur ce point la théorie, le droit de la guerre, tel qu'il a été de tout temps pratiqué et qu'on l'enseigne encore, ne s'y oppose pas d'une manière formelle. Et le fait est que soldats et officiers, à l'occasion, ne se contraignent guère. Est-il donc nécessaire que la femme ait le pistolet sur la gorge pour qu'il y ait viol? Il y a mille manières d'en venir à bout. Ceci entendu, je ne crois pas faire peine aux militaires mes compatriotes en disant que jamais armées ne firent preuve de plus d'incontinence que les armées françaises. Au droit que le soldat s'est attribué de tout temps sur la femme de l'ennemi, le Français joint des façons engageantes qui achèvent d'étourdir la malheureuse, diminuent pour elle l'horreur de l'outrage, et pour lui l'ennoblissent.

Le droit de violer n'est, du reste, qu'une conséquence de celui qu'on s'arrogeait de rendre les vaincus tributaires ou esclaves. Bossuet trouve la chose juste en principe, et il le déclare sans embarras, d'accord en cela avec la Bible et toute l'antiquité. « En « principe, dit-il, la personne du vaincu devient la « propriété du vainqueur, qui obtient sur elle droit « de vie et de mort. » Le christianisme, il est vrai, nous a rendus moins sanguinaires ; il a de plus aboli l'esclavage. Mais qu'on ne s'abuse pas : le principe invoqué par Bossuet subsiste toujours. Toujours le vainqueur peut s'y référer, et s'il y déroge, s'il s'abstient de verser le sang ou de réduire le vaincu en servitude, ce n'est qu'à la faveur d'une sorte de fiction de morale chrétienne, qui engage sa dévotion ou son amour-propre.

Il en est du prisonnier comme de la prisonnière. En principe, je parle d'après Bossuet, le prisonnier, s'il n'est mis à mort, est voué au service du vainqueur, la prisonnière à ses plaisirs. Ce n'est que par des considérations d'un autre ordre qu'ils y échappent. De même que nous avons vu le droit moderne de la guerre arriver, par la fiction d'un péché d'incontinence, à la réprobation du viol ; c'est par la fiction d'une fraternité religieuse attachée au baptême que l'esclavage est aboli, et par une autre fiction encore, celle de la courtoisie chevaleresque, que l'on s'abstient généralement de massacrer les prisonniers. Sauf ces adoucissements, on agit comme du passé. Si l'on ne réduit pas les prisonniers en esclavage, on les met à rançon, ce qui est exactement la même chose, ou bien

on les emploie aux travaux publics. Le cas échéant on
en fait un échange; au besoin, pour peu que la sécurité le commande, on les massacre. La philanthropie gémit ensuite de ces *extrémités,* mais elle n'ose
les flétrir. Que répondre à des gens qui ont pour eux
les *principes,* et qui invoquent le salut public?

Il faut en finir, par une réfutation en règle, avec
ces monstruosités qui ont coûté la vie à des centaines
de millions d'hommes.

Le droit de vie et de mort, attribué au vainqueur
sur la personne du vaincu, me semble provenir théo-
riquement de deux sources, abstraction faite de la
barbarie primitive qui y a aussi sa part. La première
de ces sources est que la guerre, amenée fatalement
par la rivalité de deux États et la nécessité d'une incorporation, implique la mort morale de l'un de ces
États. En raison même de l'attachement du citoyen à
sa patrie, attachement qui lui faisait préférer la mort
à la déchéance de son pays, on a étendu à l'homme
l'arrêt de mort prononcé par la guerre contre l'État.
Je n'ai pas besoin de montrer le vice de ce raisonnement; je l'ai réfuté d'avance, par la distinction que j'ai
faite du droit public et du droit des gens.

L'autre source est que la guerre est la revendication
du droit de la force, droit reconnu par toute l'antiquité; qu'une nation vaincue pouvait, en conséquence, être accusée d'avoir combattu contre le droit,
ce qui, dans la rigueur, est un crime de mort. Ici, le

faux du raisonnement provient de ce que la guerre
étant nécessaire, non-seulement pour revendiquer,
mais pour démontrer de quel côté est le droit de la
force, on ne peut pas arguer de la défaite que le vaincu
était coupable.

Voilà par quelle confusion s'est introduit ce prétendu droit de vie et de mort, dont tant de savants
hommes parlent à tort et à travers, et que les gens de
guerre pratiquent encore, bien qu'ils ne s'en vantent
point; et voilà par quels torrents de sang l'humanité
paye l'oubli de ses principes les plus essentiels. Réta-
blissez le vrai sens du droit de la guerre, et, en
supposant la continuation des hostilités, le carnage
diminue partout des trois quarts. Vous pouvez vous
en rapporter sur ce point à la conscience des militaires.

J'ai parlé plus haut de la maraude : le pillage n'est
pas la même chose. La première a pour objet la subsistance du soldat; on l'exerce en vertu du principe
que la guerre doit nourrir la guerre. Le second est
bien autrement ignoble et immoral; il a pour but l'en-
richissement du soldat. Ce n'est plus dans ce cas la
nécessité qui parle, c'est la cupidité. Ici, l'on peut
dire que la science du juriste et l'honneur militaire
ont subi une éclipse complète.

S'il est permis, disent nos casuistes, de frapper l'ennemi, même désarmé et dans son sommeil, et de lui
ôter la vie, à plus forte raison le sera-t-il de lui

prendre son bien. A cet égard, les auteurs même les plus récents n'éprouvent pas le moindre scrupule. Ils se sentent à l'aise. *Neque est contra naturam spoliare eum, si possis, quem honestum est necare,* dit Cicéron, après Aristote, Platon, et toute la sagesse antique. Grotius, Vattel, et la masse des juristes, opinent à leur tour du bonnet et de la voix, des mains et des pieds, en faveur du droit de *butiner.* Il n'y a pas même d'exception pour les choses sacrées, rien de ce qui appartient à l'ennemi ne pouvant être sacré pour le vainqueur, ajoute le Digeste : *Quum loca capta sunt ab hostibus, omnia desinunt vel religiosa vel sacra esse.*

Ce qui donne envie de rire est de voir le pieux et honnête Grotius faire une petite réserve pour le cas où vainqueurs et vaincus professeraient le même culte. Alors, dit-il, il y a conscience. Toutefois, comme ces objets font partie du domaine public, et que rien n'est plus aisé que de les déconsacrer, il est permis, avec tout le respect dû aux choses saintes, de les prendre. L'Église suit la condition des paroissiens! N'est-ce pas joli? En Italie et en Espagne, certains de nos généraux n'attendaient pas la déconsécration ; il est vrai que par la révolution ils étaient devenus mécréants. Que dire de plus? Il est permis, en vue du pillage, de violer jusqu'aux tombeaux. Pourvu qu'on ne s'écarte pas du respect dû aux cadavres, observe le grave auteur du traité *De Jure belli ac pacis,* une

pareille violation n'a rien que de licite, les tombeaux
après tout étant la propriété des vivants, non celle
des morts.

Je reviendrai, au livre suivant, sur la question
des dépouilles, considérées, non plus comme conséquence, mais comme cause et objet de la guerre. Pour
le moment, je me contente d'une simple remarque.
Un honnête homme est attaqué au coin d'un bois par
un malfaiteur et le tue. Que fera-t-il après? Il pré-
viendra la justice, afin qu'on relève le cadavre et
qu'on informe. Il se gardera de le dépouiller; il croi-
rait, avec raison, se déshonorer. Je ne parle pas du
duel, où la plus extrême décence est imposée au vainqueur à l'égard du mort. Or, il s'agit ici, non de la
destruction d'une bande de brigands, avec lesquels on
ne garde pas de mesure; non pas même d'une satisfaction d'honneur, sans aucune conséquence intéressée; mais d'un débat pour la souveraineté politique à
vider entre deux nations par les voies de la force. Et
le résultat d'un tel débat, la conclusion adjugée à la
victoire, serait le pillage!...

Plus on agite cette matière, à peine effleurée, de la
guerre, plus on est étonné de l'énormité des sophis-
mes, des contradictions et des couardises de raisonnement qui y pullulent. Il est permis, ce nous dit-on,
de surprendre l'ennemi, de se glisser dans un poste,
dans un fort, et de massacrer la garnison sans lui
laisser le temps de se mettre en garde; d'aller, en ram-

pant, jusque dans sa tente, frapper le général ennemi.
A ce propos, Grotius cite les exemples de Mucius
Scévola, d'Aod et d'une foule d'autres. D'après ce
principe, le jeune homme qui à Schœnbrünn tenta
d'assassiner Napoléon était dans le droit, tandis que
Napoléon, qui le fit passer devant un conseil de guerre
et fusiller, violait le droit. Donc, faudrait-il conclure,
il sera permis de mettre à prix la tête de celui qu'on
regarde comme l'auteur ou le conducteur de la
guerre, comme fit le roi d'Espagne Philippe II à l'é-
gard de Guillaume le Taciturne, et de le faire assassiner? Ici Grotius recule : « Non, dit-il, *l'intérêt com-*
« *mun des princes* ne le veut pas. » La belle raison!
Et l'intérêt commun des peuples?

Disons plutôt, en revenant aux vrais principes, que
la guerre étant le jugement de la force, tout assassinat, surtout à l'égard des généraux, est une félonie.
C'est pourquoi nous réprouvons les entreprises des
Aod, des Balthazar Gérard, des Poltrot de Méré, des
Ornano, de tous ceux qui à la guerre font usage de
la trahison et de l'assassinat. Napoléon, quels que
fussent ses torts vis-à-vis de l'Allemagne, hors du
champ de bataille devenait inviolable. Dans le gâchis
européen, surtout dans l'incertitude des principes et
attendu la réciprocité des torts, la guerre qu'il faisait,
même avec ses vices de forme, était censée toujours le
jugement de la force.

Une question fort agitée est celle de savoir si, pour

mettre fin à la guerre et épargner le sang, on pourrait convenir de s'en rapporter au résultat d'un combat singulier, ou d'un combat entre un certain nombre
d'hommes choisis de part et d'autre, par exemple de
trois contre trois, de trente contre trente, de cent
contre cent. Grotius se prononce pour la négative :
« Il faut, dit-il, y aller de toutes ses forces. » Je suis
de l'avis de Grotius ; mais je ne puis admettre ses raisons. De semblables combats, où quelques-uns se dé-
vouent pour tous, où le succès est pris pour une démonstration de la bonne cause et une marque de la
protection divine, offensent, selon lui, la charité et
la religion. Il semble, au contraire, qu'un pareil dévouement serait le sublime de la charité; quant à la
religion, elle n'y est pas plus intéressée qu'au tirage
au sort des conscrits.

Pour moi, prenant toujours pour point de départ et
base de mes raisonnements la définition de la guerre,
savoir qu'elle est, qu'elle veut et doit être la revendication du droit du plus fort, et conséquemment la démonstration en fait de la force, je réponds : Oui, il
faut que les parties militantes agissent de tous leurs
moyens, qu'elles déploient toutes leurs forces, précisément parce que la victoire est due au plus fort, ce
qui pourrait n'avoir pas lieu, si la bataille était limitée
à deux fractions égales de puissances en conflit. Il est
évident, en effet, qu'une pareille manière de guer-
royer serait tout à l'avantage de la puissance la plus

faible, les champions étant supposés de part et d'autre
d'une valeur individuelle égale.

Terminons ce chapitre. A mesure que nous avan-
çons dans cette critique, une chose doit apparaître de
plus en plus à l'esprit du lecteur, résultant des contradictions mêmes qui obscurcissent toute cette matière :

C'est que le droit de la guerre est un droit positif,
la raison de la force une raison positive, applicables à
un certain ordre de faits et d'idées avec la même certitude que le droit du travail est applicable aux choses
de la production et de l'échange, le droit du talent
aux choses de l'art, le droit d'amour aux choses du
mariage, etc. ; — c'est que le droit de la guerre, cette
raison de la force, si profondément méconnue par les
juristes, la multitude la sent, les armées l'affirment,
la civilisation en relève, le progrès en réclame la codi-
fication ; — c'est que, s'il est incontestable qu'il y ait
eu depuis trois mille ans une amélioration dans les us
et coutumes de la guerre, on ne peut nier que le
droit même de la force se soit obscurci, en raison du
développement des droits dont il ouvre la série ; —
c'est enfin que le meilleur moyen de parer aux calamités de la guerre, en supposant sa continuation,
consiste précisément dans la reconnaissance du droit
de la force.

CHAPITRE VIII.

CRITIQUE DES OPÉRATIONS MILITAIRES :
LA BATAILLE.

La bataille, où les armées se présentent en ligne, front contre front, et cherchent mutuellement à se terrasser, est l'acte suprême, héroïque, de la guerre. Tout se fait en vue de la bataille. C'est le choc qui décide de la destinée des empires, et qui, enveloppant vainqueurs et vaincus dans un manteau de gloire, doit les emporter, mêlés, confondus, vers un avenir meilleur. Voyons si le dénoûment de la tragédie répond à l'exposition.

Rappelons encore une fois les principes.

Une pensée de justice, ou, pour mieux dire, de judicature, est inhérente à la guerre. Elle consiste en ce qu'à certains moments du développement humanitaire, des nations jusqu'alors paisibles tendent, par la nécessité de leur situation, et pour une fin supérieure, à s'absorber; qu'en conséquence elles entrent en conflit; et que, l'incorporation devenue inévitable et l'heure ayant sonné, la suprématie appartient de droit à la puissance la plus forte. C'est le renversement de ce qui se passe dans l'ordre civil. Tandis que dans la justice ordinaire distribuée aux citoyens par l'État, la force appartient à la raison et doit rester à la loi, ici l'on peut dire, au rebours, que la raison, la loi, le droit, appartiennent et doivent rester à la force.

Il suit de là que la lutte des puissances engagées, autrement dire la guerre, n'a pas directement pour fin leur destruction mutuelle, bien qu'elle ne puisse avoir lieu sans effusion de sang et sans consommation de richesse; elle a pour fin la subordination des forces, ou leur fusion, ou leur équilibre.

D'où il suit encore que, dans cette espèce de duel judiciaire, le mode d'action doit être réglé de telle sorte que non-seulement les forces matérielles, mais aussi les forces morales de chaque puissance belligérante y interviennent, et qu'enfin la victoire reste à la plus forte, c'est-à-dire à celle qui l'emporte dans le plus grand nombre de parties, importance des armées, force physique, courage, génie, vertu, industrie, etc., et cela avec le moins de dommage possible des deux parts.

Hors de ces principes, il n'y a plus guerre, au sens humain et juridique du mot : c'est un combat de bêtes féroces, pis que cela, un massacre de brigands. Je dirais presque, comme de Maistre, eu égard à l'horreur et à la profonde absurdité du fait, que c'est un mystère de la Providence qui s'accomplit.

Examinant donc la tactique qui préside aux batailles modernes, pour ne parler que de celles-ci,

3.

j'observe qu'on n'y découvre pas ce caractère de haute
moralité, de conservation, partant de certitude, qui
seul rend la guerre loyale et la victoire légitime. Je
trouve même que, sous ce rapport, nous avons fait
depuis deux siècles des pas rétrogrades. On n'est pas
moins brave sans doute, mais, par des causes que
j'expliquerai tout à l'heure, on se bat moins bravement; on fait plus de mal à l'ennemi, grâce à la violence des chocs et à la supériorité des armes, mais on
s'en fait proportionnellement davantage à soi-même,
ce qui rend la victoire louche. On tue plus de monde
sans obtenir plus de succès. L'esprit démocratique,
qui a pénétré les armées depuis la Révolution, semblait
devoir être tout à l'avantage du soldat, et jamais on
ne vit pareil mépris de la vie des hommes. En un mot,
le matérialisme de la bataille s'est accru avec la civilisation, le contraire de ce qui aurait dû arriver.

Ces reproches, que l'on est en droit d'adresser à la
tactique moderne, constituent autant de violations du
droit de la guerre. Peu de mots suffiront à me faire
comprendre.

D'abord, en ce qui concerne le choc des masses. Je
ne veux pas discuter sur l'ordre profond et l'ordre
mince, bien moins encore irai-je jusqu'à prétendre
que la vraie manière de combattre serait que les soldats des deux armées s'attaquassent simultanément,
corps à corps, homme à homme, *virum vir;* puis de
compter de quel côté il y aurait le plus de morts et de

blessés, dans ces cent ou deux cent mille duels. Je
n'ignore pas que de toutes les batailles les plus san-
glantes sont celles où chaque soldat choisit son ennemi. J'accorde donc que le groupement des forces,
qui est une de nos puissances économiques, doit être
compté aussi parmi les moyens légitimes de vaincre.
Il y a d'ailleurs dans ce groupement, dans cette con-
fraternité du champ de bataille, un élément moral qui
rappelle la solidarité civique, l'unité de la patrie, et
qui est certainement une force. Si le soldat français,
par son instinct de concentration et d'unité, est plus
disposé que tout autre à ce genre de tactique, si on le
voit se rallier spontanément au milieu de la mêlée, se
former en peloton, sans même attendre l'ordre de ses
chefs, il faut le prendre tel que l'a fait la nature, qui
a diversement constitué les animaux et les hommes,
qui a donné le sabot au cheval, la corne au taureau,
l'ongle et la dent au lion, la force musculaire et l'individualité à l'Anglo-Saxon, l'union dans le combat au
Français.

Cette concession faite, je dis qu'il y a pour toute nation, en cas de guerre, une manière de se servir de
ses facultés et moyens, suivant que l'action guerrière
est dirigée par une pensée de droit ou par une rage de
destruction ; de même qu'il y a des règles pour le
combat singulier, selon qu'il s'agit d'une affaire d'honneur ou d'un cas de légitime défense contre un assassin. Comment donc se fait-il que dans les batailles ce

principe de bon sens, de loyauté, d'humanité, soit presque entièrement méconnu ? A force de prendre la destruction pour le but même de la guerre, on n'a plus vu dans les groupes armés, depuis le peloton jusqu'à la division, que des machines à broyer les hommes, des engins d'écrasement. M. Thiers, dans son *Histoire du Consulat et de l'Empire,* avoue, malgré son admiration pour l'empereur, que l'abus des masses et de l'artillerie avait en moins de quinze ans changé les batailles en *d'épouvantables boucheries,* où la vertu militaire ne comptait plus, et sans que les résultats en fussent plus grands, ni surtout plus durables.

L'art de ménager les soldats, tout en les faisant mouvoir par groupes, cet art dans lequel excellait Turenne, paraît se perdre. Jeter des masses, infanterie, cavalerie, artillerie, les unes sur les autres, faire des pâtées de chair humaine, arracher la victoire par l'épouvantement des hécatombes, ce fut dans les dernières années tout l'art de Napoléon. A faire mouvoir les armées, à les conduire à l'ennemi par le plus court et le plus sûr chemin, et dans le moins de temps possible, à prendre position, son habileté reste hors ligne; elle semble croître avec l'âge et l'expérience. Arrivé sur le champ de bataille, il dédaigne la tactique, saisit ses masses et les lance sur l'ennemi, comme les géants de la fable lançaient sur les dieux des montagnes. Il a calculé la marche : s'il ne s'est pas trompé, l'ennemi doit être pris *en flagrant délit* et infailliblement broyé.

A Waterloo il n'employa pas d'autre méthode, et fut
vaincu : lorsque les Prussiens arrivèrent, le marteau
s'était brisé sur l'enclume. Et voilà pourquoi sans
doute, dans l'opinion de plusieurs critiques, Napoléon,
incomparable comme stratége, ne figure plus comme
tacticien qu'au second rang.

C'est par le même procédé que fut enfin enlevé Sébastopol. Le général Canrobert n'ayant pas, dit-on,
les nerfs assez fortement trempés, on avait fait venir
pour cette grosse besogne le général Pélissier. A Magenta et à Solferino les choses se seraient passées, s'il
faut en croire les relations, un peu autrement : l'initiative du soldat et la baïonnette auraient décidé la
victoire. Dieu veuille que ce soit un retour à des combats plus héroïques ! L'effet de ces chocs monstrueux,
dont le secret se réduit à une formule de mécanique,
la masse multipliée par la vitesse, est horrible. Là, le
génie et la valeur n'ont rien à voir ; celui qui joue le
plus gros jeu a le plus de chances de vaincre. L'art de
la guerre, qui, si tant est qu'un pareil art existe, devrait consister surtout à déployer les courages, à conserver les forces tout en les engageant, à obtenir le
plus en dépensant le moins, à contraindre l'ennemi
sans l'anéantir, n'est plus qu'un abatis réciproque, où
la matière joue seule un rôle, où l'esprit n'intervient
que pour donner le signal, et dont l'horreur n'est éga-
lée que par le mépris affecté des chefs pour la vie du
soldat.

Qu'on ne me demande pas quelle nouvelle, plus
humaine, et surtout plus convaincante tactique, je
voudrais introduire dans les batailles. Je ne suis pas
plus obligé d'apprendre à nos maréchaux à faire la
guerre, qu'à nos gens de lettres à faire de meilleure
poésie ou de meilleurs drames. J'use de mon droit
quand je soutiens contre les uns que leurs manœuvres
sont opposées au droit de la guerre, contre les autres
que leurs productions sont en dépit de l'art. Et je suis
d'autant mieux fondé dans ma critique, que si le respect de la vie humaine a été dans tous les temps le
moindre souci des gens de guerre, la manière de combattre a maintes fois changé, ce qui permet de supposer qu'il doit y en avoir une qui réponde mieux que
les autres au but de la guerre et à ses conditions essentielles [1].

1. J'espère qu'on n'aura pas la mauvaise foi d'abuser de ma
réserve pour conclure qu'il n'y a ici rien à faire, et que le plus
sage est de maintenir le *statu quo*. La mission du critique n'implique pas l'obligation de produire des chefs-d'œuvre et de
découvrir la vérité; il n'a fait qu'exercer son droit et il a rempli
son devoir, quand il a prouvé que telle œuvre est mauvaise et
telle opinion une erreur. Je suis d'autant mieux fondé en cette
circonstance à m'abstenir, que j'ai déclaré déjà vouloir autre
chose et mieux qu'une simple réformation des pratiques de la
guerre, je veux sa transformation complète.

Cependant, afin qu'on ne dise pas qu'en faisant la critique de
la tactique militaire je condamne les armées à l'immobilité, je
me permettrai ici une simple indication.

La guerre, selon moi, est la mesure des forces.

La mission d'un général est donc d'employer les forces de sa

C'est surtout de l'invention de la poudre à canon et
de la prépondérance de plus en plus décisive de
l'arme à feu sur l'arme blanche que date ce que j'appellerai la dépravation des batailles. Mais, chose à
noter, l'emploi de l'artillerie, après avoir suggéré
l'idée de ces chocs écrasants, paraît tendre aujour-
d'hui, par le perfectionnement des armes, à rendre la
rencontre des masses impossible. Un peu plus de
portée, de rapidité et de précision dans le tir, il n'en
faut pas davantage pour amener dans la tactique une
nouvelle révolution, qui certes ne sera pas à l'honneur
du soldat.

Un autre inconvénient de l'artillerie est d'avoir,

nation de la manière la plus efficace, de leur faire produire tout
leur effet, sous les conditions d'honneur, de loyauté et de probité
déterminées par le droit.

Pour remplir une telle mission avec une armée de 100,000 hommes, pour faire rendre à ces 100,000 hommes, de diverses armes,
tout l'effort dont ils sont capables, et comme individus, et comme
groupe, la difficulté est immense. Chacun sait que 10,000 hommes
bien employés peuvent en battre 20,000, 30,000 et 100,000, en
sorte que, dans le combat le plus loyal, la victoire peut rester au
parti le plus faible. Si de semblables défaites n'entraînent pas
nécessairement la perte des États, comme je l'ai fait voir pour la
guerre de cent ans entre la France et l'Angleterre, pour la
seconde guerre punique, etc., elles ont au moins pour résultat
d'ajourner les solutions en châtiant les maladroits, et de faire payer
la conquête trois ou quatre fois plus qu'elle n'aurait dû coûter.
Là est le vrai problème posé à tout chef d'armée, homme d'action
par excellence, mais aussi, redisons-le sans cesse, homme de justice. Or, ce problème est immense. Quel est le reproche que
j'adresse, après M. Thiers, à Napoléon? Ce n'est pas d'avoir, à

comme l'a remarqué Ancillon, rendu les guerres plus
dispendieuses sans les rendre plus rares. La dépense
de matériel à la guerre a été toujours en croissant depuis l'invention des armes à feu, par suite la dépense
de courage toujours en diminuant : tel est le résultat
auquel aboutit l'influence de l'industrie moderne sur

l'occasion, triomphé d'une force inférieure à l'aide d'une supérieure, puisque ce serait nier le droit même de la force. Ce n'est
pas par conséquent d'avoir, ayant affaire à des adversaires incapables mais supérieurs en nombre, cherché à les diviser afin de
battre en détail ceux qu'il n'eût pu défaire en bloc, bien que la
victoire obtenue en pareil cas fût équivoque et peu sûre : tout
châtiment infligé à la force présomptueuse et inintelligente est
mérité, par conséquent conforme au droit de la guerre. Le reproche que je fais à Napoléon, c'est, en appliquant le principe de
la collectivité des forces, d'avoir assimilé un corps d'armée à une
masse de matière, et d'avoir cherché à terrasser l'ennemi plutôt
sous la chute des bataillons que par l'action coordonnée des
hommes. C'est, en un mot, d'avoir confondu la force de collectivité avec celle de la pesanteur. Je dis que cette manière d'appli-
quer le dicton populaire de 93, *En masse sur l'ennemi*, n'est
plus de la vraie tactique, que ce n'est pas ainsi que doit opérer
la force humaine, et que ce matérialisme ne peut avoir d'autre
résultat que de dépraver la guerre, d'abrutir le soldat et par suite
de fausser la civilisation.

Je n'en dirai pas davantage. La distinction, très-facile à saisir,
que je fais entre la force de collectivité propre à un groupe d'hommes et celle propre à une masse de matière brute, entre une action coordonnée et celle obtenue par la gravitation, doit éclairer
les militaires. C'est à eux qu'il appartient, après s'être pénétrés du DROIT de la guerre, d'en déterminer la tactique, à peine
de déshonorer leur profession, et de soulever contre eux-mêmes
l'horreur de l'humanité, et tôt ou tard celle de leurs propres
soldats.

l'art des tacticiens et les jugements de la force. Tout
boulet de canon tiré coûte quinze francs ; tout canon
de bronze mis en place, six mille francs ; un canon
rayé, vingt-cinq mille francs. Un soldat d'infanterie,
de quatre ans de service, équipé et armé, représente,
en avances faites par la famille et par l'État, intérêts
de ces avances, perte de travail, un capital moyen de
vingt-cinq mille francs. Bientôt l'on ne dira plus : La
victoire est aux gros bataillons ; on dira : La victoire
est aux grosses machines, aux gros capitaux [1].

Le soldat romain ne coûtait quelque chose à l'État
et ne devenait une cause de déficit pour sa famille que
du jour où il entrait en campagne ; la vie de caserne
n'altérait pas ses mœurs laborieuses et ses vertus civi-

1. Parmi les faits qui caractérisent notre époque, il convient
de signaler la concurrence que se font les nations civilisées en
fait d'industrialisme militaire. Les Anglais ont le canon Armstrong,
formé de pièces d'acier soudées ensemble ; le prix de cette arme
est de 50,000 francs. Un chantier a été construit pour la fabrication
de ces canons : les bâtiments et l'outillage ont coûté 12 millions
de francs. Entre le canon Armstrong et le canon rayé il y a la
même différence qu'entre celui-ci et le canon ordinaire. Le canon
Armstrong perce, à une grande distance, une chaloupe cuirassée.
C'est un secret du gouvernement anglais. On dit pourtant que
dans la dernière guerre de Chine, ces fameux canons n'ont pas
produit le résultat qu'on en espérait.

La Prusse de son côté a acquis d'un ouvrier fondeur le secret
de fondre des blocs d'acier aussi gros que les canons , avantage
considérable pour la fabrication des canons rayés, et aussi, as-
sure-t-on , pour leur puissance. Tout le monde connaît les cara-
bines Minié, les fusils à piston, les pistolets revolvers, les canons
Paixhans, etc.

ques. Son éducation militaire se faisait au sein même
des travaux rustiques : c'était une tradition de famille
autant qu'un enseignement de la cité. Quant à l'armement, les épées et les piques, passant des pères aux
enfants, n'avaient besoin, à chaque génération comme
à chaque campagne, que d'un repassage. En revanche,
tandis qu'avec nos armes de jet la victoire et la vie du
soldat dépendent surtout de l'avantage des positions,
du nombre des pièces, du pointage des canonniers, de
la précision des feux de bataillon, de la druesse des
feux de file, elles dépendaient alors bien davantage
de la bravoure des légionnaires. Le Romain, à chaque
combat, joignait l'ennemi, combattait corps à corps,
et, s'il avait affaire à des troupes aguerries, comptait
ses triomphes par ses blessures.

Le progrès des armes modernes, il faut l'avouer, est
en sens contraire de la valeur antique. Un des résultats obtenus dans la dernière campagne par l'emploi
des canons rayés a été, dit-on, de rendre la cavalerie
et les réserves complétement inutiles. Les nouveaux
projectiles allaient les chercher à des distances telles,
qu'elles étaient paralysées ou détruites sur place avant
d'avoir pu entrer en ligne et fournir une charge. Encore un progrès dans ce genre, et les masses d'infanterie se deviendront mutuellement inabordables. Une
colonne d'attaque, lancée au pas de course, pouvant
être détruite par une poignée d'hommes en moins de
temps qu'il n'en faut pour franchir un intervalle de

cent à cent cinquante pas, les soldats de la haute civilisation seraient réduits à s'exterminer de loin sans
pouvoir jamais en venir aux mains. De quart d'heure
en quart d'heure, on verrait un parlementaire, circu-
lant entre les deux armées, porter un bulletin du général en chef au général en chef : « Ma perte est de tant
d'hommes ; quelle est la vôtre ? Comptons... A vous,
monsieur, l'avantage. » Quelle civilisation ! Quel progrès ! Comment croire encore à une justice de la
guerre, à un droit de la force ?

Un autre genre de reproches est relatif à l'enrôle-
ment, à l'organisation militaire, aux garanties du soldat, à la responsabilité des officiers, à la moralité du
commandement.

D'après les principes développés au livre II, la
guerre étant une lutte de nation à nation dans un intérêt d'État, il s'ensuit, *à priori*, que tous les sujets de
l'État, tous les membres de la cité, sans exception,
doivent y prendre part. La jeunesse et tous les hommes qui n'ont pas atteint l'âge caduc forment l'armée ;
les vieillards, les enfants et les femmes sont employés
aux ateliers, magasins, ambulances, travaillent aux
fortifications et aux retranchements. La perte d'un
œil, d'une jambe, d'un bras ; la surdité, la myopie, le
défaut de taille, les faiblesses de complexion, les fonctions d'un certain ordre, ne sont pas des causes suffi-
santes de libération du service. La Convention était
dans le vrai sens de la loi de la guerre, lorsqu'elle dé-

créta la levée en masse et déclara la patrie en danger.
Aussi la République fut victorieuse. On ne triomphe
pas d'une nation armée comme était alors la France.
Maintenant il y a le tirage au sort, les conseils de révision, traînant à leur suite les exemptions de toute espèce et les remplacements. Comme image de la nation
armée, on a conservé la garde nationale, tantôt organisée au grand complet, tantôt réduite à son minimum
d'expression, selon l'esprit et les tendances des gouvernements, dans tous les cas ridicule par sa lourdeur
et son inutilité.

Les résultats de ce système sont connus. La guerre,
abandonnée aux soins du gouvernement, n'intéressant
la nation que d'une manière indirecte et à titre d'impôt, est devenue, pour les militaires gradés, fils de
bourgeois la plupart, une carrière; pour les autres,
ouvriers et paysans, une perte d'état. Sous prétexte
d'assurer la défense nationale par la force de l'armée,
on choisit dans la jeunesse travailleuse ce qu'il y a de
plus beau, de plus fort et de meilleur pour en faire la
matière première d'une armée, qu'on s'étudie ensuite
à séparer du peuple; la race, continuellement écrémée,
perd de sa taille et de sa vigueur, et la nation est atteinte dans sa souveraineté même.

Cette première infraction au droit de la guerre,
identique sous ce rapport au droit politique, en
amène une autre relative au choix des officiers et généraux.

Dans la guerre, encore plus que dans la paix, l'homme revêtu d'un commandement doit être à la nomination des citoyens. C'est le moins que l'homme qui s'arme pour la défense de son pays choisisse son capitaine : ainsi firent les fédérés de 92, et personne n'a prétendu que leurs officiers, produit de l'élection, fussent moins braves, moins capables, et surtout moins amis de la liberté, que ceux qui plus tard formèrent la menue monnaie de l'empereur.

On observe à ce propos que l'élection, appliquée à l'armée, serait destructive de la subordination, sans laquelle une armée ne peut subsister; qu'ainsi le droit du citoyen-soldat allant contre le but même de la guerre qui est le déploiement de la force, il y a lieu de faire plier le droit politique devant la discipline militaire.

Cette objection pourrait être vraie dans une monarchie où, l'armée étant distincte de la nation, la guerre laissée à la direction du prince, on voudrait conserver pour la nomination des officiers la forme républicaine. Il y aurait évidemment contradiction. La question alors serait de savoir si l'intérêt dynastique doit passer avant l'intérêt national, avant l'intérêt de la guerre elle-même, qui exige, comme l'industrie, pour le déploiement de la plus grande force, la plus grande liberté possible. Mais dans une république, dans un empire fondé sur le suffrage universel, où la nation garde le plein et entier exercice de sa souveraineté, où la

guerre et la paix restent en définitive soumises à la décision du pays, l'exception n'est plus de mise. L'élection des officiers par les soldats, outre qu'elle découle
du droit public de la nation, est le gage de la moralité
du commandement, du civisme de l'armée, et par
conséquent de sa force.

Mais sortons des considérations politiques, qui ont
bien ici leur importance, et occupons-nous seulement
de la chose militaire.

Par la solidarité du péril et la communauté de
l'effort, une armée est une véritable association. La
présence de l'ennemi met de niveau officiers et soldats; ceux qui ont fait la guerre en savent quelque
chose. Là, si la discipline est respectée, c'est à la condition que le dévouement soit réciproque, la confiance
du soldat dans ses chefs absolue. Là, plus de bon
plaisir, plus de passe-droit, personne de sacrifié. Le
bon plaisir, devant l'ennemi, le passe-droit, est trahison; le sacrifice d'un homme, d'un corps, hors des
nécessités absolues de la bataille, assassinat. Croit-on
que cette fraternité d'armes, qui dans une armée de
citoyens libres s'étend du général au soldat, soit
aussi bien garantie dans la constitution actuelle des
armées?

Indépendant de ses subordonnés devenus ses subal-
ternes, l'officier, à plus forte raison le général, n'éprouve
plus pour le soldat cette sollicitude dévouée qu'entretiennent l'élection et l'égalité civiques. Le grade devenu

l'insigne de l'inégalité, la justice, âme de la guerre,
remplacée par le commandement, un autre esprit
tend à s'emparer de l'armée. C'est le monde de l'im-
pératif, dans lequel le supérieur n'étant responsable
que devant le supérieur, c'est-à-dire en réalité devant
personne, l'inférieur se trouve inévitablement et indi-
gnement sacrifié. Le soldat, dans la main du général,
n'est plus en effet, comme le paysan dans son village,
une âme ; c'est une arme de jet, une machine à tuer,
de la matière, enfin, comme les canons et les munitions, un produit de l'industrie militaire, que l'on ménage parce qu'il coûte, du reste aussi vil que ses
cartouches et son fusil.

De là ces maximes judaïques, sujettes à de si mons-
trueuses applications, qu'à la guerre il est permis de
sacrifier la partie pour sauver le tout, comme disait
Caïphe : *expedit unum hominem pro populo mori;* d'exposer à une destruction certaine des régiments, des
corps entiers, pour faire réussir une combinaison,
pour étonner l'ennemi, quelquefois par crânerie ;
d'abandonner, dans les retraites, blessés, malades,
traînards et arrière-garde. De là ce principe atroce,
préconisé par certains écrivains et diamétralement
opposé à la loi de la guerre, que le soldat, dans une
situation désespérée, doit se faire massacrer plutôt
que de se rendre, parce que, si faible que soit sa défense, sa mort coûtera toujours quelque chose à l'ennemi. De là, enfin, ce système d'*entraînement* qui, à

défaut de patriotisme, entretient le courage du soldat,
et fait de lui, non plus le défenseur de son pays, mais
le séide d'un ambitieux.

Tel est l'esprit dans lequel les républicains ont accusé, non sans amertume, Napoléon Ier d'avoir formé
ses officiers et façonné ses armées. Ainsi, disent-ils,
on le vit à Austerlitz, afin de déterminer le mouvement des alliés sur sa droite et de les faire tomber
dans le piége, laisser écraser toute une aile de son
armée, tandis qu'il avait sous la main 40,000 hommes
qui ne prirent aucune part à l'action; à la Moskowa,
refuser sa garde, malgré les cris des soldats, ce qui
rendit la victoire et plus sanglante et moins fruc-
tueuse; au passage de la Bérésina, forcé de quitter
tout et de sauver sa personne, parce que de la conservation de sa personne dépendait le salut de l'empire. Déjà on l'avait vu, dans la campagne de Marengo, plus empressé d'assurer sa propre gloire que
de voler au secours de Masséna, dont les soldats
sacrifiés en conservèrent un long ressentiment. Ainsi
encore, usant du pouvoir souverain qui de la nation
avait passé au premier magistrat, il choisit pour
l'inutile et impolitique expédition de Saint-Domingue
35,000 soldats républicains dont l'esprit n'était plus
en harmonie avec les principes qui avaient prévalu
depuis le 18 brumaire, et pouvait exercer une influence fâcheuse sur l'armée.

J'admets cette critique : j'observe seulement, à la

décharge de Napoléon, que le reproche tombe bien moins sur lui que sur ses idées qui étaient celles de son temps.

Si, dans ces diverses circonstances, Napoléon avait agi, comme aucuns le supposent, par un machiavélisme calculé, je ne relèverais pas des actes justiciables seulement de la conscience de l'historien. Je considérerais le fondateur de la dynastie des Bonaparte comme un grand coupable et m'abstiendrais d'en parler. Mais ce n'est pas ainsi que les abus s'introduisent dans les gouvernements, et par suite dans les opérations de la guerre et la discipline des armées. Remontez la chaîne des causes, et, quand vous vous imaginez n'avoir devant vous que les fautes d'un homme, vous arrivez à un courant d'opinion, à un essor des énergies nationales qui, selon l'idée qui le dirige, tantôt porte aux nues le chef de l'État, chef en même temps de l'armée, tantôt fait de lui sa première victime. Or, qui ne voit ici que le premier consul, plus tard l'empereur, obéissait à une double influence dont il n'était pas le maître : d'un côté, la réaction du principe d'autorité après la longue agitation révolutionnaire; de l'autre l'idée fausse qu'on se faisait de la guerre, et qui faisait supposer que la victoire était d'autant plus glorieuse, qu'elle avait été remportée avec moins de monde sur une puissante coalition?

En vain la routine prétendrait-elle que la nécessité

II.   4

le veut ainsi ; qu'il n'y a pas d'autre manière de faire
la guerre ; que cette courtoisie chevaleresque que
nous réclamons au nom du droit même de la guerre
est bonne pour les romans ; que le premier devoir du
soldat est le sacrifice ; qu'après tout on ne se bat
pas pour la gloire, mais pour des intérêts, et qu'il est
de la nature des intérêts, lorsqu'ils entrent en lutte,
de fouler aux pieds toute moralité et tout idéal.

Je répondrai toujours que cette prétendue nécessité
n'est pas réelle ; que les lois de la guerre ne sont pas
plus difficiles à suivre que celles du duel ; quant aux
intérêts , que la raison et la justice nous ont été données précisément afin d'établir entre eux l'équilibre,
et que la première condition de cet équilibre est le
droit de la force. Ah ! de grâce, gardons-nous d'introduire l'utilitarisme dans la guerre, pas plus que
dans la morale. La guerre n'a pour elle que sa conscience, son droit, sa bonne renommée ; et vous voyez
ce qu'e déjà, par l'effet de fausses notions, elle tend à
devenir. Que sera-ce si, dans le cœur des soldats et
des généraux, à la place de ce sentiment exalté d'honneur qui les anime, vous mettez l'intérêt ?

Que si , malgré ces considérations irréfutables, on
prétendait persister, par paresse d'esprit, manque de
cœur ou perversité d'intention, dans un honteux système, alors je dirais qu'il ne faut plus parler ni de
droit de la guerre, ni de droit international, ni de
droit politique. Plus de liberté, plus de patrie : l'em-

pire du monde est aux plus scélérats. Quant aux honnêtes gens, mieux vaut pour eux accepter tout ce qui
se présente, au dedans l'usurpation, de quelque part
qu'elle vienne, au dehors l'insulte et l'amoindrisse-
ment, que d'engager des luttes auxquelles il serait
impossible de prendre part sans cesser d'être homme.
L'ennemi approche : Aux armes, citoyens; formez vos
bataillons contre l'étranger! — Eh! Sire, défendez-
vous tout seul. Quant à nous, que vous daignez appeler en ce moment *citoyens*, qu'avons-nous à perdre
à changer de maître? Et que pourrait-il nous arriver
de pis que d'être soldats?

CHAPITRE IX.

QUESTIONS DIVERSES :

1. Le droit des gens est-il dépourvu de sanction? — 2. Déclarations de guerre. — 3. Jusqu'où il est permis de pousser la résistance. — 4. De l'interruption du commerce. — 5. Si les sujets des puissances ennemies sont ennemis. — 6. Des alliances.

La critique des opérations militaires n'épuise pas tout ce que nous aurions à dire à propos des formes de la guerre. Il est encore une foule de questions, résultant du fait de guerre, que la jurisprudence des auteurs a, si j'ose ainsi dire, sabrées, et qui toutes doivent se résoudre d'après les mêmes principes et de la même manière. Nous y consacrerons quelques pages.

« Le droit des gens, dit un écrivain contemporain, « est de création toute moderne[1]. »

Ce que nous avons dit de la guerre, tant dans ce livre que dans le précédent, montre dans quelle mesure et en quel sens cette proposition avantageuse doit être prise. En fait, les anciens eurent l'intelligence du droit des gens, nous voulons dire ici du

1. CH. VERGÉ, Introduction au *Précis du droit des gens,* de Martens.

droit de la guerre, à un degré fort supérieur aux modernes; et la raison, nous l'avons dite, c'est que les
anciens prenaient au sérieux le droit de la force. Mais,
bien que les anciens eussent du droit des gens une
idée plus juste que la nôtre, ils ne paraissent pas
en avoir laissé de théorie, et c'est seulement depuis
environ deux siècles que les modernes ont essayé de
suppléer à ce silence.

Les dates et monuments principaux de cette constitution théorique du droit des gens sont les suivants :

Publication du livre de Grotius, *De Jure belli ac pacis,* 1625;
Publication du livre de Hobbes, *De Cive,* 1647;
Traité de Westphalie, 1648 ;
Jus naturæ et gentium, de Pufendorf, 1672;
Codex juris gentium diplomaticus, de Leibnitz, 1693 ;
Traité d'Utrecht, 1713;
Jus gentium, de Wolf, 1749;
Le Droit des gens, de Vattel, 1758;
Tableau des révolutions du système politique en Europe, par
Ancillon, 1803-1805;
Traités de Vienne, 1814-1815;
Traité de Paris, 1856.

Je passe sous silence la multitude d'écrits dont
l'éditeur français de Martens donne la liste, et qu'il
est parfaitement inutile de consulter, puisqu'ils ne font
tous que répéter les maîtres, que par conséquent il
n'y a rien à en apprendre.

Quelle vérité positive résulte de cette tradition
savante de 235 ans?

4.

Aucune. Depuis que la violation ou l'abrogation des
traités de Vienne, qui avaient posé en dernier lieu les
bases de la paix en Europe, a été, pour ainsi dire,
mise à l'ordre du jour des gouvernements et des
peuples, les incertitudes qui planent sur le droit des
gens, auparavant renfermées dans les livres, se sont
divulguées, et les nations apprennent aujourd'hui à
leurs dépens que toute idée fausse dans l'ordre moral
et politique finit par se traduire en calamité dans la vie
sociale.

Or, l'erreur radicale des publicistes, celle qui engendre toutes les autres, et qui fait de leur théorie du
droit de la guerre et du droit des gens un tissu de
non-sens et de contradictions, c'est que, ne reconnaissant pas l'existence et la légitimité d'un droit de la
force, ils sont forcés de regarder le droit de la guerre
comme le produit d'une fiction, par suite de nier à son
tour le droit des gens qui, par la négation du droit de
la guerre, se trouve dépourvu de sanction. C'est ce
qui résulte du témoignage formel de tous les écrivains,
et sur quoi il est utile que nous revenions une dernière fois.

1. *Le droit des gens est-il dépourvu de sanction?* —
Que le lecteur veuille bien ici nous faire grâce de
quelques redites.

En principe la justice, comme la vérité, n'a et ne
peut avoir d'autre sanction qu'elle-même : c'est le

bien qui résulte de son accomplissement, le mal qui
suit sa violation. Au point de vue politique et gouvernemental, dans le sens administratif et pratique du
mot, la sanction de la justice est dans l'omnipotence du
souverain, c'est-à-dire dans la force.

Ainsi, dans le droit civil, les circonstances sont
nombreuses où la force publique se manifeste à l'appui de la justice : les *sommations* et *assignations*, la
saisie, l'*expropriation forcée*, l'*apposition des scellés*, la
plantation des bornes, la *contrainte par corps*, la *garnison*, la *vente à l'encan*, etc. — Dans le droit pénal,
il y a les *mandats de comparution*, *d'arrêt*, *d'amener*,
de dépôt; la *prison*, la *chaîne*, l'*exposition*, le *travail forcé*, le *bannissement*, la *transportation*, la *guil-
lotine*.

D'après cette analogie, on demande quelle est la
sanction pratique du droit des gens; et comme les
nations ne reconnaissent pas de souverain, qu'elles ne
relèvent d'aucune autorité ni d'aucune force, on est
conduit à dire que le droit qui régit leurs rapports,
valable au for intérieur, est dépourvue, au for exté-
rieur, de sanction. — Il y a la guerre, direz-vous.
— Mais, répliquent les juristes, la force par elle-même
ne prouve rien; il faut qu'elle soit autorisée, commandée par une puissance supérieure, organe elle-
même et représentant de la justice. Cette autorité
n'existant pas, le droit des gens n'a de garantie que
la raison et la moralité des gouvernements, c'est-à-

dire qu'en réalité le droit des gens repose sur le vide.

Qu'est-ce donc que la guerre, si elle n'est pas la sanction du droit des gens?

La guerre, répondent les auteurs, est la contrainte exercée par une nation qui se prétend lésée vis-à-vis d'une autre nation que celle-là accuse de faire grief à son droit et à ses intérêts. Mais il est évident que, par le fait de la déclaration de guerre, l'agresseur se pose à la fois comme juge et partie, ce qui, en bonne procédure, ne se peut admettre, alors surtout qu'il s'agit de recourir à la force. Il suit de là que la guerre par elle-même ne prouve absolument rien ; que la victoire ne fait pas le droit ; mais, comme il faut que les guerres finissent, que les litiges internationaux reçoivent une solution bonne ou mauvaise, on est tacitement convenu, afin d'arrêter l'effusion du sang et pour éviter de plus grands malheurs, de reconnaître le droit du vainqueur, de quelque côté que se porte la victoire : c'est ce que l'on appelle *droit des gens volontaire*. Pour que la guerre fût tout à fait morale et légitime, il faudrait qu'elle eût lieu en vertu d'un jugement émané d'une autorité supérieure, devant laquelle seraient portés les litiges internationaux, avec pouvoir de les juger et de donner exécution à ses arrêts. Mais c'est ce qui ne saurait avoir lieu, et c'est pourquoi, disent les auteurs, le droit des gens, comme le droit de la guerre, se réduit à une fiction.

En deux mots, la théorie des publicistes modernes, fondée sur une analogie, aboutit à l'hypothèse d'une monarchie, république ou confédération universelle, précisément ce contre quoi les nations protestent avec le plus d'énergie, et dont la seule prétention a causé dans tous les temps les guerres les plus terribles. Hors de cette omniarchie, le droit des gens, selon eux, reste un *desideratum* de la science, un vain mot. Les nations, les unes à l'égard des autres, *sont à l'état de nature.*

« S'il est vrai que les souverains et les États, en « leur qualité de personnes morales, soient justicia- « bles de la même loi qui sert à déterminer les rap- « ports des individus, chacun d'eux a sa sphère d'ac- « tivité qui est limitée par celle des autres ; là où la « liberté de l'un finit, celle de l'autre commence, et « leurs propriétés respectives sont également sacrées ; « il n'y a pas deux règles de justice différentes, l'une « pour les particuliers, l'autre pour les États... Ce « droit existe, mais il manque d'une contrainte exté- « rieure ; il n'y a point de pouvoir coactif qui puisse « forcer les différents États à ne pas dévier, dans leurs « relations, de la ligne du juste... Les souverains « *sont encore dans l'état de nature,* puisqu'ils n'ont pas « pas encore créé cette garantie commune de leur « existence et de leurs droits, et que chacun d'eux « est seul juge et seul défenseur de ce qui lui appar-

« tient exclusivement, et que les autres doivent res-
« pecter[1]. »

J'ai cité précédemment M. Oudot, concluant de cet
état de nature des souverains, dénoncé par Ancillon,
et de cette absence de sanction du droit des gens,
à une centralisation de toutes les puissances de la
terre. Je renvoie le lecteur à cette citation, t. Ier,
p. 168.

Mais une semblable exagération du principe d'autorité serait la plus impraticable des utopies, et il est
surprenant qu'elle n'ait pas suffi pour avertir les honorables légistes qu'ils faisaient fausse route. L'idée
d'une souveraineté universelle, rêvée au moyen âge
et formulée dans le pacte de Charlemagne, est la négation de l'indépendance et de l'autonomie des États,
la négation de toute liberté humaine, chose à laquelle
États et nations seront éternellement d'accord de se
refuser. De plus, ce serait l'immobilisme de l'humanité, absolument comme le despotisme dans un État,
ou le communisme dans une tribu, est l'immobilisa-
tion de cet État et de cette tribu. La civilisation ne
marche que par l'influence que les groupes politiques
exercent les uns sur les autres, dans la plénitude de
leur souveraineté et de leur indépendance ; établissez
sur eux tous une puissance supérieure, qui les juge

1. ANCILLON, *Tableau des révolutions du système politique,*
t. Ier, p. 2.

et qui les contraigne, le grand organisme s'arrête ; il n'y a plus ni vie ni idée.

Non, il n'est pas possible que le droit des gens soit dépourvu de sanction, comme le disent ses prétendus inventeurs les modernes jurisconsultes. Le droit des gens a pour sanction naturelle, légitime, efficace, la guerre, faite selon les règles qui se déduisent logiquement du droit de la force. — Non, il n'est pas vrai que la guerre, ou l'emploi de la force comme instrument de justice entre les nations, doive être assimilée, ainsi que le font les mêmes jurisconsultes, aux moyens de contrainte usités dans la procédure civile et criminelle, et que par conséquent elle requière, pour sa propre légitimation, l'*exequatur* d'une autre souveraineté. C'est méconnaître la nature et l'objet de la guerre que de la ramener à de pareils termes ; c'est ne rien comprendre à la marche de l'esprit humain, aux lois de la civilisation et de l'histoire. La guerre, ainsi que nous l'avons démontré par la théorie du droit de la force et de son application, est précisément le cas, et c'est l'unique, dans lequel le droit se démontre par l'exhibition de la force. La guerre est, pour cette raison même, de tous les tribunaux le moins sujet à errer et le plus prompt à revenir de ses erreurs ; et c'est ce qui fait que, comme le droit des gens domine toute espèce de droit, la guerre, qui l'affirme et le garantit, est la plus puissante de toutes les sanctions.

De cette erreur des publicistes sur la nature de la

guerre et la sanction du droit des gens, dérivent
toutes les absurdités qui pullulent dans leurs écrits,
et par suite toutes les calamités et les crimes que la
guerre traîne à sa suite; c'est ce dont sera convaincu
tout homme de bon sens qui voudra se rendre compte
de la pensée qui dirige les armées et leurs opérations.

Les questions suivantes, prises au hasard dans les
livres des docteurs, compléteront notre critique.

2. *Déclarations de guerre.* — La justice, selon Vattel, exige que la guerre soit déclarée avant que les
hostilités commencent. — Pourquoi cela? demande
Pinheïro-Ferreira, si la guerre n'est que la revendication par la force de ce qui est dû; si, d'autre part, les
moyens de contrainte doivent avoir pour but de *détruire* ou de *paralyser* les forces de l'ennemi? Il suffit
que la nation lésée ait notifié sa réclamation : le refus
exprimé, elle est libre d'agir. Avertir l'ennemi, par
une déclaration de guerre, qu'il ait à se tenir sur ses
gardes, est absurde.

Il n'y a rien à répondre à cette observation de Pin-·
heïro, et Vattel lui-même, après avoir posé le principe
de la déclaration de guerre, le retire en ces termes :

« Le droit des gens n'impose point l'obligation de
« déclarer la guerre pour laisser à l'ennemi le temps
« de se préparer à une juste défensive. Il est donc

« permis de faire sa déclaration seulement lorsqu'on
« est arrivé sur la frontière avec une armée, et même
« *après* que l'on est entré sur les terres de l'en-
« nemi... »

C'est le guet-apens que Vattel autorise, en vertu de
sa fiction du droit des gens volontaire. Aussi qu'arrive-t-il? Autrefois, les peuples s'envoyaient des hé-
rauts chargés de faire longtemps d'avance ces déclarations; du temps de Vattel, on se bornait à les
afficher dans les capitales; maintenant on renvoie les
ambassadeurs, la veille et quelquefois le lendemain du
jour où les hostilités commencent. Et il n'y a rien à
redire, si la guerre est telle que les jurisconsultes modernes la définissent.

C'est autre chose si la guerre est, comme nous le
soutenons, la revendication légale du droit de la
force, si de plus, comme nous venons de l'établir,
elle est la sanction du droit des gens. Alors il est
de toute évidence qu'elle doit procéder exactement
comme si elle était ordonnée par une autorité supérieure, c'est-à-dire être déclarée à l'avance, et cela
précisément afin que la nation attaquée se mette en
défense : sans quoi la victoire de l'agresseur serait de
mauvais aloi; il y aurait surprise, non pas démonstration de la force. Ainsi le veut le sentiment commun
des nations, et jusqu'à ces derniers temps leur pratique y a été conforme.

II.   5

3. *Jusqu'où il est permis de pousser la résistance.* —
Vattel avoue que la résistance devient punissable quand
elle est manifestement inutile. « Alors, dit-il, c'est *opi-*
« *niâtreté,* non valeur. »

Mais, dans le système de Vattel, qui n'admet la guerre
juste des deux côtés qu'au moyen de la fiction du droit
des gens volontaire, et qui refuse toute qualité juridique à la force, cette proposition est de sa part une
inconséquence. Il se peut que le plus fort soit un agresseur injuste ; comment blâmer un homme qui, as-
sailli par quatre brigands, se défend jusqu'au dernier
soupir plutôt que de livrer ou sa fille, ou sa femme,
ou sa fortune, le pain de ses enfants ? Dans le cas même
le plus favorable, celui d'une guerre de conquête ou
de simple prééminence, comment blâmer un peuple
qui préfère la mort à la domination ? De ce prétexte
d'inutilité de la défense résultera la vengeance du vainqueur, je le sais bien ; c'est ainsi que, dans un siége,
les habitants qui résistent à l'assaut s'exposent à être
passés au fil de l'épée. Mais la vengeance de l'ennemi
ne fait pas que la résistance soit injuste : Vattel devait
d'autant mieux le comprendre qu'il nie le droit de la
force.

Pour moi, qui affirme la réalité du droit de la guerre
et qui fais de ce droit la sanction du droit des gens,
mais qui en même temps ne puis oublier que la guerre
peut avoir pour but l'extinction d'une nationalité, je
ne me prononce qu'avec réserve. Si la guerre est,

comme je le dis, la sanction du droit des gens, nous
devons tous en reconnaître la loi, qui est celle de la
force, d'autant mieux que céder à la force n'implique
pas de honte. Mais s'il s'agit d'incorporation ou d'é-
mancipation politique, alors il me semble que les deux
puissances belligérantes sont seules juges du prix
qu'elles attachent respectivement à leur extension ou
à leur liberté, et conséquemment du degré de leur résistance. Car se défendre à outrance peut devenir en
certains cas un acte d'héroïsme, respectable au vainqueur lui-même. Les circonstances seules me paraissent devoir décider de la résolution à prendre, dont
chacun au surplus reste maître.

4. *De l'interruption du commerce.*—Suivant Pinheïro-
Ferreira, l'état de guerre n'est pas une raison suffisante
d'interrompre les relations commerciales entre deux
pays. C'est sans doute le blocus continental qui a suggéré à Pinheïro-Ferreira cette opinion d'une haute phi-
lanthrophie, et il faut avouer qu'avec un tel principe
Napoléon Ier eût été réduit de bonne heure. Bien plus,
il faut reconnaître que les opérations commerciales, si
elles devaient être respectées et maintenues, rendraient
le plus souvent les opérations militaires inexécutables.
Profondément convaincu de l'absurdité du droit de la
force et de l'immoralité de la guerre, Pinheïro-Ferreira
ne marchande point, comme les autres, avec le préjugé. Il s'attache à entourer la guerre de toutes les

conditions qui peuvent l'abréger, la restreindre, la
rendre impraticable et impossible. Tel est le caractère
général des écrits de ce philosophe.

Malheureusement les choses ne se prêtent point ainsi
à l'arbitraire de l'opinion, et, parce qu'il nous plaît de
les définir à notre guise, elles n'en suivent pas moins
leur indomptable nature. La guerre est, entre deux
nations, la lutte des forces. Et qu'est-ce que le commerce? un échange de forces. Que la guerre soit aussi
courte que possible, je le veux; mais, au moment
du combat, c'est-à-dire tant que durent les hostilités, toute relation de commerce, c'est-à-dire tout
échange de forces entre les puissances belligérantes,
doit cesser. Sans cela la guerre deviendrait un jeu;
ce serait une partie d'escrime, non un jugement ni
une sanction.

5. *Si les sujets des puissances ennemies sont ennemis.*
— Question grosse de contradictions et à peu près in-
soluble, dans le système généralement suivi. Grotius
et Vattel décident que, en vertu de la solidarité qui
existe entre la nation et son gouvernement, les sujets
de deux puissances en guerre sont ennemis. En conséquence, dit Vattel, les enfants, les femmes, les vieillards, sont au nombre des ennemis; ils appartiennent
au vainqueur, ce qui n'est du reste pas une raison
pour celui-ci de les massacrer. Pinheïro-Ferreira se
récrie contre cette doctrine, et il faut avouer que son

opinion, quoique faiblement motivée en principe, dans la pratique plaît davantage.

Sans doute, peut-on dire avec lui, en bonne logique, il n'est pas possible de séparer ici la cause de l'État de celle des particuliers. Mais quoi! Si la guerre n'est, comme on le prétend, qu'une substitution, arbitraire ou fatale, de la force à la justice; si la victoire par elle-même ne prouve absolument rien; si l'on ne peut admettre qu'en toute guerre le droit soit positivement égal des deux côtés; si cette égalité n'est qu'une fiction de légiste; si par conséquent la guerre se réduit le plus souvent à un fait de l'ambition, du machiavélisme ou de l'imbécillité des princes, faut-il rendre responsables de toutes ces folies tant d'innocents qui n'en peuvent mais? Et ne serait-il pas d'une pratique plus humaine, n'aurait-on pas fait un grand pas vers la pacification définitive, de déclarer, d'un commun accord, les populations insolidaires, en temps de guerre, de la politique de leurs gouvernements?

Je laisse au lecteur le soin de pousser cette controverse, qui peut donner lieu à de magnifiques développements oratoires, mais sans aboutir à aucune conclusion.

Pour moi, qui considère le mouvement des États comme une nécessité de l'histoire et la guerre comme un acte juridique, je dis simplement que, dans la guerre, il serait dangereux, impolitique, immoral, de séparer les gouvernements des sujets, que la cause

leur est commune, et que par conséquent leur responsabilité est la même. Mais j'ajoute, en vertu des
mêmes principes, et ici je vais plus loin que Pinheïro,
que l'antagonisme n'existe véritablement qu'entre les
groupes, c'est-à-dire entre les deux personnes morales
qu'on appelle États ; en sorte que, même dans une
guerre à outrance ayant pour but l'absorption intégrale
de l'une des puissances par l'autre, les sujets de ces
puissances, PAS PLUS QUE LES SOLDATS EUX-MÊMES, ne doivent se considérer comme personnellement ennemis.
La guerre de Crimée, dans laquelle Français et Russes,
dans l'intervalle des luttes les plus acharnées, se rap-
prochaient en amis, en hôtes, échangeaient une pipe
de tabac, une gorgée d'eau-de-vie, est le plus beau
commentaire que je puisse donner de ma pensée et
de la manière d'exercer le droit de la force.

6. *Des alliances.* — Sur cette matière, tout ce que
j'ai rencontré dans les auteurs est politique d'anti-
chambre, indigne de la plus légère mention. Sortons
de ces vulgarités.

Les lois de la force régissent seules l'existence extérieure des États.

En vertu de ces lois, toute puissance est par nature
hostile aux autres et en état de guerre avec elles. Elle
répugne à l'association, comme à la sujétion. Son organisation intérieure la pousse à l'envahissement ; à
plus forte raison elle tend à une absolue indépendance,

et se montre d'autant plus jalouse de son autonomie, qu'elle soutient avec ses voisines des rapports plus nombreux et plus fréquents.

Tant qu'un État conserve sa force d'action intérieure et extérieure, il est respecté ; dès qu'il vient à la perdre, il se disloque ; tantôt une province, tantôt une autre se révolte contre le pouvoir central et se sépare du tronc ; d'autres fois il est partagé par les États voisins qui se l'incorporent.

Il suit de là que les alliances entre États sont naturellement difficiles, de peu de vertu, de plus courte durée, et n'ont trait qu'à un objet spécial. Ainsi l'alliance de la Russie, de la Prusse et de l'Autriche, pour le partage de la Pologne, ne dura que le temps nécessaire au partage ; elle n'eut pas d'autre objet, et ce qui en fit le succès, ce fut la décrépitude même de l'État polonais. Ainsi la fameuse Sainte-Alliance, imaginée par le czar Alexandre Iᵉʳ pour prévenir le retour des conquérants, et signée par toutes les puissances de l'Europe, n'eut jamais d'existence que sur le papier. Napoléon Iᵉʳ abattu, cloué sur son rocher de Sainte-Hélène, chacun des États signataires se remit à vivre de sa vie propre, c'est-à-dire à s'étendre et à conquérir dans la mesure de ses forces et de ses moyens. Ainsi encore l'alliance entre le même Alexandre et l'empereur Napoléon pour le partage de l'Europe ne fut qu'un rêve ; les augustes contractants s'aperçurent bientôt qu'il est plus aisé de faire vivre ensemble cin-

quante États plus ou moins équilibrés que deux grands
empires qui, après s'être partagé le globe, se fussent
trouvés tous deux à l'étroit.

L'alliance entre deux ou plusieurs États, quand elle
a lieu, a donc pour but, soit de poursuivre le démembrement et le partage d'un autre État, en conséquence
de former des débris de celui-ci un nouvel État ou
d'augmenter d'autant leur propre puissance; soit de
résister à l'envahissement ou à la prépondérance d'un
État qui, en raison de sa force, revendique sur les
autres la suprématie.

Ainsi le cours des événements conduit une puissance A à s'emparer de tout ou partie d'une puissance B : c'est ce qui est arrivé pour l'empire germanique, actuellement l'Autriche, vis-à-vis de l'Italie, à
la fois impériale, pontificale et fédérale, et pour cela
non viable. Cette conquête du germanisme a même
reçu, pendant un temps, la double sanction et de la
majorité des Italiens et du droit public de l'Europe.
Mais, avec le temps et sous l'influence même des
traités qui avaient confirmé cette incorporation, les
idées changent; la population incorporée se ravise;
bien plus, il importe à une puissance C que la puissance B recouvre son intégrité et son indépendance,
les autres puissances, D, E, F, etc., signataires des
traités, demeurant indifférentes. En conséquence, il y
a alliance entre B et C contre A. Que signifie cette
alliance? Que le droit de vivre, ou, ce qui est la même

chose, le droit de la force, est revenu à B, et qu'il s'est réduit d'autant du côté de A, ce qui se démontrera par la guerre.

Les alliances politiques sont le champ de la défection et de l'ingratitude. Il ne faut pas s'en étonner. La promesse est subordonnée à la raison, qui n'est autre que la raison même de la force. Il se peut que l'Autriche, en se séparant de la Russie dans la guerre de Crimée, ait manqué de prudence ; c'est cette imprudence qui a fait tout son crime. Mais elle avait le droit de se tromper : mieux eût valu pour elle perdre la Hongrie que de devenir vassale du czar.

Au contraire, il se peut que l'Italie, en garde contre l'Autriche, reste fidèle à la France, et nous nous en réjouirons. Mais l'Italie a le droit de répudier notre alliance, et c'est ce qu'elle ne manquera pas de faire le jour où l'Autriche la reconnaîtra.

4.

CHAPITRE X.

QUESTIONS DIVERSES :

7. *Des neutres.* — Sur cette question comme sur la précédente, on ne trouve dans les auteurs que des divagations. La loi qui préside aux révolutions des États, et qui n'est autre que la manifestation, le développement, la fusion ou l'équilibre de forces collectives, cette loi leur échappant, ils se perdent dans des détails oiseux ou des arguties. Vattel et Pinheïro, par exemple, s'appliquent à déterminer quels sont les neutres, quels sont leurs droits, quels actes rompent la neutralité, ce que c'est qu'un traité de neutralité, etc. Martens ne contient rien de mieux. Seulement, après avoir lu tous ces commérages, on est un peu moins surpris de cette politique de *non-intervention* qui consiste à intervenir sans cesse, et qui fait la gloire des hommes d'État de l'Angleterre. Point de doctrine dans l'école, point de règle dans la conscience des nations, point de bonne foi dans les gouvernements.

Pour moi, considérant que le mouvement de la civilisation n'est autre chose que l'évolution des puissances politiques et la guerre leur conflit ; considérant en outre que toutes ces puissances, bien que souveraines et indépendantes, sont cependant du plus au moins solidaires, je commence par poser en principe que, lorsque la guerre éclate entre deux nations, toutes les autres y sont plus ou moins intéressées, qu'en conséquence il n'y a ni ne saurait y avoir de véritables neutres.

Mais attendu, d'une part, que la guerre est légitime par nature, puisqu'il s'agit de savoir si tel État arrivera à l'existence ou sera refoulé dans le néant; si tel autre prendra un nouvel accroissement ou subira une diminution ; si celui-ci sera absorbé dans celui-là ; attendu, d'un autre côté, que la guerre doit être autant que possible circonscrite et restreinte à son objet, on convient de considérer comme neutres tous les États qui se déclarent étrangers et indifférents au changement.

Ainsi, lors de la séparation de la Hollande et de la Belgique, les puissances signataires des traités de Vienne consentirent, à la demande de la France et de l'Angleterre, à rester neutres. Elles considérèrent, peut-être à tort, que la division du royaume des Pays-Bas, constitué par le Congrès, ne pouvait nuire à l'équilibre général, objet spécial des traités, pourvu qu'il fût réservé que la Belgique, l'État nouveau-né, ne pourrait dans aucun cas faire retour ni à la France, ni

à l'Autriche, qui l'avaient possédée jadis : c'est cette
réserve des grandes puissances qui constitue la neutralité belge. La même abstention a été observée pendant
la dernière guerre d'Italie. Que les diplomates le
sachent ou l'ignorent, peu importe : le principe de
cette abstention, imposée du reste par la force des
choses, a été que l'Italie, en se constituant comme État
unitaire, loin de rompre l'équilibre, le consoliderait,
puisqu'elle formerait une grande puissance entre
l'empire autrichien et l'empire français.

La question de neutralité, ou de non-intervention,
en soulève une autre, celle de savoir s'il est permis à
une puissance neutre de fournir à l'une des puissances
belligérantes des armes et des munitions. La réponse
des juristes est incroyable. Ils disent que la continuation du commerce ne rompt pas la neutralité, mais
qu'il en serait autrement si, à la place de marchandises, la puissance qui se prétend neutre envoyait des
armes et munitions de guerre.

Je dis que ce serait plutôt l'inverse qui devrait avoir
lieu. Si la guerre n'est, comme le pensent les légistes,
qu'un moyen de contrainte vis-à-vis d'un débiteur de
mauvaise foi, il est clair que les neutres doivent s'abstenir de lui fournir des armes; dans le doute même
si c'est l'agresseur ou le défendeur qui a raison, ils
doivent s'abstenir encore, puisque autrement ils pré-
jugeraient la question, se constitueraient juges du
débat, et sortiraient de leur rôle. Tout au plus leur

est-il permis d'entretenir des relations qui ne peuvent influer sur l'issue de la guerre.

Mais si la guerre est, comme je le soutiens, la lutte des forces, ayant pour objet de déterminer la création, l'absorption ou l'équilibre de deux États, si elle est la sanction du droit des gens, il est évident que, comme une semblable lutte exige une déclaration préalable, elle suppose le droit de s'armer et implique par conséquent, de la part des neutres, le droit de fournir à celle des parties qui en manque des munitions de guerre et des armes. La seule chose dont ils dussent s'abstenir, ce serait de faire des subventions gratuites, ou à si long terme qu'elles pourraient être considérées comme gratuites. La richesse est un élément de force ; par conséquent, la guerre étant la lutte des forces, chaque puissance belligérante doit combattre avec ses propres forces, non avec les forces de l'étranger. Toute prestation de forces implique alliance et cessation de la neutralité ; c'est un cas de guerre.

8. *Des mercenaires.* — Pinheïro-Ferreira regarde l'emploi des mercenaires comme contraire au droit des gens. Le soldat mercenaire, dit ce publiciste, est censé avoir dit au gouvernement qui le paye : « Pourvu que vous me serviez ma solde, je vous obéirai, quelle que puisse être la justice ou l'injustice de l'emploi que vous ferez de ma coopération. Dès ce moment, elle vous est acquise sans restriction. » Pinheïro voudrait

en conséquence que les mercenaires fussent passibles
de la peine infligée aux pirates.

La guerre est la lutte des forces : elle n'implique
par elle-même, de la part d'aucune des puissances en
conflit, d'injustice. L'opinion de Pinheïro-Ferreira ne
serait pas douteuse, si le mercenaire se mettait au
service d'un pirate ; ou si, dans une guerre légitime,
les citoyens capables de porter les armes pouvaient
être considérés comme l'unique force des États. Mais
la richesse aussi est une force, et de même qu'il est
permis à un entrepreneur de prendre des travailleurs
à loyer, des domestiques à gages, on ne voit pas pourquoi il serait défendu à une communauté d'entrepreneurs, de marchands, de laboureurs, en guerre
avec une autre communauté, de louer aussi des soldats. C'est leur capital, transformé en armée, en vaisseaux, en canons, qui se bat. Le jugement de la guerre
n'en sera pas faussé. L'assimilation du mercenariat
militaire à un louage d'ouvrage me semble d'autant
plus plausible que parmi ceux qui le réprouvent il en
est qui n'admettent pas que le service militaire doive
être réputé d'obligation pour tout citoyen. La profession des armes, disent-ils, exige, comme tout
métier, une vocation particulière. Si c'est un métier,
pourquoi ne serait-il pas permis d'en faire commerce?
Donc, à moins de faire un crime à l'ouvrier de défendre
son patron, je ne vois pas qu'il y ait rien à reprocher
à des troupes mercenaires.

9. *Des prisonniers.* — « En cas de nécessité, dit Vattel, par exemple, quand on a affaire à une nation féroce, perfide, formidable ; quand on ne peut pas garder de prisonniers ; quand, etc., il est permis de faire mourir les prisonniers de guerre. Mais, ajoute le casuiste, il faut être bien sûr que notre salut exige un pareil sacrifice. » — C'est ce qui eut lieu après la bataille d'Azincourt et pendant l'expédition d'Égypte, sous le commandement du général Bonaparte. « Peut-on aussi réduire en esclavage les prisonniers de guerre ?—Oui, répond encore Vattel, mais dans le cas seulement où l'on serait en droit de les tuer.—Oui, reprend un commentateur, mais seulement à titre d'indemnité de guerre. »

Il est clair que Vattel et ceux qui sont venus après lui parlent au hasard sur des choses dont ils ne savent seulement pas le premier mot. Ici les juristes sont à bout de raison ; le droit des gens volontaire ne leur sert absolument de rien. Si du moins il était possible de soutenir, d'abord que la guerre est toujours la répression d'un crime, en second lieu que le vaincu est toujours et nécessairement le vrai coupable, comme on le supposait pour l'ordalie ou jugement de Dieu, la question n'offrirait aucune difficulté. Le prisonnier serait voué à la mort par le fait même de sa défaite, et si le vainqueur, pressé par la nécessité, ne pouvait le réserver pour la servitude ou pour l'échange, l'infortuné n'aurait pas à se plaindre. Mais une sem-

blable hypothèse est par trop absurde ; la théorie des
juristes eux-mêmes, qui nient la validité des jugements de la force, s'y oppose.

Quel principe donc allons-nous invoquer pour régler le sort du prisonnier? Alléguer le droit des gens
volontaire, c'est prononcer la condamnation du droit
des gens volontaire. Qu'est-ce qu'un droit qui conclut au massacre de braves gens, purs de tout crime,
et qui en combattant ont accompli un devoir sacré?

Chose admirable, et sur laquelle j'appelle de toute
l'énergie de ma conscience l'attention du lecteur, ce
droit de la force, tant honni, est plus raisonnable que
toute la science des jurisconsultes, plus humain que
toute leur philanthropie. La guerre est la lutte des
forces : celui qui, blessé dans le combat ou accablé
par le nombre, rend ses armes, ne compte plus pour la
guerre; à parler rigoureusement, il n'est pas prisonnier, il est retranché, tant que dure la guerre, de la
liste de ses concitoyens. Déchu de ses droits militaires [1], il lui est interdit de servir pendant toute

---

1. Chez les Romains, l'homme qui avait eu le malheur de se
laisser prendre par l'ennemi était censé mort civilement; déchu
par le fait de sa captivité du droit de porter les armes, il l'était
aussi de ses droits politiques. C'est ce qui semble résulter de ces
vers d'Horace sur Régulus, prisonnier des Carthaginois, et envoyé
à Rome, sur sa parole, pour négocier la paix :

> Fertur pudicæ conjugis osculum
> Parvosque natos, ut CAPITIS MINOR,

la guerre, et c'est afin de s'assurer que ce devoir sera
rempli que le vainqueur le met sous garde. Le soldat
qui se rend sur le champ de bataille promet implici-
tement de ne plus combattre. S'il était prouvé que sa
soumission n'est qu'une feinte, on le tuerait comme
traître et assassin, et ce serait justice. Mais la guerre
terminée, le litige réglé, les prisonniers sont rendus
de part et d'autre; chacun rentre parmi les siens :
voilà le droit, tout le droit, rien que le droit. Il n'y a
pas autre chose.

Dans les deux dernières guerres, de Crimée et
d'Italie, les puissances belligérantes, la France, la
Russie, l'Autriche, se sont signalées à l'envi par la
douceur avec laquelle elles ont traité leurs prisonniers
réciproques : c'est un des traits qui prouvent le mieux
combien la conscience des nations est au-dessus des
théories de l'école, et de quelles améliorations la

> A se removisse, et virilem
> Torvus humi posuisse vultum.

Régulus ne veut point de la paix avec Carthage. Il ne veut pas
en conséquence qu'on rachète les prisonniers; il le veut d'autant
moins qu'il les a vus, lui leur général, refuser de se battre, se
laisser lier les mains derrière le dos, et préférer à la mort la
servitude de la patrie. Et ce mâle conseil donné au sénat, ce dernier acte de la justice consulaire exercé sur des soldats infidèles,
Régulus, sachant bien quel sort l'attend à son retour à Carthage,
ne parle plus à aucun de ses amis; il repousse l'embrassement
de sa femme et de ses enfants, et se tient, immobile et sombre,
les yeux fixés à terre, comme un homme déchu du droit de
famille et du droit de cité.

guerre, si on le voulait, serait encore susceptible.
Mais des prisonniers massacrés, condamnés au service des bagnes, engloutis dans des pontons, trans-
portés au fond des déserts à deux mille lieues de leur
patrie : voilà ce que rien n'excuse, ce qui sort de
toute loi et de tout droit, ce qui ne fait pas moins
honte aux généraux et aux hommes d'État qui l'or-
donnent qu'aux légistes qui, par leurs absurdes consultations, l'autorisent.

10. *Des otages.*—Autrefois, on avait la coutume de
recevoir et de donner des otages pour servir de garantie aux conventions internationales et à l'observation des lois de la guerre. Je ne comprends pas pourquoi cette coutume a été abandonnée. On dit qu'il était
inhumain de rendre des innocents responsables de la
mauvaise foi de leurs concitoyens : en sorte que, les
conseils de l'humanité prévalant, la garantie devenait
nulle.

Mais ce n'est comprendre ni l'obligation imposée à
l'otage, ni le sens des lois de la guerre. La guerre,
qu'elle doive être poussée à outrance ou restreinte à
un objet particulier, intéresse directement la souveraineté de l'État, c'est-à-dire ce que le citoyen a de
plus précieux, sa liberté et sa nationalité. Lors donc
qu'il y a, entre deux puissances belligérantes, traité
de paix, trêve ou armistice, sous la caution d'otages,
cela veut dire que ceux-ci s'engagent, en cas de vio-

lation de la part de leurs concitoyens, à user de toute
leur influence pour les ramener, au besoin et en cas
de refus de la part des leurs, à faire leur soumission à
l'ennemi et à servir sa cause, sinon à être poursuivis
eux-mêmes comme complices de la forfaiture. En
quoi je répète que ce n'est toujours que justice : c'est
aux otages à réfléchir à leur position, et à la puissance
qui les reçoit à ne prendre pour garants que des
hommes influents et capables de répondre de leurs
actes. Ici, plus que nulle part ailleurs, éclate le caractère sanctionnateur de la guerre.

11. *Des armistices et des trêves.* — L'armistice est
limité ou illimité. Dans le premier cas, les hostilités
recommencent de plein droit à l'expiration de l'armistice; dans le second cas, on convient de se prévenir
tant de jours d'avance. Quelquefois des négociations
sont entamées pendant l'armistice ; alors, quand même
il écherrait à jour fixe, on se prévient encore, ce qui
veut dire que les négociations n'ont pas abouti.

Telle est la règle, et il n'y a rien à redire. Elle est
aussi correcte que si la jurisprudence de la force l'avait
elle-même formulée. Ce n'est pas de ce côté que por-
tera notre critique. Mais les auteurs demandent s'il
est d'une guerre loyale de proposer, sous prétexte de
négociation, un armistice, lorsqu'on n'a pas d'autre
intention que de l'employer à l'augmentation de ses
forces et à la continuation de la guerre, et comme ils

n'y voient pas plus loin que leurs besicles, eux qui
permettent d'employer à la guerre la tromperie se
prononcent ici pour la négative.

Après les batailles de Lutzen et Bautzen, Napoléon
consentit un armistice de quarante jours, en apparence pour traiter de la paix avec les puissances alliées,
en réalité, dit son historien M. Thiers, avec le dessein
de réorganiser ses armées et de commencer une nouvelle campagne avec des chances supérieures. Parmi
les historiens, les uns blâment les alliés de s'être ainsi
laissé duper et d'avoir accordé au conquérant à
moitié abattu un répit précieux ; M. Thiers, au contraire, dans son *Histoire du Consulat et de l'Empire,* reproche à Napoléon d'avoir fait un faux calcul, attendu
que, pendant que Napoléon augmentait ses armées
de 100,000 hommes, les alliés augmentaient les leurs
du double.

Il y a dans toutes ces critiques de narrateurs et de
diplomates un mépris de la bonne foi, une admiration
de l'astuce et un amour de la force brutale, qui font
peine. Je ne sais quelle fut la pensée secrète de l'empereur et de la coalition : ce qui est sûr, c'est qu'ils se
comportèrent l'un et l'autre selon les principes de la
plus exacte justice. La guerre est la lutte des forces,
dirai-je toujours. Napoléon combattait pour conserver
à la France la suprématie sur l'Europe, suprématie
momentanément obtenue par le débordement de l'idée
révolutionnaire ; les puissances coalisées combattaient

pour leur indépendance et leur autonomie. La question était celle-ci : La civilisation du xixe siècle se poursuivra-t-elle sous le protectorat de la France, ou bien par le développement parallèle d'États équilibrés? Seule la force des armes pouvait décider une pareille question. Il fallait donc que les deux partis réunissent toutes leurs forces, sans quoi la victoire eût toujours été douteuse. Or, c'est à quoi servit l'armistice du 3 juin 1813. Je conclus [en conséquence que, comme la guerre suppose déclaration et ajournement, de même, s'il arrive qu'après les hostilités commencées l'une des puissances ou toutes deux aient besoin d'un armistice, elles ont le droit de l'obtenir. Toute la question est dans le délai.

12. *De la course.* — Les puissances signataires de la paix de Paris, en 1856, ont arrêté les quatre principes suivants :

1º La course est abolie;

2º Le pavillon neutre couvre la marchandise ennemie;

3º La marchandise neutre, excepté la contrebande de guerre, n'est pas saisissable, même sous **pavillon ennemi**;

4º Les blocus ne sont obligatoires qu'autant qu'ils sont effectifs.

Ces quatre articles sont irréprochables. Ils indiquent dans les puissances qui les ont adoptés un sentiment

élevé du droit de la guerre et du droit international,
et l'on doit des éloges aux diplomates qui les ont fait
entrer dans la morale publique des peuples. La seule
chose que je regrette, c'est que le Congrès n'ait pas vu
de quel principe émanaient ses résolutions, et qu'en
conséquence il n'ait pas suivi ce principe jusqu'au
bout. La vérité de ces articles, en effet, ne vient pas,
comme plusieurs l'ont cru, de ce qu'ils dérivent des
notions admises par les jurisconsultes, mais de ce
qu'ils sont une application aux litiges internationaux
du droit de la force.

L'usage de la course, en temps de guerre, est venu
du principe, très-mal compris et très-abusivement
appliqué, que, dans les luttes politiques, les sujets
sont solidaires des gouvernements et en suivent la
fortune. On en a conclu que, tandis que les gouvernements se font la guerre, les particuliers ont le droit
d'armer les uns contre les autres, et, attendu que tout
butin fait sur l'ennemi est de bonne prise, de se livrer
à la piraterie. M. HAUTEFEUILLE, dans son *Traité des
Droits et des Devoirs des nations neutres,* a mis toute
son éloquence à justifier cette coutume.

Il est fastidieux, en réfutant des adversaires, de
rebattre sans cesse la même vérité; mais il l'est bien
davantage de voir des esprits sérieux débiter toujours
les mêmes niaiseries.

Les nations politiquement constituées sont des or-
ganismes, des forces vivantes, dont la loi est de

rayonner et de se développer indéfiniment, absorbant et s'incorporant tout ce qui tombe dans leur sphère d'action. Aussitôt que deux puissances viennent à se rencontrer, l'antagonisme se déclare entre elles, en raison même de leur force acquise. Tantôt il y a lutte, d'autres fois, et tel est le caractère de l'état de guerre à notre époque, elles se font seulement contre-poids et se tiennent en équilibre. Il suit de là que la guerre, ou la lutte des groupes politiques, a pour principe et pour objet la souveraineté, qu'elle est de sa nature juste des deux parts, et que ses jugements, rendus nécessaires par la marche générale des choses, sont justes et légitimes. Parcourez la liste des guerres qui ont éprouvé depuis trois mille ans l'humanité, vous n'en trouverez pas une sur vingt qui sorte de cette règle. Sans remonter plus haut que le XVIe siècle, en citerait-on une seule qui fît exception? Guerres de religion, soulevées par la Réforme, guerre de l'Europe chrétienne contre les Turcs, guerre pour la prépondérance du Saint-Empire, devenu purement honorifique; guerre des Pays-Bas, pour l'indépendance de la Hollande et la formation de l'unité française; guerre pour la succession d'Espagne, guerre pour la succession d'Autriche, guerre pour la succession de la Pologne, guerre de sept ans pour la formation d'un État du Nord, la Prusse faisant contre-poids à l'Autriche; guerre pour l'indépendance américaine, guerres de la révolution, guerres de l'empire, guerre d'Espagne,

guerre de Grèce, guerre de Belgique, guerre de Crimée, guerre d'Italie : il n'en est pas une qui ne soit
amenée par une question de souveraineté, souveraineté d'un principe ou souveraineté d'un État; pas
une, par conséquent, dans laquelle chacune des puissances ou idées antagoniques ne combatte pour sa
propre existence.

Dans ces conditions, peut-on raisonnablement invoquer, en faveur de la course, du pillage réciproque
des particuliers, le principe de la solidarité des nations et des gouvernements? En aucune façon. La
guerre a lieu entre les États pour la souveraineté, non
pour la spoliation ; elle implique par conséquent que
les sujets de l'État vaincu suivent la condition de cet
État, ce qui veut dire que leur existence politique
change, mais qu'ils conservent leurs propriétés.

Les légistes ne l'entendent pas ainsi. Les faits ont
beau leur crever les yeux, ils se refusent à les reconnaître. Pour eux la guerre est toujours amenée, soit
d'un côté, soit de l'autre, par une cause injuste; la
justice de son action est unilatérale ; malheureusement
ses décisions ne prouvent rien par elles-mêmes, elles
ne valent qu'en vertu du droit des gens volontaire.
Que dit donc ici ce fameux droit des gens volontaire?
Que contre l'agresseur ou défenseur de mauvaise foi
tous les moyens de contrainte, notamment la piraterie, peuvent être employés; mais, attendu qu'à la
guerre les deux parties doivent être présumées égale-

ment en droit, et que chacune a le droit de faire ce
que fait l'autre, le droit de piraterie, acquis à celle des
parties dont la cause est juste, leur devient commun
à toutes deux. Il semblerait, n'est-il pas vrai ? que dans
l'incertitude du droit toute piraterie devrait être interdite. Point du tout, selon les auteurs, le droit qu'on
ne saurait ici dénier à l'une des deux au moins crée
une tolérance en faveur de l'autre !

« Si les droits d'une nation sont méconnus par une
« autre, dit M. Hautefeuille, si son indépendance est
« menacée, son honneur attaqué , sans qu'il lui soit
« possible d'obtenir une juste satisfaction par les voies
« amiables, son devoir est de recourir aux armes et
« de faire la guerre à l'injuste agresseur. Car une na-
« tion ne saurait laisser impunie une atteinte portée à
« ses droits, à son indépendance , à son honneur,
« sans reconnaître la supériorité de l'offenseur, sans
« cesser d'être son égal , et , par conséquent , sans
« se dépouiller des qualités essentielles de la natio-
« nalité. »

Et voilà l'orateur parti. Appuyé sur ces beaux considérants, M. Hautefeuille conclut, sa tirade finie, à
la légitimité de la course. Je ne le suivrai pas dans
son développement oratoire ; il me suffit d'avoir
coupé, comme Phocion, son discours par le pied.

Concluons à notre tour, en nous appuyant sur les

quatre articles. Si l'on abolit la course, si l'autorisation
accordée autrefois à de simples particuliers d'armer
en guerre et de faire la chasse aux bâtiments de commerce de l'ennemi est désormais supprimée, il faut
suivre le principe jusqu'à la fin, déclarer sur mer
et sur terre toutes les propriétés sacrées ; il faut que
les vaisseaux de guerre des puissances belligérantes
n'aient pas plus que les navires armés par les particuliers le droit de saisir les bâtiments de commerce
l'une de l'autre. C'est l'observation qui a été présentée
par l'ambassadeur des États-Unis au Congrès. Cette
proposition n'a pas été admise. Le Congrès de Paris
a bien voulu restreindre aux gouvernements seuls le
droit d'exercer les hostilités ; il n'a pas voulu les priver du bénéfice éventuel des prises : en quoi il s'est
montré inconséquent et illogique, et les États-Unis ont
refusé leur signature.

13. *Si l'accroissement d'un État peut devenir pour
les autres un motif de guerre.* — Cette question est célèbre dans les fastes du droit des gens. Grotius, qui le
premier la souleva, et la plupart des politiques, se
prononcent pour l'affirmative. Vattel hésite, fait des
façons, puis, comme un sot qui ne sait que dire, se
range à l'opinion de la majorité. Pinheïro-Ferreira re-
jette cette doctrine, mais sans motifs suffisants. Personne ne fait cette réflexion si simple, indiquée par
l'histoire, que l'État est un être organisé, une force

vivante, dont la loi est de s'accroître constamment, à moins qu'une force égale ou supérieure ne l'arrête. Il est absurde d'incidenter ici sur les causes de cet accroissement, si elles sont honnêtes ou illicites, de parler d'ambition, etc. Ces lieux communs sont de pur bavardage. Tout État tend à s'accroître ; en s'accroissant il menace la souveraineté de ses voisins : voilà le principe. Tout État qui se sent menacé a par conséquent le droit, ou de chercher pour lui-même une compensation, ou de s'opposer à l'accroissement, s'il peut : question de prévoyance et d'opportunité, mais surtout question de force.

En fait, ce sont les progrès extraordinaires d'une puissance qui amènent entre les nations l'établissement de la politique d'équilibre : c'est ainsi que la prépondérance de la maison d'Autriche, sous Charles-Quint, a abouti à la paix de Westphalie ; la suprématie de la maison de Bourbon, sous Louis XIV, à la ligue d'Augsbourg et à la paix d'Utrecht ; la suprématie de l'empire français sous Napoléon Ier, à la paix de Vienne en 1814 et 1815.

La même cause détermine ces innombrables fusions et incorporations dont l'Europe a donné le spectacle depuis quelques siècles. Ainsi les États de la Confédération germanique ont été réduits successivement, du nombre de trois cents et plus, à celui de trente-huit, et tendent à se réduire encore. Ainsi nous voyons l'Italie marcher vers son unité ; ainsi la Belgique et la

Hollande, un moment divisées, se rapprochent dans une alliance fraternelle. Pendant ce temps, d'autres États se forment sur le Danube, les Balkans, des débris de l'empire Ottoman, dont l'évolution paraît finie. Partout la force, en se balançant elle-même, apparaît comme l'organe et la sanction du droit.

13. *Des traités de paix.* — Sur la paix, comme sur la guerre, les auteurs sont hors de la vérité comme de l'expérience, et leurs idées sont les plus embrouillées qui se puissent voir. Comment auraient-ils des idées justes? Le droit de la force, selon eux, n'existe pas; c'est une contradiction dans les termes. La guerre ne peut être juste que d'un seul côté; elle résulte nécessairement d'une injure commise; la victoire par elle-même ne prouve rien. L'état de guerre est un état de subversion : en conséquence, et c'est la conclusion de Vattel, la paix est le retour des puissances antagoniques *à leur état normal.*

Il y a dans ces paroles autant d'erreurs que de mots. Les États sont des forces organisées dont la loi est de se développer, aux dépens de ce qui les entoure, indéfiniment. Dès que deux États viennent à se rencontrer, ils tendent donc fatalement à s'absorber l'un l'autre; d'où il résulte que leur état normal est de se faire équilibre, sinon de combattre jusqu'à ce que le plus fort enlève le plus faible. Cet équilibre ne peut durer toujours; l'activité intérieure des États modifie constamment leur puissance et en rend le développement fort inégal. Qu'est-ce donc que la paix? Une suspension d'armes, causée, soit par la lassitude des puissances, soit par l'égalité de leurs forces, et réglée par un traité. Voilà tout : il n'y a pas autre chose dans ce mot de paix ; et de même qu'on a dit que la véritable garantie de la paix est de se tenir toujours prêt à la guerre, de même la connaissance de la paix est tout entière dans l'étude de la guerre.

Quelle est maintenant la valeur des traités de paix? Quelle en est la signification, la portée?

Vattel, partant toujours du principe que la guerre a son principe dans une injure et que la victoire ne prouve rien, dit que le traité de paix ne peut être qu'une *transaction*. Erreur radicale. Le traité de paix, motivé par la victoire, c'est-à-dire par le jugement de la force rendu dans une question de force, est une véritable solution, la définition d'un État à nouveau. Et il faut, dans l'intérêt de la paix, et pour l'honneur des vaincus, qu'il en soit ainsi. Sans cela la paix, déjà si précaire, ne serait qu'un pacte imposé par la violence et que déchirerait bientôt la trahison. La belle jurisprudence à enseigner aux nations que de leur répéter sans cesse que tout avantage obtenu par la force est une iniquité, et que leurs paix ne sont que des escroqueries ou des parjures!...

Je termine ici ces observations critiques. Elles suffi-

sent à démontrer que si, chez les militaires, la connaissance du droit de la guerre est erronée, du moins
il leur en reste l'obscure conscience, tandis que chez
les juristes tout a péri, l'idée et la foi.

CONCLUSION.

Résumons ce livre, et tâchons d'en dégager nettement la substance.

Il existe un droit réel, positif, incontestable, de la
force.

Ce droit est le plus anciennement reconnu dans
l'histoire, le plus vivement senti des masses; ce serait
encore, s'il était permis de croire à une décadence
continue de l'espèce, le dernier à mourir, celui qui
formerait le plus bas échelon de notre moralité.

La guerre est la revendication et la démonstration
de ce droit. En cette qualité, elle devient la sanction
du droit des gens. Soit qu'elle favorise la conquête ou
qu'elle protége l'indépendance; soit qu'elle subordonne les États les uns aux autres ou qu'elle les équilibre, la guerre est progressive et conservatrice, elle
ne détruit pas les puissances, elle les discipline et les
dispose pour un avenir inconnu. Par les formes dont
elle s'entoure, et les lois plus ou moins clairement
comprises qu'elle s'impose, la guerre affirme donc
son droit, qui est en même temps son jugement; par
ses résultats généraux, en dépit de toutes les infractions et anomalies dont elle est accompagnée, elle le
consacre. Quiconque étudie avec un peu d'attention

l'histoire de la formation, du développement et de
la dissolution des États, s'aperçoit bientôt qu'en
moyenne, et à ne juger les événements que sur l'ensemble, ce qui est arrivé devait arriver, et qu'au
total, la société étant donnée avec ses lois constitutives
et évolutives, la guerre a fait justice.

De là l'enthousiasme guerrier, la poésie des batailles, la religion des armes, la foi à l'héroïsme, et
cette expression prodigieuse, qui enlève les consciences et fait taire tous les scrupules, de *droit de la
guerre*. De là encore cette haute juridiction des armées, reconnue par tous les peuples et devant laquelle toute volonté s'incline comme devant un oracle;
de là ce respect de traités qui viennent consacrer,
pour l'un la défaite, pour l'autre la victoire, comme
si défaite et victoire étaient un contrat, comme si les
armées, en s'entre-égorgeant, ne faisaient que rendre
et exécuter des jugements.

Voilà ce que dit la théorie, ce que croit le genre
humain, et ce dont témoigne à son tour, dans ses
résultats généraux, l'impartiale histoire.

Dans la pratique, surtout dans les détails, cette
magnifique conception semble s'évanouir. Soit que la
civilisation, qui nous semble si vieille, soit encore
trop peu avancée, et que la sauvagerie subsiste au fond
de notre être, soit par toute autre cause, la guerre,
suivie dans ses opérations, ne nous apparaît plus
que comme l'extermination, par tous les moyens de

violence et de ruse, des personnes et des choses, une chasse à l'homme perfectionnée et organisée en grand, une variété du cannibalisme et du sacrifice humain. La guerre pourrait se définir : un état dans lequel les hommes, rendus à leur naturel bestial, recouvrent le droit de se faire tout le mal que la paix a pour but de leur interdire. Aussi le guerrier, démoralisé par les absurdes doctrines du juriste, ne croit-il plus lui-même à la justice guerrière, il la nie : *Jura negat sibi nata, nihil non arrogat armis;* et en la niant, il nie, sans le savoir, son propre héroïsme. On dirait qu'il se reproche l'indignité de son métier, qu'il est convaincu de sa scélératesse, de sa lâcheté. Son code de la guerre, il le méprise tout en s'en prévalant; tel qu'il lui est donné de le connaître, il le regarde comme un tissu d'hypocrisies, d'inconséquences, de contradictions. Sa stratégie et sa tactique, dont le but devrait être d'assurer, par la loyauté et la sincérité du combat, l'intégrité du jugement de la force, se réduit pour l'ordinaire à une méthode de destruction à outrance, à une collection de recettes homicides, qui rappellent tantôt la chasse à courre, tantôt la chasse à l'affût ou au terrier, et que déroutent sans cesse l'imprévu, la force majeure, la ruse de l'ennemi et parfois sa sottise. De sorte que, si la guerre peut être considérée dans la généralité de l'histoire comme une divinité justicière, comme une sage et vaillante Pallas, d'un autre côté elle nous fait payer ses arrêts de tant

de maux, qu'on se reprend à douter, non plus seulement du droit de la guerre, mais de toute espèce de
droit, à regarder la justice comme une idéalité hors
nature, et la guerre comme une Gorgone.

C'est bien pis, si des militaires, des praticiens de la
guerre, nous passons à ceux qui se sont chargés de
nous en apprendre la philosophie et les lois. Pour
ceux-ci plus de doute, la guerre est un horrible fléau,
entretenu par la scélératesse des princes et la barbarie
des nations; c'est un état contre nature dans lequel
tout ce qui se passe est à rebours de la justice, et
dont les actes n'ont de valeur que celle qu'ils tirent
de la nécessité des faits accomplis, de la résignation
des peuples et de l'amnistie réciproque des gouvernements. Tant que durera cet antagonisme, il n'y
aura, disent-ils, ni vertu ni repos pour l'humanité, et
le droit sera un vain mot. Car le droit civil repose sur
le droit politique, lequel à son tour repose sur le droit
des gens, lequel enfin, n'ayant d'autre sanction que
la guerre, par le fait n'existe pas. Voilà ce qu'affirment les hommes du droit, et nous ne devons pas
oublier que cette assertion, si elle est vraie, nous
laisse sans espoir.

Ainsi, après avoir reconnu, défini, analysé l'élément
MORAL qui pénètre et remplit la guerre; après avoir
fait la théorie de cet élément et en avoir développé
les lois, nous venons de reconnaître, dans cette même
guerre, la présence d'un élément opposé, *bestial.* Il

n'y a pas seulement, dans la guerre, de la religion, du droit, de la poésie, de l'héroïsme et de l'enthousiasme ; il s'y mêle, à dose au moins égale, de la colère, de la haine, de la perfidie, une soif de butin inextinguible et la plus grossière impudicité. La guerre se présente à nous sous une double face : la face de l'archange et la face du démon. Là est le secret de l'horreur qu'elle inspire ; et cette horreur, il faut l'avouer, est aussi légitime que l'admiration que nous avait d'abord inspirée son héroïsme.

Une question surgit dont : D'où vient à la guerre ce dualisme ? En termes plus simples, et pour rester dans les considérations de pure pratique, qu'est-ce qui produit entre l'idée de la guerre et son application ce désaccord étrange ? Comment, à travers quarante siècles de civilisation, cette anomalie a-t-elle pu se maintenir, s'aggraver même ? La guerre empirerait-elle, par hasard, en raison du progrès de l'humanité ? Serait-elle radicalement irréformable ? Est-ce un phénomène exceptionnel, dont la loi est de ne se pouvoir produire conformément à son idée, que dis-je ! dont l'idée va s'obscurcissant de plus en plus, comme il résulte de la lecture des publicistes ? La guerre est-elle une création, une forme condamnée dès l'origine, par conséquent toujours manquée et que rien ne saurait rendre meilleure ? Quelle serait alors la cause de cette anomalie sans exemple ? Quelle en serait la signification ? Tout a marché, tout s'est amélioré dans l'humanité, depuis qu'elle existe, la religion, la politique, la philosophie, les lois, les mœurs, les sciences, les arts, l'industrie, tout, excepté la guerre. La guerre seule, manifestation primordiale et suprême de la justice, sanction de tout droit, a constamment empiré, et par l'obscurcissement de son idée, et par le progrès de sa puissance destructive, et par l'hypocrisie de ses prétextes, et par la mesquinerie de ses résultats. Elle ne se distingue chez les modernes que par une certaine affectation de philanthropie et d'urbanité qui la rend plus immorale, plus absurde. Quelle puissance donc, quelle malédiction empêche la guerre de devenir, dans la pratique, ce que la veut sa théorie et qu'exige sa justice?

Telle est la question que nous avons maintenant à résoudre, et qui réclame de notre part des investigations nouvelles.

LIVRE QUATRIÈME

DE LA CAUSE PREMIÈRE DE LA GUERRE

> Donne-nous aujourd'hui notre pain
> quotidien.
>
> L'Oraison Dominicale.

SOMMAIRE.

La guerre s'affirme dans l'humanité comme justicière, héroïque et divine. La phénoménologie de la conscience, qui n'est autre dans son ensemble que la phénoménologie même de la guerre, en dépose. Tel a été le sujet de notre livre Ier. — En effet, étudiée dans le témoignage du genre humain, auquel s'oppose vainement la jurisprudence de l'école, et dans l'analyse de ses données, la guerre nous est apparue comme la première et souveraine manifestation du droit : c'est la revendication et la démonstration par les armes du droit de la force, principe lui-même du droit des gens, du droit politique, et de tous les autres droits. Nous l'avons établi dans notre livre II. — Arrivant alors à un examen plus attentif de la guerre et de ses opérations, nous avons trouvé que la forme ne répondait pas au principe : l'exposé de cette divergence a fait l'objet de notre livre III. Nous avons à rechercher maintenant la cause de cette désharmonie, qui rend la guerre aussi odieuse qu'elle avait paru sublime. Ce sera la matière de ce livre IV.

Examinant donc à nouveau les raisons qui motivent la guerre et les influences qui la déterminent, remontant la chaîne des causes, et essayant de les ramener toutes à une expression unique, que découvrons-nous ? Que la guerre se résout, selon l'expression de Grotius, dans la défense ou la revendication de *soi* et du *sien;* c'est-à-dire que si, dans ses exécutions, elle a soin de s'entourer toujours de considérants élevés, empruntés à la politique et au droit des gens, au fond, et sans que ces considérants perdent rien de leur valeur, elle est provoquée originairement par le manque de ressources, c'est-à-dire par la rupture de l'équilibre économique. La guerre aurait ainsi pour but, en dehors des considérations d'État qu'elle allègue, considérations en elles-mêmes fort importantes, de pourvoir, par la spoliation du vaincu, au déficit qu'éprouve le vainqueur.

Il suit de là que la guerre obéit à une double impulsion; elle est l'effet de deux sortes de causes : une cause première, commune à toutes les époques, à tous les États, à toutes les races, cause honteuse, mais incessante, qui se dissimule et se cache; et des causes secondes, les seules honorables et qu'on avoue; ce sont celles dont nous avons parlé et qui se déduisent des nécessités politiques. — Lois organiques de l'alimentation, du travail et de la PAUVRETÉ; loi morale de la tempérance; loi économique de la répartition des services et produits. Caractère et universalité du *paupérisme*, engendré par la violation de ces lois, et cause première de la discorde. Tableau des évolutions de la guerre à ce nouveau point de vue. Synonymie primitive du héros et du pirate; poésie du brigandage. Exemples tirés de la Bible. Le génie grec ne parvient pas à s'élever, dans la politique et dans la guerre, au-dessus des idées de spoliation et de tribut : ignominies de la guerre du Péloponèse. — Progrès dans la guerre : le pillage s'élève à la conquête. La Grèce est évincée par les Macédoniens; ceux-ci par les Romains. Développement de l'esprit de conquête dans les temps modernes : les idées de spoliation et de tribut, quoique s'affaiblissant, en demeurent inséparables. Conséquences que pourrait avoir de nos jours, d'après le droit établi, une guerre à outrance entre deux nations civilisées : péril universel. — La conquête, seul but de la guerre, séparée de toute idée de pillage et de tribut, devient une contradiction et la guerre inutile. Situation révolutionnaire.

CHAPITRE PREMIER.

NÉCESSITÉ, POUR LA DÉTERMINATION EXACTE DES CAUSES DE LA GUERRE, DE PÉNÉTRER AU DELA DES CONSIDÉRATIONS POLITIQUES.

Le désaccord que nous avons signalé, au livre précédent, entre les opérations de la guerre et la théorie d'un jugement par les armes, nous donne lieu de penser que nous ne savons pas tout des causes qui la produisent, et que le secret du phénomène se dérobe encore, en partie, à notre recherche.

La guerre, d'après l'analyse philosophique et la conscience universelle, est une chose; dans le détail de ses opérations, elle en est une autre. Ici la bestialité dans toute son horreur; là une conception sublime, un idéal divin.

Cette contradiction entre le fait et l'idée de la guerre n'a du reste rien de fortuit; ce n'est point une exception qui n'atteigne que des cas particuliers. Elle est générale, constante, on la voit s'aggraver avec les siècles; elle a toute l'apparence d'un vice chronique, incurable. D'où vient cela? Telle est l'énigme que nous avons à déchiffrer.

Et d'abord, si nous jetons un regard sur le chemin

que nous avons parcouru, nous n'y trouvons rien qui
explique le caractère de férocité, de perfidie et de
rapine que la guerre, contrairement à sa notion, a de
tout temps revêtu. Loin de là, il semble que tout,
dans son principe, dans ses motifs, dans ses conditions, dans son objet, soit de nature à élever les âmes,
à les porter à l'héroïsme plutôt qu'à donner l'essor
aux passions brutales, la cruauté, la luxure, le brigandage.

Ainsi nous avons constaté l'existence d'un droit,
par suite la nécessité d'une juridiction de la force.
Qu'y a-t-il là d'injurieux ou d'ignoble qui, en ravalant
la dignité humaine, la révolte, la pousse à la vengeance et au crime? Rien absolument; l'amour-propre
le plus susceptible n'y trouverait pas même prétexte
de s'irriter. La plus humiliante des dominations est
assurément celle de la force aveugle opprimant l'esprit et la liberté : or, tel n'est pas le cas de la guerre.
La guerre présuppose l'existence d'un droit de la
force, le corrélatif du droit de l'intelligence, du droit
du travail et de toute espèce de droit, et qui a son
application principale, solennelle, dans les rapports
d'État à État. Expression du droit de la force, la guerre
a pour but de déterminer, en conséquence, par la lutte
des forces rivales, à laquelle de deux puissances com-
pétitrices doit appartenir, quoi? le sceptre de l'intelligence? non; la supériorité industrielle? non; la
palme de l'art? non, non; la prépondérance politique,

ce qui veut dire la direction des forces. Ici *droit* et *force* deviennent termes identiques; dès lors où est l'injure, où la honte et l'humiliation? Une seule passion, celle du patriotisme, anime les combattants; convaincus de la légalité, de la haute moralité du combat, ils l'entourent de toutes les formes légales et solennelles : par quelle aberration ce combat, pieux, sacré, va-t-il dégénérer en pillage, dévastation, assassinat?

Est-ce dans les motifs de la guerre que nous devons chercher la cause de sa dépravation? Ces motifs, nous les connaissons : impossible d'y découvrir rien qui explique la déloyauté du combat et l'indélicatesse de la victoire.

La guerre est de deux sortes : guerre internationale, lorsqu'il s'agit de la fusion de deux races, de l'incorporation d'un État dans un autre État, de leur délimitation, de leur subordination, ou bien, ce qui rentre toujours dans le même motif, de l'affranchissement d'une nation soumise, revendiquant les armes à la main sa souveraineté; et guerre civile ou sociale, lorsque c'est un grand intérêt religieux, gouvernemental ou féodal, qui est en jeu, et dont la défaite entraîne, pour le pays et pour l'État, révolution.

Dans tous ces cas, et il n'y en a pas d'autres, la guerre, bien loin qu'elle occasionne ou provoque par ses motifs les excès qu'avec tant de justice on lui reproche, les exclut rigoureusement. De tels excès, en

effet, loin d'être autorisés par le droit de la guerre,
sont par lui formellement condamnés; loin de servir
la bonne cause, la déshonorent; loin de réprimer ou
d'intimider l'ennemi, l'excitent et le poussent aux représailles; loin d'avancer la solution, la retardent en
falsifiant la victoire.

Et puis, quel rapport entre les graves questions de
droit public ou international qu'il s'agit de vider par
les voies de la force, et ce système de surprises, de
guets-apens, de réquisitions, de pilleries, de viols, de
dévastations, de massacres; cette tactique extermi-
nante, ces canons rayés, ces balles explosibles, ces
écrasements désespérés, ces colonnes incendiaires,
ces machines infernales? C'est comme si un particulier, plaidant contre son voisin pour une affaire de
servitude ou de bornage, au lieu de répondre à l'as-
signation, empoisonnait le bétail de son adversaire,
frappait ses enfants et ses domestiques, mettait le feu
à ses récoltes. Que le plaideur débouté se venge,
après coup, de la perte de son procès, quelque blâmable que soit une telle conduite, on la conçoit cependant; mais qu'il plaide la torche d'une main,
l'escopette de l'autre, c'est ce qui ne s'est jamais vu
et qui est absurde. Telle est la guerre cependant,
malgré les apparences justicières dont elle s'environne, malgré la discipline dont les gens de guerre
font si grand étalage.

Ce qu'il y a de plus étrange est qu'on ne saurait

rejeter tout ce mal sur l'emportement des passions,
l'entraînement du combat, l'indiscipline du soldat, le
crime de quelques individualités perverses que la paix,
amie de l'ordre, oblige à se cacher, et que la licence
des camps produit et encourage. Il faudrait accuser
bien plutôt les chefs d'armée et les chefs d'État, qui
tous, par une sorte de pacte tacite, avec une effrayante
bonne foi, emploient les uns contre les autres les
moyens de destruction les plus effrayants. De la part
du soldat en campagne la maraude s'explique par la
faim, le viol par la continence prolongée, et surtout
par la surexcitation des facultés vitales que produit
le combat. Le massacre a son principe dans la chaleur
de l'action et la soif de la vengeance. Mais que sont
ces excès d'un moment à côté des destructions
calculées, systématiques, dont le soldat n'est que
l'aveugle et irresponsable agent? De la part des généraux et des hommes de gouvernement l'excuse des
passions n'est plus admissible; et l'on est fondé à
demander comment des esprits supérieurs, qui sans
cesse parlent du droit et des lois de la guerre, qui,
s'ils ne les font pas, les commentent et les appliquent; des hommes qu'aucune passion n'entraîne,
pas même celle du combat; qu'aucun besoin ne sollicite, pas même la faim, peuvent de sang-froid donner des ordres d'extermination, organiser la guerre
en dérision de ses lois essentielles, sans la moindre
utilité ni pour leur gloire ni pour leur cause.

Je ne sais si le lecteur est frappé autant que je le suis moi-même de cette accumulation d'anomalies : toujours est-il qu'il'y a là un mystère qui demande explication. Il est certain que rien, ni dans la notion de la guerre, ni dans son principe, ni dans ses conditions, ni dans ses motifs, ni dans son objet, ne rend raison de cette multitude d'actes abusifs, illégaux, qui constituent la pratique usuelle de la guerre ; il est certain en outre que les neuf dixièmes de ces calamités ne peuvent être attribués à la faculté irascible du guerrier. Les volontés ne peuvent être ici mises en cause ; l'erreur vient de plus loin que la malice des hommes.

Il est de règle en philosophie, lorsqu'un fait ne trouve pas son explication dans celui qui l'a immédiatement déterminé, de remonter la chaîne des causes et de ne s'arrêter que lorsqu'on arrive à un principe qui rende raison de tout. Agissons de même. Les motifs, à nous connus, de la guerre, n'ont rien que d'honorable pour toutes les parties ; les règles qui s'en déduisent pour la direction des opérations militaires n'offrent à leur tour rien que de chevaleresque. Les passions, enfin, que peut allumer momentanément le tumulte des armes ne peuvent donner lieu qu'à des excès individuels, exceptionnels, momentanés, sans proportion avec ces longues et incalculables calamités qu'engendre la guerre. Il est donc évident qu'une influence secrète, encore inaperçue, domine les faits et les dénature. D'où vient cette influence? En autres termes, quelle est la cause première de la guerre?

Grotius, qui nous semble de tous les auteurs avoir le mieux senti l'importance de cette recherche, ramène toutes les causes de la guerre à une seule, qu'il considère comme primordiale, capable par conséquent de rendre raison de tous les phénomènes : la *défense de* soi *et du* sien.

Il y a dans ce peu de mots toute une révélation. Si la guerre, dont nous avons donné les motifs politiques et la raison d'État, peut se ramener, comme le dit Grotius, à une cause tout à la fois plus générale et plus vulgaire, à la défense des personnes et des propriétés, les infractions commises à la guerre contre les personnes et les propriétés, en dépit du droit même de la guerre, en dépit du droit de la force et du droit des gens, ces infractions s'expliquent; elles sont une réponse à une provocation en rapport avec cette provocation. Tout moyen de salut contre l'ennemi qui en veut à notre vie, au larron qui convoite notre propriété, est licite de sa nature, par conséquent excusable. Reste seulement à démontrer la vérité de l'opinion de Grotius, quel rapport il y a entre la guerre, nécessaire à la formation et aux évolutions des États, et la *défense de soi et du sien.*

Ici, Grotius garde le plus profond silence. La cause première de la guerre jetée en avant comme une hypothèse, Grotius, sans approfondir davantage, passe

7.

aux mesures de sûreté. Convaincu que, pour amortir
le fléau et en restreindre les ravages, il importe d'a-
bord de déterminer avec précision, et pour toutes les
circonstances, le droit et le devoir de chacun, citoyen,
ville, État, le sage jurisconsulte se livre à de longues
recherches sur les droits personnels et réels, sur la
propriété, le mariage, les successions, les peines, la
délimitation des territoires, les échanges, etc. Comme
il y a partout matière à litige, il ne lui est pas difficile
d'en tirer cette conséquence qu'il y a partout danger
de guerre; que la guerre est aussi indestructible que
les procès; partant que, de même qu'il y a des règles
de droit et des formalités de justice pour les différends
entre particuliers, de même il est possible de déterminer les obligations réciproques des États, et jusqu'à
certain point les formalités à suivre pour le règlement
de leurs litiges.

Tel est le plan de Grotius et la base de toute sa doctrine. Or, après tout ce que nous avons dit nous-même
dans les trois premiers livres de cet ouvrage, il n'est
pas difficile de voir combien ce plan laisse à désirer.
Non-seulement, ainsi que nous l'observions tout à
l'heure, Grotius ne comble pas l'intervalle qui sépare
le droit civil, relatif aux personnes et aux propriétés,
du droit politique, relatif à la constitution de l'État,
et du droit des gens, relatif aux rapports des nations
entre elles, il ne nous montre pas comment la *défense
de soi et du sien*, implacable, acharnée, vient se mêler

à une guerre d'État à État, nécessaire dans sa raison immédiate, légitime dans sa fin, chevaleresque dans ses formes et inviolable dans sa sanction; non-seulement, dis-je, Grotius ne montre pas le rapport et le lien de toutes ces choses, il confond et identifie les différentes espèces de droit, droit civil, droit politique, droit des gens ; il ne sait rien du droit de la force ; bien mieux, ou plutôt bien pis, il finit par admettre, comme essentielles à la guerre et faisant partie de son droit, toutes les horreurs que lui-même s'est proposé de prévenir. Une lueur a traversé l'esprit de Grotius : il l'a notée au passage ; mais il n'a pas su la ramener à son foyer, la rétablir dans sa série. En un mot, il a aperçu le fait, il n'en a pas donné la philosophie.

Que le lecteur judicieux veuille bien, pendant une minute, y réfléchir ; ou je me trompe fort, ou il reconnaîtra que de prime abord il n'était guère possible, à qui entreprenait de rechercher pour la première fois les principes du droit des gens, de faire mieux que n'a fait Grotius. Pour moi, je ne m'en cache pas, si l'ouvrage du célèbre Hollandais n'eût existé, si ses successeurs ne m'avaient à leur tour fourni matière à contradiction, il me semble que, sauf l'érudition qui me manque et l'autorité que je n'ai pas davantage, j'aurais fait, à ma manière, le livre de Grotius : tant les données s'en présentaient d'elles-mêmes ; tant la vérité pour être saisie a besoin d'une critique opiniâtre, et,

comme les jugements de nos tribunaux, d'un débat
contradictoire.

Après cet hommage rendu à Grotius, essayons de tirer au net sa pensée.

Je remarque d'abord qu'attribuer à la DÉFENSE *de soi
et du sien* la cause première de la guerre, c'est considérer le phénomène sous une seule de ses faces, laquelle n'est pas même, en date, la première. Pour que
je me *défende,* il faut que quelqu'un m'ait *attaqué;* et
pourquoi m'attaque-t-il, si ce n'est parce qu'il prétend,
à tort ou à raison, que je lui appartiens, que je relève
de lui, que je suis son débiteur, moi et ce qui est à
moi? La guerre est un fait dualiste, qui implique à la
fois revendication et dénégation, sans préjuger plus de
tort d'un côté que de l'autre. C'est l'erreur de Grotius
et de tous ceux qui l'ont suivi de penser que la guerre
est toujours et nécessairement injuste au moins d'un
côté, tandis que, d'après sa notion, et dans la grande
généralité des cas, elle est aussi juste d'une part que
de l'autre. La loyauté de chacune des puissances belligérantes est inséparable de l'hypothèse même de la
guerre.

Revendication et dénégation de la propriété, voilà ce
qu'il y a au fond de toutes les contestations humaines,
aussi bien entre les États qu'entre les particuliers. Ici,
nous sortons de la politique proprement dite; nous
entrons dans une autre sphère d'idées, dans la sphère
de l'économie sociale. Il faut, en un mot, que l'État,

comme l'individu, vive, c'est-à-dire qu'il consomme ; la souveraineté qu'il s'arroge ou revendique n'est à autre fin que d'assurer sa consommation : tel est le fait dans sa simplicité originelle.

Pour avoir le dernier mot de la guerre, nous devons donc remonter plus haut que n'a fait Grotius, considérer qu'indépendamment des motifs de religion, de patrie, d'État, de constitution, de dynastie, précédemment allégués, il y a la raison, non point officielle, à Dieu ne plaise que les déclarations de guerre en parlent jamais ! mais très-réelle, des subsistances ; qu'à ce point de vue chaque individu, membre de l'une ou de l'autre des nations en guerre, se sent menacé dans sa propriété, et devient non-seulement défendeur de soi et du sien, comme le dit Grotius, mais demandeur de la liberté et de la propriété de l'étranger ; en conséquence, que la guerre, juste des deux parts, tant qu'on la considère du point de vue politique, devient, au point de vue économique, également et réciproquement immorale. Jusqu'ici le patriotisme le plus pur, le sentiment le plus élevé de la dignité sociale, nous a paru seul inspirer la guerre ; maintenant nous allons voir s'y mêler un principe d'égoïsme, d'avarice : de là ses corruptions et ses fureurs.

Approfondissons cette thèse.

CHAPITRE II.

PRINCIPES FONDAMENTAUX
DE L'ÉCONOMIE POLITIQUE. — LOIS DE PAUVRETÉ
ET D'ÉQUILIBRE.

La cause première, universelle, et toujours instante de la guerre, de quelque manière et pour quelque motif que celle-ci s'allume, est la même que celle qui pousse les nations à essaimer, à former au loin des établissements, à chercher pour l'excédant de leur population des terres et des débouchés. C'est le *manque de subsistances ;* en style plus relevé, c'est la RUPTURE DE L'ÉQUILIBRE ÉCONOMIQUE.

Le but ou l'objet de la guerre, d'après ce nouveau point de vue, serait donc, pour l'agresseur, de remédier par le butin à la pénurie qui le tourmente ; pour l'attaqué, de défendre ce qu'il considère comme sa propriété, à quelque titre qu'il le tienne. En dernière analyse, le *paupérisme :* la cause originelle de toute guerre est là.

Nous voici tombés des hauteurs lumineuses du droit dans le gouffre de la famine et de l'envie! Sublime en sa mission avouée de justicière, la guerre est infâme dans la cause secrète qui la produit. Qu'elle étale tant

qu'elle voudra ses trophées, les empires qu'elle a
fondés, les nations qu'elle a affranchies, les consciences
qu'elle a émancipées, les libertés qu'elle a conquises :
fille du paupérisme, elle a la cupidité pour marraine,
et son frère est le crime. Devinez-vous maintenant
pourquoi la guerre ne peut réaliser son idéal ?

La thèse que je me propose d'établir ici comprend
trois questions :

1º Le paupérisme, que j'accuse des malheurs de la
guerre, est-il tel qu'on puisse légitimement les lui
imputer ?

2º Comment s'exerce l'influence du paupérisme
sur la politique des gouvernements ?

3º Comment dans les rapports internationaux ?

Je serai sobre de considérations économiques : on
comprend que la véritable preuve de ma thèse est
dans les faits, elle appartient à l'histoire.

Que l'orgueil de notre luxe et la fièvre de nos voluptés ne nous fassent pas illusion : le paupérisme sévit
sur les nations civilisées autant que sur les hordes
barbares, souvent davantage. Le bien-être, dans une
société donnée, ne dépend pas tant de la quantité
absolue de richesse accumulée, toujours moindre
qu'on ne suppose, que du rapport de la production à
la consommation, surtout de la distribution des produits. Or, comme, par une multitude de causes qu'il
est inutile d'énumérer ici, chez aucun peuple la puis-

sance de produire ne saurait égaler la puissance de
consommer, et comme la distribution des produits
s'exécute. d'une manière beaucoup plus irrégulière
encore que leur production et leur consommation, il
résulte de tout cela que le malaise est universel *et*
constant, que telle société qu'on se figure dans l'opulence est indigente; bref, que tout le monde est atteint
par le paupérisme, le propriétaire qui vit de la rente,
aussi bien que le prolétaire qui n'a pour se soutenir
que le travail de ses bras.

Cette proposition pouvant sembler paradoxale, je
demande la permission d'y insister quelques instants.

De toutes les nécessités de notre nature, la plus impérieuse est celle qui nous oblige à nous nourrir.
Quelques espèces de papillons, à ce que l'on dit, ne
se nourrissent pas; mais ils s'étaient repus à l'état de
larves, et leur existence n'est qu'éphémère. Vaut-il la
peine de les prendre pour un symbole de la vie angé-
lique, affranchie des sujétions de la chair? Je laisse
aux amateurs d'analogies le soin de le décider. Quoi
qu'il en soit, l'homme partage la condition commune
de l'animalité : il faut qu'il mange, en langage économique, qu'il consomme.

Telle est, dans la sphère économique, notre première loi : loi redoutable, qui nous poursuit comme
une furie, si nous ne savons y pourvoir avec sagesse,
comme aussi lorsque, lui sacrifiant tout autre devoir,
nous nous faisons ses esclaves. C'est par cette néces-

sité de nous alimenter que nous touchons de plus près
à la brute ; c'est à sa suggestion que nous nous ren-
dons pires que brutes, lorsque nous nous vautrons
dans la débauche, ou que, surpris par la famine, nous
ne craignons pas, pour assouvir nos appétits, de recourir à la fraude, à la violence et au meurtre.

Cependant le Créateur, qui a choisi pour nous ce
mode d'existence, avait ses vues. Le besoin de subsistance nous pousse à l'*industrie* et au *travail :* telle est
notre seconde loi. Or, qu'est-ce qu'industrie et travail?
l'exercice, à la fois physique et intellectuel, d'un être
composé de corps et d'esprit. Non-seulement le travail
est nécessaire à la conservation de notre corps, il est
indispensable au développement de notre esprit. Tout
ce que nous possédons, tout ce que nous savons provient du travail ; toute science, tout art, de même
que toute richesse, lui sont dus. La philosophie
n'est qu'une manière de généraliser et d'abstraire les
résultats de notre expérience, c'est-à-dire de notre
travail.

Autant la loi de consommation semblait nous humi-
lier, autant la loi du travail nous relève. Nous ne vivons
pas exclusivement de la vie des esprits, puisque nous
ne sommes pas de purs esprits ; mais par le travail
nous spiritualisons de plus en plus notre existence :
pourrions-nous dès lors nous en plaindre ?

Ici une question se pose, question des plus graves,
de la solution de laquelle dépendent et notre bien-être

présent, et, s'il faut en croire les anciens mythes, notre
félicité future.

Qu'est-ce qu'il faut à l'homme pour sa consommation? Combien, par conséquent, doit-il, combien peut-
il produire? Combien a-t-il à travailler?

La réponse à cette question sera notre troisième
loi.

Observons d'abord que chez l'homme la capacité
de consommer est illimitée, tandis que celle de produire ne l'est pas. Ceci tient à la nature des choses :
consommer, dévorer, détruire, faculté négative, chaotique, indéfinie; produire, créer, organiser, donner
l'être ou la forme, faculté positive, dont la loi est le
nombre et la mesure, c'est-à-dire la limitation.

Jetons les yeux autour de nous : tout a sa limite
dans la nature créée, je veux dire douée de formes.
Le globe que nous habitons a neuf mille lieues de
circonférence; il accomplit son mouvement de rotation en vingt-quatre heures, son mouvement de révolution autour du soleil en trois cent soixante-cinq jours
et un quart. En tournant sur lui-même, il présente
alternativement ses deux pôles à l'astre central. Son
atmosphère n'a pas plus de vingt lieues de hauteur;
l'Océan, qui couvre les quatre cinquièmes de sa surface,
n'atteint pas, en moyenne, trois mille mètres de pro-
fondeur. La lumière, la chaleur, l'air et la pluie nous
sont mesurés sans doute en suffisance, mais aussi sans
excès, on dirait même avec une certaine parcimonie.

Dans l'économie du globe, le moindre écart, en plus
ou en moins, produit du désordre. La même loi régit les
animaux et les plantes. La durée normale de la vie
humaine ne dépasse guère soixante - dix ans. Le bœuf
met six ans à prendre son accroissement ; le mouton,
deux ans ; l'huître, trois ans. Un peuplier de trente-
cinq centimètres de diamètre n'a pas moins de vingt-
cinq ans ; un chêne de même grosseur, cent ans. Le
blé, et la plupart des plantes que nous cultivons pour
notre nourriture, viennent en une saison. Dans toute
la zone tempérée, la meilleure du globe, on ne fait
guère chaque année qu'une récolte ; et que d'espaces,
sur la partie solide de la planète, incultivables, inha-
bités !

Quant à l'homme, gérant et usufruitier de ce domaine, sa force musculaire n'atteint pas en moyenne
la dixième partie d'un cheval-vapeur. Il ne peut pas,
sans s'épuiser, fournir chaque jour plus de dix heures
de travail effectif, ni par année plus de trois cents
journées. Il ne peut pas rester un jour sans prendre de
nourriture ; il ne pourrait pas se réduire à la moitié
de sa ration. Dans les commencements, alors que
l'espèce humaine était clair-semée sur le globe, la
nature fournissait sans peine à ses besoins. C'était l'âge
d'or, âge d'abondance et de paix, pleuré par les poëtes,
depuis que, l'humanité croissant et multipliant, la
nécessité du travail s'est fait de plus en plus sentir, et
que la disette a engendré la discorde. Maintenant la

population excède de beaucoup, sous tous les climats, les ressources naturelles, et l'on peut dire en toute vérité que, dans l'âge de civilisation où il est entré depuis un temps immémorial, l'homme ne subsiste que de ce qu'il arrache à la terre par un labeur opiniâtre : *In sudore vultus tui vesceris pane tuo.* C'est ce qu'il appelle produire, créer de la richesse, les choses qu'il consomme n'ayant pour lui de valeur que par l'utilité qu'il y trouve et le travail qu'elles lui coûtent. En sorte que, dans cette évolution des conditions du bien-être, *abondance* et RICHESSE apparaissent ici comme termes opposés, l'abondance pouvant très-bien exister sans la richesse, la richesse sans l'abondance, toutes deux par conséquent exprimant juste le contraire de ce qu'elles semblent dire.

En résultat, l'homme, à l'état de civilisation, obtient par le travail ce que réclament l'entretien de son corps et la culture de son âme, *ni plus ni moins.* Cette limite réciproque, rigoureuse, de notre production et de notre consommation, est ce que j'appelle PAUVRETÉ, la troisième de nos lois organiques données par la nature, et qu'il ne faut pas confondre avec le paupérisme, dont nous parlerons ci-après.

Ici, je ne dois pas le dissimuler, s'élève contre moi le préjugé universel.

La nature, dit-on, est inépuisable ; le travail, toujours plus industrieux. Nous sommes loin de faire rendre à la terre, notre vieille nourrice, tout ce qu'elle

peut donner. Un jour viendra où l'abondance ne perdant jamais de son prix pourra se dire richesse, où
la richesse par conséquent abondera. Alors nous re-
gorgerons de toute espèce de biens, et nous vivrons
dans la paix et la joie. Votre loi de pauvreté est donc
fausse.

L'homme aime à s'abuser avec des mots. Le plus
difficile de sa philosophie sera toujours qu'il entende
sa propre langue. La nature est inépuisable en ce sens
que nous y découvrons sans cesse des utilités nouvelles, mais sous la condition d'un accroissement
incessant de travail : ce qui ne sort pas de la règle.
Les nations les plus industrieuses, les plus riches, sont
celles qui travaillent le plus. Ce sont en même temps
celles où, par une cause que nous ferons connaître
tout à l'heure, la misère sévit davantage. L'exemple
de ces nations, loin de démentir la loi, la confirme.
Quant au progrès de l'industrie, il est surtout manifeste dans les choses qui ne sont pas de première
nécessité, et pour lesquelles nous avons moins besoin
de l'action directe de la nature. Mais que cette catégorie de produits vienne à excéder, de si peu que ce
soit, la proportion que leur assigne la quantité obtenue de subsistances, aussitôt ils baissent de valeur,
tout ce superflu est réputé néant. Le sens commun,
qui tout à l'heure semblait à la poursuite de la richesse,
s'oppose maintenant à ce que la production dépasse
la limite de la pauvreté. Ajoutons enfin que si, par le

travail, la richesse générale augmente, la population
va encore plus vite.

De tout cela il résulte que, devant une puissance
de consommation illimitée et une puissance de production forcément restreinte, la plus exacte économie
nous est ordonnée. Tempérance, frugalité, le pain
quotidien obtenu par un labeur quotidien, la misère
prompte à punir la gourmandise et la paresse : telle
est la première de nos lois morales.

Ainsi le Créateur, en nous soumettant à la nécessité
de *manger pour vivre,* loin de nous promettre la bom-
bance, comme le prétendent les gastrosophes et épi-
curiens, a voulu nous conduire pas à pas à la vie ascé-
tique et spirituelle; il nous enseigne la sobriété et
l'ordre, et nous les fait aimer. Notre destinée n'est pas
la jouissance, quoi qu'ait dit Aristippe : nous n'avons
pas reçu de la nature, et nous ne saurions nous procurer à tous, ni par industrie ni par art, de quoi
JOUIR, dans la plénitude du sens que la philosophie
sensualiste, qui fait de la volupté notre souverain
bien et notre fin, donne à ce mot. Nous n'avons pas
d'autre vocation que de cultiver notre cœur et notre
intelligence, et c'est pour nous y aider, au besoin
pour nous y contraindre, que la Providence nous fait
une loi de la pauvreté : *Beati pauperes spiritu.* Et
voilà aussi pourquoi, selon les anciens, la *tempérance*
est la première des quatre vertus cardinales; pourquoi, au siècle d'Auguste, les poëtes et les philoso-

phes de l'âge nouveau, Horace, Virgile, Sénèque, célé-
braient la médiocrité et prêchaient le mépris du luxe ;
pourquoi le Christ, d'un style plus touchant encore,
nous enseigne à demander à Dieu, pour toute fortune,
notre pain quotidien. Tous avaient compris que la
pauvreté est le principe de l'ordre social et notre seul
bonheur ici-bas.

Un fait souvent cité, mais dont on ne paraît pas
avoir compris le vrai sens, c'est le revenu moyen, par
jour et par tête, d'un pays comme la France, l'un des
plus avantageusement situés du globe. Ce revenu a
été évalué, il y a une trentaine d'années, par les uns à
56 centimes, par d'autres à 69. Tout récemment, un
membre du Corps législatif, M. Aug. Chevalier, dans
un discours sur le budget, évaluait le revenu total de
la nation à 13 milliards, soit, par jour et par tête,
98 centimes. Mais on a révélé dans cette évaluation
des erreurs de calcul et des exagérations manifestes ;
en sorte que ce chiffre de 13 milliards semble devoir
être réduit d'au moins 1,500,000,000, ce qui donne,
par tête et par jour, 87^c 5, et par chaque famille de
quatre personnes, 3 fr. 50 c.

Admettons ce chiffre. Une famille composée de
quatre personnes peut vivre avec 3 fr. 50 c. de revenu
quotidien. Mais il est évident qu'il n'y aura pas de
luxe ; que la mère et les filles ne porteront pas de
robes de soie ; que le père n'ira pas au cabaret ; que,
s'il survient des chômages, des maladies, des sinistres,

si le vice entre dans le ménage, il y aura déficit et
bientôt indigence. Telle est la loi, loi sévère, à laquelle,
sauf de rares exceptions, nul ne parvient à se soustraire qu'aux dépens des autres, dont la solde du soldat et du marin et généralement tout salaire d'ouvrier
sont des applications, et qui nous a faits en définitive
tive tout ce que nous valons, tout ce que nous
sommes. La pauvreté est la vraie providence du genre
humain.

Il est donc. prouvé par la statistique qu'une nation
comme la nôtre, placée dans les meilleures conditions,
ne produit bon an mal an que ce qui lui suffit. On
peut faire la même observation sur chaque pays : partout on arrivera à cette conclusion, dont il serait à
désirer que nous fussions tous pénétrés; que la condition de l'homme sur la terre, c'est le travail et la pauvreté ; sa vocation, la science et la justice; la première
de ses vertus, la tempérance. Vivre de peu en travaillant beaucoup et en apprenant sans cesse, telle est la
règle dont il appartient à l'État de donner aux citoyens
l'exemple.

Répétera-t-on que ce revenu de 87c 5 par jour et
par tête n'est pas le dernier mot de l'industrie, et
que la production peut être doublée? Je réplique-
rai que si la production est doublée, la population
ne tardera pas à l'être à son tour, ce qui n'amène
aucun résultat. Mais considérons de plus. près la
chose.

La production a sa raison et son mobile dans le besoin. Il y a donc un rapport naturel entre le produit à obtenir et le besoin qui sollicite le producteur. Pour peu que le besoin faiblisse, le travail à son tour faiblira, et nous verrons diminuer la richesse : cela est inévitable. Supposant en effet que, le besoin diminuant, la production reste la même, comme alors les produits, moins demandés, diminueraient de valeur, ce serait exactement comme si une fraction de ces produits n'avait pas été produite.

Les besoins sont de deux sortes : besoins de première nécessité, et besoins de luxe. Bien qu'aucune ligne de démarcation exacte ne puisse être tracée entre ces deux catégories de besoins, bien que leurs limites ne soient pas les mêmes pour toutes sortes de personnes, leur différence n'est pas moins réelle ; elle se reconnaît à la comparaison des extrêmes. Il n'est personne qui, réfléchissant sur le train ordinaire de sa vie, ne puisse dire quels sont ses besoins de première nécessité, quels ses besoins de luxe.

Or, examinant l'existence, les habitudes et inclinations, l'éducation de l'immense majorité des travailleurs, il est aisé de voir que chez eux le travail est à son maximum d'intensité tant qu'il a la nécessité pour mobile ; il baisse rapidement et s'éteint bientôt, dès que, les besoins de première nécessité satisfaits, le travail ne produit plus que pour le luxe. En général, l'homme n'aime à se donner de peine que pour ce qui

lui est strictement utile. Sous ce rapport, il peut se
dire le représentant de la nature, qui ne fait rien de
trop. Le lazzarone, qui refuse toute espèce de service
quand il a dîné, en est un exemple. Le noir, dont on
demande l'affranchissement, se comporte de même.
Le nécessaire obtenu, l'homme tend au repos, de
toutes les satisfactions de luxe la première et la plus
avidement cherchée. Pour tirer de lui un supplément
de labeur, il faudrait doubler, tripler son salaire,
payer son travail plus qu'il ne vaut, ce qui est contre
la donnée d'une production lucrative, c'est-à-dire
contre la loi même de production. Ici encore la pratique confirme la théorie. La production ne se développe que là où, par l'accroissement de population, il
y a besoin urgent de subsistance et par suite demande
continuelle de travail. Alors le salaire tend plus à bais-
ser qu'à s'accroître, la journée de travail à s'allonger
qu'à se réduire. Si le mouvement avait lieu en sens
inverse, la production bientôt s'arrêterait.

Pour augmenter la richesse, dans une société donnée, le chiffre de la population restant le même, il
faut trois choses : 1° donner aux masses travailleuses
de nouveaux besoins, ce qui ne se peut faire que par
la culture de l'esprit et du goût, en d'autres termes,
par une éducation supérieure, dont l'effet est de les
faire sortir insensiblement de la condition du prolétariat ; 2° leur ménager, par une organisation de plus
en plus savante du travail et de l'industrie, du temps

et des forces de reste ; 3° dans le même but, faire cesser le parasitisme. Ces trois conditions du développement de la richesse se ramènent à cette formule: distribution de plus en plus égale du savoir, des services et des produits. C'est la loi d'équilibre, la plus grande, on pourrait même dire l'unique loi de l'économie politique, puisque toutes les autres n'en sont que des expressions variées, et que la loi de pauvreté elle-même en est un simple corollaire.

La science dit que ce plan n'a rien d'inexécutable; c'est même à l'action combinée, quoique bien faible encore, de ces trois causes, l'éducation du peuple, le perfectionnement de l'industrie et l'extirpation du parasitisme, qu'est dû le peu de progrès qui s'est accompli depuis trente siècles dans la condition économique de l'humanité.

Mais qui ne voit que si, par l'éducation, la multitude travailleuse s'élève d'un degré dans la civilisation, dans ce que j'appellerai la vie de l'esprit; si sa sensibilité s'exalte, si son imagination se raffine, si ses besoins deviennent plus nombreux, plus délicats et plus vifs, la consommation devant se mettre en rapport avec ces nouvelles exigences, le travail par conséquent augmenter d'autant, la situation reste la même, c'est-à-dire que l'humanité, croissant en intelligence, en vertu et en grâce, comme dit l'Évangile, mais ne gagnant toujours que le pain quotidien du corps et de l'âme, reste matériellement toujours pauvre?

Ce qui se passe en France, à cette heure, en est la preuve. Il n'est pas douteux que depuis quarante ans la production ne se soit fortement accrue; peut-être même est-elle proportionnellement plus forte aujourd'hui qu'en 1820. Et pourtant il est certain pour tous ceux qui ont vécu sous la Restauration que la gêne est plus grande dans toutes les classes de la société qu'elle ne l'était sous le règne de Louis XVIII. D'où vient cela? C'est que, comme je viens de le dire, les mœurs, dans les classes moyennes et inférieures, se sont raffinées, et qu'en même temps, par des causes qui seront expliquées tout à l'heure, la loi d'équilibre étant de plus en plus méconnue et enfreinte, la loi de tempérance foulée aux pieds, la pauvreté est devenue plus onéreuse, et de bienfaisante que l'a voulue la nature s'est changée en supplice. Nous avons exagéré le superflu, nous n'avons plus le nécessaire. S'il fallait appuyer ce fait de quelques détails, je citerais, en regard des soixante mille brevets d'invention et de perfectionnement pris depuis la loi de 1791, de la multiplication des machines à vapeur, de la construction des chemins de fer, du développement de la spéculation financière, la dette publique doublée, le budget de l'État porté d'un milliard à deux, le prix des loyers et de tous les objets de consommation augmenté de 50 à 100 pour 100, le tout aboutissant à un état de marasme avoué et de crise perpétuelle.

Ainsi, par une destination de la nature, toute nation civilisée ou barbare, quels que soient ses institutions et son gouvernement, est pauvre, d'autant plus pauvre qu'en s'éloignant de l'état primitif, qui est l'*abondance*, elle a fait plus de progrès, par le travail, dans la RICHESSE. A mesure que la population des États-Unis d'Amérique, aujourd'hui la plus comblée de la terre, se multiplie et s'empare du sol, la proportion des ressources naturelles diminuant, la loi du travail devient plus instante, et, signe infaillible de pauvreté, ce qui se donnait auparavant pour rien ou presque pour rien, acquérant un prix toujours plus élevé, la gratuité primitive disparaît, le régime de la VALEUR prend le dessus, et déjà commence à se former un prolétariat... Un phénomène analogue se passe en Espagne. Après des siècles de torpeur, l'Espagne se réveille tout à coup à l'appel du travail et de la liberté. Elle se met à exploiter son territoire; la richesse jaillit aussitôt de partout et pour tout le monde. Le salaire s'élève, chose toute simple, puisque c'est le sol et l'étranger qui payent. Mais attendez que la population se soit mise au niveau de cette richesse, ce qui peut se faire en moins d'un demi-siècle, et l'Espagne vous reparaîtra, dans des conditions de moralité supérieure, il faut l'espérer, ce qu'elle fut d'Isabelle Ire à Isabelle II, en équilibre, c'est-à-dire pauvre.

Ainsi, me dira tout à l'heure quelque fanatique de Mammona, la déesse du numéraire, il est inutile que nous nous donnions tant de peine. Ces entreprises

8.

nationales, ces travaux gigantesques, ces machines
merveilleuses, ces inventions fécondes, cette gloire de
l'industrie, tout cela ne sert qu'à étaler notre impuis-
sance, et nous ferons sagement d'y renoncer. Outillage
de misère, duperie pure! Car, à quoi bon tant suer et
nous ingénier, si nous n'avons à attendre de notre
travail rien de plus que le nécessaire? La sagesse est
dans l'humilité des moyens, l'étroitesse des conceptions, la vie mesquine, le petit ménage. Certes, vous
remplissez une noble mission : décourager les âmes,
rapetisser les intelligences, glacer les enthousiasmes,
stériliser le génie, c'est là votre morale, c'est votre
civilisation, votre paix! Ah! si c'est ainsi que vous
pensez nous délivrer de la guerre, nous préférons
mille fois en courir les risques. Payons, s'il faut, un
milliard de plus au budget, et qu'on nous laisse le
prestige de notre industrie, les illusions de nos entreprises.

A quiconque me tiendrait ce langage, je réplique-
rais : Bas le masque ! On vous reconnaît à votre rhétorique, charlatan industriel, écumeur de bourse,
peste financière, vil parasite. Oui, retirez-vous, déli-
vrez le travail de votre odieuse présence. Car votre
règne s'en va, et, si vous ne savez faire œuvre de vos
dix doigts, vous courez risque de mourir de faim.

Aux simples que séduit toujours l'éloquence de la
réclame, je dirai : Comment ne comprenez-vous pas
que, s'il fut un temps où l'homme cultivateur deman-

dait son nécessaire à la bêche, plus tard, quand il se fut multiplié, il dut le demander à la charrue, et que c'est par l'effet du même développement qu'il a été amené de nos jours à le demander à la mécanique, au navire à vapeur et à la locomotive? Avez-vous calculé ce qu'il faut de richesse pour entretenir, sur une surface de vingt-huit mille lieues carrées, trente-sept millions d'âmes? Travaillez donc, car si vous vous relâchez, vous tomberez dans l'insuffisance, et, au lieu de ce luxe que vous rêvez, vous n'aurez pas même le strict nécessaire. Travaillez, augmentez, développez vos moyens; inventez des machines, cherchez des engrais, acclimatez des animaux, cultivez de nouvelles plantes alimentaires, faites du drainage, reboisez, défrichez, arrosez et assainissez; semez du poisson dans vos fleuves, dans vos ruisseaux, dans vos étangs et jusque dans vos mares; ouvrez des houillères; purifiez l'or, l'argent, le platine; fondez le fer, le cuivre, l'acier, le plomb, l'étain, le zinc; filez, tissez, cousez, fabriquez des meubles, de la poterie, du papier surtout, et rebâtissez vos maisons; ouvrez-vous des débouchés, faites des échanges et révolutionnez vos banques. Tout cela est à vous fort avisé. Et ce n'est pas tout que de produire, il faut, ainsi que je vous l'ai recommandé, que le service soit réparti entre tous selon les facultés de chacun, et le salaire de chaque travailleur proportionné à son produit. Sans cet équilibre, vous restez dans la misère et votre industrie se

change en calamité. Or, quand vous aurez tout fait, et
par l'énergie de votre production, et par l'exactitude
de votre répartition, pour vous rendre riches, vous
serez étonnés de voir que vous n'avez réellement
gagné que votre vie, et que vous n'auriez pas de quoi
célébrer un carnaval de quinze jours.

Vous demandez si ce progrès industriel, toujours
soumis à la loi du nécessaire, n'implique pas, avec la
subsistance à fournir à une population plus nombreuse, une amélioration dans l'existence de l'individu? Sans doute il y a amélioration de la vie individuelle : mais en quoi consiste-t-elle? Du côté de
l'esprit, dans le développement du savoir, de la justice et de l'idéal; du côté de la chair, dans une consommation plus choisie, en rapport avec la culture
donnée à l'esprit.

Le cheval mange son avoine, le bœuf son foin, le
porc son gland, la poule ses menues graines. Ils ne
changent pas de nourriture, et ne s'en trouvent nullement incommodés. J'ai vu le travailleur des champs
faire chaque jour son repas du même pain noir, des
mêmes pommes de terre, de la même *polenta*, sans
paraître en souffrir : l'excès seul du travail le mai-
grissait. Mais l'ouvrier civilisé, celui qui a reçu le
premier rayon du Verbe illuminateur, a besoin de varier sa nourriture. Il consomme du blé, du riz, du
maïs, des légumes, de la viande, du poisson, des
œufs, des fruits, du laitage; il use quelquefois de vin,

de bière, de cidre, d'hydromel, de thé, de café ; il sale ses aliments, les assaisonne, leur donne toutes sortes de préparations. Au lieu de se couvrir simplement d'une peau de mouton ou d'ours séchée au soleil, il porte des vêtements tissés de laine, chanvre ou coton ; il fait usage de linge et de flanelle, s'habille d'une façon en été et d'une autre en hiver. Son corps, non moins vigoureux, mais formé d'un sang plus pur, expression de la culture qu'a reçue son âme, exige des soins dont se passe la sauvagerie. Tel est le progrès : ce qui n'empêche pas l'humanité de rester pauvre, puisqu'elle n'a toujours que ce qui lui suffit, et de ne pouvoir perdre une journée sans que la famine se fasse sentir à l'instant.

Pouvez-vous donc faire que l'homme fournisse en moyenne plus de dix à douze heures de travail sur vingt-quatre ? Pouvez-vous faire que quatre-vingts remplissent la tâche de cent, ou que la famille qui reçoit 3 fr. 50 c. de prébende dépense 5 francs ? Eh bien, vous ne pouvez pas faire non plus que vos magasins, vos entrepôts, vos docks, contiennent plus de denrées qu'on ne leur en demande, plus que neuf millions de familles, jouissant d'un revenu moyen de onze à douze milliards, produit de leurs bras, n'en peuvent acheter. Donnez une demi-douzaine de chemises, une veste de drap, une robe de rechange, une paire de souliers, à tous ceux et celles qui en manquent, et vous verrez ce qui vous restera. Vous me

direz alors si vous êtes dans l'abondance, si vous na-
gez dans la richesse.

Cette élégance des villes, ces fortunes colossales, ces
splendeurs de l'État, ce budget de la rente, de l'armée, des travaux publics; ces dotations, cette liste
civile, ce fracas de banques, de Bourse, de millions
et de milliards; ces joies enivrantes, dont le récit arrive parfois jusqu'à vous, tout cela vous éblouit, et,
vous faisant croire à la richesse, vous attriste sur
votre pauvreté. Mais songez donc que cette magnifi-
cence est prise en déduction de la chétive moyenne
de 3 fr. 50 c. par famille de quatre personnes et par
jour, que c'est un prélèvement sur le produit du travailleur, avant fixation de salaire. Le budget de l'armée, prélèvement sur le travail; le budget de la
rente, prélèvement sur le travail; le budget de la
propriété, prélèvement sur le travail; le budget du
banquier, de l'entrepreneur, du négociant, du fonc-
tionnaire, prélèvement sur le travail; le budget du
luxe, par conséquent, prélèvement sur le nécessaire.
Donc n'ayez pas de regret; acceptez virilement la situation qui vous est faite, et dites-vous, une fois pour
toutes, que le plus heureux des hommes est celui qui
sait le mieux être pauvre.

L'antique sagesse avait entrevu ces vérités. Le
christianisme posa le premier, d'une manière formelle,
la loi de pauvreté, en la ramenant toutefois, comme
c'est le propre de tout mysticisme, au sens de sa théo-

logie. Réagissant contre les voluptés païennes, il ne pouvait considérer la pauvreté sous son vrai point de vue; il la fit souffrante dans ses abstinences et dans ses jeûnes, sordide dans ses moines, maudite du ciel dans ses expiations. A cela près, la pauvreté glorifiée par l'Évangile est la plus grande vérité que le Christ ait prêchée aux hommes.

La pauvreté est décente; ses habits ne sont pas troués, comme le manteau du cynique; son habitation est propre, salubre et close; elle change de linge une fois au moins chaque semaine; elle n'est ni pâle ni affamée. Comme les compagnons de Daniel, elle rayonne de santé en mangeant ses légumes; elle a le pain quotidien, elle est heureuse.

La pauvreté n'est pas l'*aisance;* ce serait déjà, pour le travailleur, de la corruption. Il n'est pas bon que l'homme ait ses aises; il faut au contraire qu'il sente toujours l'aiguillon du besoin. L'aisance serait plus encore que de la corruption, ce serait de la servitude; et il importe que l'homme puisse, à l'occasion, se mettre au-dessus du besoin et se passer même du nécessaire. Mais la pauvreté n'en a pas moins ses joies intimes, ses fêtes innocentes, son luxe de famille, luxe touchant, que fait ressortir la frugalité accoutumée du ménage.

A cette pauvreté inévitable, loi de notre nature et de notre société, il est évident qu'il n'y a pas lieu de songer à nous soustraire. La pauvreté est bonne, et

nous devons la considérer comme le principe de notre
allégresse. La raison nous commande d'y conformer
notre vie, par la frugalité des mœurs, la modération
dans les jouissances, l'assiduité au travail, et la subordination absolue de nos appétits à la justice.

Comment se fait-il maintenant que cette même pauvreté, dont l'objet est d'exciter en nous la ·vertu et
d'assurer l'équilibre universel, nous pousse les uns
contre les autres et allume la guerre entre les nations ?
C'est ce que nous allons tâcher de découvrir au chapitre suivant.

CHAPITRE III.

ILLUSION DE LA RICHESSE.
ORIGINE ET UNIVERSALITÉ DU PAUPÉRISME.

La destinée de l'homme sur la terre est toute spirituelle et morale ; le régime que cette destinée lui impose est un régime de frugalité. Relativement à sa
puissance de consommation, à l'infini de ses désirs,
aux splendeurs de son idéal, les ressources matérielles
de l'humanité sont fort bornées ; elle est pauvre, et il
faut qu'elle soit pauvre, puisque sans cela elle retombe,
par l'illusion des sens et la séduction de l'esprit, dans
l'animalité, qu'elle se corrompt d'âme et de corps, et
perd, par la jouissance même, les trésors de sa vertu
et de son génie. Telle est la loi que nous impose notre
condition terrestre, et qui se démontre à la fois par
l'économie politique, par la statistique, par l'histoire
et par la morale. Les nations qui poursuivent, comme
bien suprême, la richesse matérielle et les voluptés
qu'elle procure, sont des nations qui déclinent. Le
progrès ou perfectionnement de notre espèce est tout
entier dans la justice et la philosophie. L'augmentation du bien-être y figure moins comme récompense
et moyen de félicité, que comme expression de notre

science acquise et symbole de notre vertu. Devant
cette réalité des choses la théorie sensualiste, convain-
cue de contradiction avec la destinée sociale, s'écroule
à jamais.

Si nous vivions, comme l'Évangile le recommande,
dans un esprit de pauvreté joyeuse, l'ordre le plus
parfait régnerait sur la terre. Il n'y aurait ni vice ni
crime; par le travail, par la raison et la vertu, les
hommes formeraient une société de sages; ils joui-
raient de toute la félicité dont leur nature est susceptible. Mais c'est ce qui ne saurait avoir lieu aujour-
d'hui, ce qui ne s'est vu dans aucun temps, et cela,
par suite de la violation de nos deux grandes lois, la
loi de pauvreté et la loi de tempérance.

Dès les premières pages de cet écrit, j'ai dit que la
guerre était un phénomène tout intérieur, tout psychologique; que si l'on voulait la connaître, il fallait
l'étudier dans la conscience de l'humanité, non sur les
champs de bataille, dans les récits des historiens et les
mémoires des capitaines. Et j'ai prouvé mon assertion,
d'abord en montrant que la guerre est une des principales catégories non-seulement de notre raison pratique, mais même de notre raison spéculative; puis
en dégageant son principe, qui est le DROIT de la
force; en troisième lieu, en développant son caractère
éminemment judiciaire.

Je vais faire voir à présent que tous les excès que
nous lui avons reprochés proviennent de cette même

source : l'âme, d'abord égarée à la poursuite d'un faux idéal, qui est la richesse, puis méconnaissant la justice en tant qu'elle s'applique aux choses du travail, de l'industrie et de l'échange, c'est-à-dire le Droit économique. A travers les scènes de carnage, d'incendie, de spoliation et de viol, nous ne sortons pas du domaine de l'esprit; et tout ce que nous voyons, constatons, jugeons bon ou mauvais, en fait de guerre, est toujours chose spirituelle. Les faits ne sont, comme je l'ai dit, que les caractères qui traduisent aux yeux du corps les conceptions de l'esprit.

Suivons cette génération mystérieuse du paupérisme et de la guerre, je veux dire la guerre dépravée, les deux plus grands fléaux qui déciment le genre humain.

Sorti de l'abondance du premier âge, obligé de travailler, apprenant par la peine qu'elles lui coûtent à donner une valeur aux choses, l'homme a été saisi par la fièvre des richesses : c'était, dès le premier pas, se fourvoyer dans sa route.

L'homme a foi à ce qu'il appelle la *fortune,* comme il a foi à la volupté et à toutes les illusions de l'idéal. Par cela même qu'il est tenu de produire ce qu'il consomme, il regarde l'accumulation des richesses, et la jouissance qui s'ensuit, comme sa fin. Cette fin, il la poursuit avec ardeur : l'exemple de quelques enrichis lui fait croire que ce qui est laissé à quelques-uns est accessible à tous; il regarderait comme une contra-

diction de la nature, un mensonge de la Providence,
qu'il en fût autrement. Fort de cette induction de son
esprit, il s'imagine qu'il peut augmenter indéfiniment
son avoir, retrouver, sous la loi des valeurs, l'abondance primitive. Il amasse, il accumule, il thésaurise;
son âme se rassasie, s'assouvit en idée. Le siècle actuel
est pénétré de cette croyance, plus folle que toutes
celles qu'elle a la prétention de remplacer. L'étude de
l'économie politique, science toute moderne et fort peu
comprise encore, y pousse les esprits; les écoles socialistes se sont à l'envi signalées dans cette orgie du sen-
sualisme; les gouvernements favorisent de leur mieux
l'essor et le culte des intérêts; la religion elle-même,
si sévère autrefois dans son langage, semble y donner
les mains. Créer de la richesse, faire de l'argent, s'enrichir, s'entourer de luxe, est devenu partout une
maxime de morale et de gouvernement. On est allé
jusqu'à prétendre que le moyen de rendre les hommes
vertueux, de faire cesser le vice et le crime, était de
répandre partout le *comfort,* de créer une richesse
triple ou quadruple : à qui spécule sur le papier les
millions ne coûtent rien. Enfin, par cette éthique nouvelle, on s'est étudié à enflammer la concupiscence,
au rebours de ce que disaient les anciens moralistes,
qu'il fallait d'abord rendre les hommes tempérants,
chastes, modestes, leur apprendre à vivre de peu et à
se contenter de leur sort, et qu'ensuite tout se passe-
rait bien dans la société et dans l'État. On peut dire

que sous ce rapport la conscience publique a été, pour
ainsi dire, renversée sens dessus dessous : chacun peut
voir aujourd'hui quel a été le résultat de cette singulière révolution.

Cependant il est manifeste, pour quiconque a réfléchi quelques instants sur les lois de l'ordre économique, que la RICHESSE, de même que la VALEUR,
indique moins une réalité qu'un rapport : rapport de
la production à la consommation, de l'offre à la demande, du travail au capital, du produit au salaire, du
besoin à l'action, etc.; rapport qui a pour expression
générique, typique, la JOURNÉE moyenne du travailleur, considérée sous sa double face, *dépense* et *produit*. La journée de travail : voilà en deux mots le
bilan de la fortune publique, modifié de temps en
temps, mais dans des limites beaucoup plus restreintes
que le vulgaire ne le suppose, à *l'actif* par les trou-
vailles de l'industrie, du commerce, de l'extraction,
de l'agriculture, de la colonisation et de la conquête;
au *passif* par les épidémies, les mauvaises récoltes, les
révolutions et les guerres.

De cette notion de la journée de travail, il suit que
la production collective, expression du travail collectif, ne peut en aucun cas dépasser d'une quantité
appréciable le nécessaire collectif, ce que nous avons
appelé le *pain quotidien*. L'idée de tripler, de quadru-
pler la production d'un pays, comme on triple et quadruple une commande chez le fabricant de toile ou de

drap, et abstraction faite d'une augmentation proportionnelle dans le travail, le capital, la population et le
débouché, abstraction faite surtout du développement
parallèle des intelligences et des mœurs, qui est ce qui
exige le plus de soin et coûte le plus cher, cette idée,
dis-je, est plus irrationnelle encore que la quadrature
du cercle : c'est une contradiction, un non-sens. Mais
c'est justement aussi ce que les masses se refusent à
comprendre, ce que les économistes négligent de
mettre en lumière, et sur quoi les gouvernements
gardent un silence prudent. Produisez, faites des
affaires, enrichissez-vous : c'est votre unique refuge,
maintenant que vous ne croyez plus à Dieu ni à l'humanité.

L'effet de cette illusion, et de la déception amère
qui en est l'inévitable suite, est d'exalter les appétits,
de rendre le pauvre comme le riche, le travailleur
comme le parasite, intempérant et avide ; puis, quand
arrive la déconfiture, de l'irriter contre son mauvais
sort, de lui faire prendre la société en haine, finalement de le pousser au crime et à la guerre.

Mais ce qui met le comble au désordre est l'exces-
sive inégalité de répartition des produits.

On a vu au chapitre précédent que le revenu total
de la France n'excède pas selon toute probabilité
87ᶜ 5 par jour et par tête. QUATRE-VINGT-SEPT CENTIMES
ET DEMI par jour et par personne : voilà ce qu'il est
permis aujourd'hui de considérer comme le revenu,

c'est-à-dire comme le produit moyen, partant comme la consommation moyenne de la France, l'expression de son juste besoin.

Si ce revenu, tout faible qu'il semble, était assuré à chaque citoyen ; en autres termes, si chaque famille française, composée du père, de la mère et de deux enfants, jouissait d'un revenu de 3 fr. 50 c., si du moins les *minima* et les *maxima* ne tombaient pas pour les familles pauvres, toujours en fort grand nombre, au-dessous de 1 fr. 75 c., moitié de 3 fr. 50 c., ou ne s'élevaient pas pour les riches, en nombre beaucoup plus petit, au delà de 15 ou 20 francs, chaque famille étant censée avoir produit ce qu'elle consommerait, il n'y aurait nulle part de malaise. La nation jouirait d'un bien-être inouï ; sa richesse, parfaitement ordonnée et distribuée, serait incomparable, et le gouvernement pourrait à bon droit se vanter de la prospérité toujours croissante du pays.

Mais il s'en faut que l'écart entre les fortunes soit aussi modéré ; il s'en faut, dis-je, que les familles les plus pauvres atteignent à un revenu de 1 fr. 75 c., et que les plus riches se contentent de recevoir dix fois autant. D'après les calculs récents d'un savant et consciencieux économiste, la majeure partie de la population bretonne n'a pas plus de 25 centimes à dépenser par jour et par tête ; et cette population, ajoute-t-il, n'est pas réputée indigente. D'autre part on sait qu'un grand nombre de fortunes s'élè-

vent, non pas seulement à 10 et 15 francs de revenu
par jour et par famille, mais à 50, 100, 200, 500,
1,000, on en cite qui iraient jusqu'à 10,000 francs.
Un fait à signaler, c'est que, depuis l'impulsion
exorbitante donnée aux entreprises, certains entre-
metteurs, regardant apparemment notre *fortune* à
tous comme assurée et voulant par avance se payer
de leur initiative, ont commencé par s'adjuger qui
un, qui deux, qui dix, qui vingt, trente, cinquante
et quatre-vingts millions. Ce qui veut dire qu'en
attendant les noces de Gamache qu'ils nous promet-
tent à perpétuité, ils prélèvent sur le commun, provisoirement condamné au jeûne, depuis cent jusqu'à
trois mille parts. Quant au pays, qui supporte sans
rien dire cette prélibation, les débâcles financières,
la stagnation des affaires, l'accroissement des dettes,
lui montrent assez clairement ce qu'il doit penser de
ces rêves de Cocagne.

D'où vient maintenant cette inégalité choquante?

On pourrait incriminer la cupidité, qu'aucune félonie n'arrête; l'ignorance de la loi des valeurs; l'arbitraire commercial, etc. Ces causes ne sont certainement pas sans influence; mais elles n'ont rien
d'organique, et ne tiendraient pas longtemps devant
la réprobation générale, si elles ne se rattachaient à
un principe plus profond, plus respectable, et dont
l'énergie mal appliquée produit tout le mal.

Ce principe est le même que celui qui nous fait

chercher la richesse et le luxe et nous passionne
pour la gloire; le même que celui qui engendre le
droit de la force, plus tard le droit de l'intelligence,
et finalement le droit même du travail : c'est le sentiment de notre valeur et dignité personnelle, sentiment
d'où naît le respect du semblable et de l'humanité
tout entière, et qui constitue la justice. .

Une conséquence de ce principe de la dignité humaine, point de départ de toute justice, mais qui ne
deviendra véritablement de la justice que par une
longue éducation de la conscience et de la raison,
c'est que d'abord non-seulement nous nous préférons en tout et pour tout aux autres, nous étendons
cette préférence arbitraire à ceux qui nous plaisent,
et que nous appelons nos amis.

Chez l'homme le plus juste il existe une disposition
à estimer et à servir le prochain, non pas d'après le
mérite du sujet, mais selon la sympathie qu'inspire sa
personne. Cette sympathie est ce qui produit l'amitié,
chose si sainte; ce qui sollicite la faveur, chose libre
de sa nature autant que la confiance et qui n'a rien
encore d'injuste, mais qui bientôt produit les passe-
droits, l'acception des personnes, le charlatanisme, les
distinctions sociales et les castes. Le progrès du travail
et le développement des rapports sociaux pouvaient
seuls nous faire discerner ce qui est ici de droit d'avec
ce qui n'en est pas; seule l'expérience des choses
pouvait nous montrer que si, dans nos relations avec

9.

nos semblables, une certaine latitude est laissée aux
préférences de l'amitié, devant la justice économique
toute acception de personnalité doit disparaître ; et
que si l'égalité devant la loi est de rigueur quelque
part, c'est surtout quand il s'agit de la rémunération
du travail, c'est dans la répartition des services et des
produits.

L'opinion exagérée de nous-mêmes, l'abus des préférences personnelles, voilà donc ce qui nous fait
violer la loi de répartition économique, et c'est cette
violation qui, se combinant en nous avec la recherche
du luxe, engendre le *paupérisme*, phénomène encore
mal défini, mais dont les économistes s'accordent à
reconnaître l'influence désorganisatrice sur les sociétés et les États.

Essayons de nous en rendre compte.

La pauvreté est cette loi de notre nature qui, nous
obligeant à produire tout ce que nous devons consommer, n'accorde pourtant à notre travail rien de
plus que le nécessaire. Dans un pays comme le nôtre,
ce nécessaire a pour expression moyenne, selon les
données les plus récentes, 3 fr. 50 c. par famille et
par jour, le minimum étant fixé, par hypothèse, à
1 fr. 75 c., le maximum à 15 francs. Il est entendu
que, selon les lieux et les circonstances, ce minimum
et ce maximum peuvent varier.

De là, cette proposition aussi vraie que paradoxale :
La condition normale de l'homme, en civilisation, est

la pauvreté. En elle-même, la pauvreté n'est point malheureuse : on pourrait la nommer, à l'exemple des anciens, médiocrité, si par médiocrité l'on n'entendait dans le langage ordinaire une condition de fortune qui, sans aller jusqu'à l'opulence, permet néanmoins de s'abstenir de travail productif.

Le paupérisme est la pauvreté anomale, agissant en mode subversif. Quel que soit le fait particulier à la suite duquel il se produise, il consiste dans le défaut d'équilibre entre le produit de l'homme et son revenu, entre sa dépense et son besoin, entre le rêve de son ambition et la puissance de ses facultés, par suite, entre les conditions des citoyens. Que la faute vienne des individus ou des institutions, de la servitude ou du préjugé, le paupérisme est une violation de la loi économique, qui d'un côté oblige l'homme à travailler pour vivre, de l'autre proportionne son produit à son besoin. Le travailleur, par exemple, qui n'obtient pas en échange de son travail le minimum du revenu moyen collectif, soit 1 fr. 75 c. par jour pour lui et sa famille, appartient au paupérisme. Il ne peut pas, à l'aide de ce salaire insuffisant, réparer ses forces, entretenir son ménage, élever ses enfants, bien moins encore développer sa raison. Insensiblement il tombe dans le marasme, la démoralisation et la misère. Et cette violation, je le répète, est un fait essentiellement psychologique; elle a sa source, d'un côté, dans l'idéalisme de nos désirs, de l'autre dans

le sentiment exagéré que nous avons tous de notre
dignité et le peu de cas que nous faisons de celle
d'autrui. C'est cet esprit de luxe et d'aristocratie,
toujours vivant dans notre société soi-disant démocratique, qui rend l'échange des produits et des services frauduleux en y introduisant un élément personnel; qui, au mépris de la loi des valeurs, au
mépris même du droit de la force, conspire sans
cesse, par son universalité, à grossir la fortune de
ses élus des innombrables parcelles dérobées au salaire de tous.

Les faits par lesquels se traduit dans l'économie
générale cette répartition vicieuse varient selon les
lieux et les circonstances; mais toujours ils se résolvent dans l'insuffisance du salaire, comparé au
besoin du travailleur. Citons seulement les plus généraux :

a) Le développement du parasitisme, la multiplication des emplois et des industries de luxe. C'est
l'état auquel nous tendons tous, de toute la puissance
de notre orgueil et de notre sensualité. Chacun veut
vivre sur le commun, occuper une sinécure, ne se
livrer à aucune industrie, ou obtenir de son service
une rémunération hors de pair avec l'utilité publique,
telle seulement que la fantaisie, l'opinion exagérée du
talent, etc., la peuvent donner. Ces parasites, sinécu-
ristes et ouvriers de luxe, se comptent par cen'aines
de mille.

b) Les entreprises improductives, inopportunes, sans proportion avec l'épargne. Ce que les citoyens sont dans la vie privée, il est inévitable que l'État le soit à son tour : les exemples de la Grèce ancienne, de Rome impériale, de l'Italie après la Renaissance, le prouvent. Ce qui est à remarquer ici surtout, c'est que les dépenses croissent comme les recettes diminuent, ce qui excite les déclamations des moralistes contre les arts, qu'ils prennent pour la cause du luxe, tandis qu'il ne faut y voir que ses instruments.

c) L'excès du gouvernementalisme, amené à son tour par toutes ces causes. En France, le budget prévu pour 1862 s'élève à 1,929 millions. Cela signifie que la nation, ne sachant pas se gouverner, paye pour être gouvernée un sixième environ de son revenu. Le logement coûtant aussi cher que le gouvernement, il ne reste que deux tiers pour l'entretien du mobilier, les vêtements, le chauffage, l'éducation et les subsistances.

d) L'absorption des capitales et des grandes villes, qui, de quelque côté qu'on les envisage, même comme centres de production, mais surtout de production de luxe, ne rendent jamais au travail indigène tout ce qu'elles lui enlèvent, ne fonctionnent que pour l'amusement des oisifs et la fortune de quelques bourgeois.

e) L'exagération du capitalisme, qui ramène tout à la finance et va jusqu'à transformer les services publics en exploitations commanditaires, telles que

banques, chemins de fer, canaux, etc. A cette occasion, je ferai une remarque. Un honorable membre du
Corps législatif disait récemment qu'il existait 500 millions de capitaux disponibles dans nos divers établissements de crédit, et qui n'attendaient que la certitude de la paix pour se mettre en mouvement. Bien
des gens sont tentés de conclure de cette inépuisable
masse de numéraire que les ressources du pays sont
également inépuisables. Mais on ne prend pas garde
que, par le fonctionnement de l'impôt, des banques,
des chemins de fer, de la rente foncière, etc., le numéraire accomplit un mouvement de rotation, ne faisant que passer dans la main des travailleurs, et
revenant toujours à son point de départ, qui est la
caisse du capitaliste. La France pourrait avoir mangé
dix fois son fonds et son tréfonds que le même phénomène se produirait encore. Relativement au fabricant et au banquier, le numéraire peut être appelé
capital, puisqu'il est l'équivalent d'une certaine quantité de subsistances et de matières premières; dans
la société où le numéraire ne sert que d'instrument
aux échanges, tout au plus de gage aux billets de
banque, et ne se consomme pas, c'est un capital fictif:
il n'y a que les produits du travail qui soient de véritables capitaux.

f) Les variations monétaires, provenant soit de la
cherté ou de la dépréciation des métaux, soit de l'exportation du numéraire, soit de l'altération des mon-

naies. Il en résulte un agiotage énorme, au détriment des producteurs et consommateurs. C'est ainsi que la découverte des mines de Californie a produit une perturbation sur les marchés et fait disparaître la monnaie d'argent. En dehors de cet agiotage que la loi avait le droit de punir, la dépréciation de l'or, causée par l'abondance du métal, n'eût pas plus été une cause de mal-être que ne le serait la dépréciation du sucre ou du coton causée par une production double de ces marchandises.

g) Enfin, l'augmentation du prix des loyers et de presque tous les objets de consommation. Elle signifie que par suite du développement du parasitisme et des entreprises improductives, de l'augmentation du personnel gouvernemental, de l'absorption de la capitale et des grandes villes, des manœuvres financières, du luxe des particuliers et de celui de l'État, il ne reste pour le travailleur utile que trois quarts, tiers ou moitié de ce qu'il consommait autrefois, ce qui revient à dire que son salaire, bien que resté le même en monnaie, est diminué de 50, 60 ou 80 pour 100.

Les faits que nous signalons ici, agissant ensuite les uns sur les autres, s'aggravent par leur action réciproque. Ainsi l'un des motifs des grands travaux entrepris par le gouvernement est de venir en aide aux classes ouvrières. L'intention est excellente : malheureusement le succès n'y saurait répondre. Il résulte en effet de tout ce que nous venons de dire, qu'en

voulant par des moyens artificiels combattre le paupérisme le gouvernement n'a fait qu'aggraver le paupérisme : il n'y a pas d'issue pour lui à ce cercle.
Les capitalistes mettent ensuite le comble à la misère.
Quand le pays ne leur offre plus de placement ils
émigrent : ils vont au dehors porter leur industrie et
avec elle la misère.

Une fois que, par le défaut d'équilibre dans la répartition, le paupérisme a atteint la classe travailleuse,
il ne tarde pas à s'étendre partout, en remontant des
conditions inférieures aux supérieures, à celles même
qui vivent dans l'opulence.

Chez le malheureux, le paupérisme se caractérise
par la *faim lente*, dont a parlé Fourier, faim de tous
les instants, de toute l'année, de toute la vie ; faim qui
ne tue pas en un jour, mais qui se compose de toutes
les privations et de tous les regrets ; qui sans cesse
mine le corps, délabre l'esprit, démoralise la conscience, abâtardit les races, engendre toutes les maladies et tous les vices, l'ivrognerie entre autres et
l'envie, le dégoût du travail et de l'épargne, la bassesse
d'âme, l'indélicatesse de conscience, la grossièreté
des mœurs, la paresse, la gueuserie, la prostitution et
le vol. C'est cette faim lente qui entretient la haine
sourde des classes travailleuses contre les classes aisées, qui dans les temps de révolutions se signale par
des traits de férocité qui épouvantent pour longtemps
les classes paisibles, qui suscite la tyrannie, et dans

les temps ordinaires tient sans cesse le pouvoir sur le qui-vive.

Chez le parasite, l'effet est autre : ce n'est plus de la famine, c'est une voracité insatiable. Il est d'expérience que, plus l'improductif consomme, plus, par l'excitation de son appétit en même temps que par l'inertie de ses membres et de son cerveau, il demande à consommer. La fable d'Érésichthon, dans les *Métamorphoses*, est l'emblème de cette vérité. Ovide, à la place du mythologique Érésichthon, aurait pu citer les nobles romains de son temps, mangeant en un repas le revenu d'une province. A mesure que le riche cède à cette flamme de jouissance qui le consume, le paupérisme l'assaillit plus vivement, ce qui le rend à la fois prodigue, accapareur et avare. Et ce qui est vrai de la gourmandise l'est de tous les genres de volupté : elles deviennent plus exigeantes en s'assouvissant. Le luxe de table n'est qu'une fraction de la dépense de l'improductif. Bientôt, la fantaisie et la vanité s'en mêlant, aucune fortune ne lui suffit plus ; au sein des jouissances il se trouve indigent. Il faut qu'il remplisse sa caisse qui se vide : le paupérisme alors s'empare tout à fait de lui, le pousse aux entreprises hasardées, aux spéculations aléatoires, au jeu, à l'escroquerie, et venge à la fin, par la plus honteuse des ruines, la tempérance, la justice et la nature outragées.

Voilà pour ce qui regarde les extrêmes du paupérisme. Mais il ne faudrait pas s'imaginer qu'entre ces extrêmes, dans cette condition mitoyenne où le travail et la consommation se font un plus juste équilibre, les familles soient à l'abri du fléau. Le ton est donné par la classe opulente, et chacun s'efforce de le suivre. Le préjugé de la fortune, l'illusion causée par la richesse agite les âmes. Tourmenté dans son intérieur de besoins factices, le père de famille rêve, comme il dit, d'*améliorer sa position,* ce qui signifie le plus souvent d'augmenter son luxe et sa dépense. A force de se repaître en idée, on finit par empiéter sur l'avenir ; alors, le prix des produits et des services s'élevant, le travail faiblissant, l'épargne devenant moins sévère, la dépense des plus rangés s'exagérant sans qu'ils s'en aperçoivent, à l'exemple de celle des grands et de l'État, on arrive partout au déficit : ce que révèlent ensuite l'embarras des affaires, les crises financières et commerciales, les faillites et banqueroutes, l'accroissement des impôts et des dettes. Comprenez-vous maintenant comment la frugalité, la tempérance, la modestie en toutes choses, ne sont pas seulement pour nous des vertus de surérogation, que ce sont des vertus de commandement ?

Telle est la marche du paupérisme, endémique dans l'humanité et commun à toutes les catégories sociales. Dans certains pays, tels que la Russie, l'Autriche, où la plupart des familles vivent de l'exploitation du sol, produisant presque tout par elles-mêmes et pour elles-mêmes, et n'entretenant que de faibles relations avec le dehors, le mal est moins intense. C'est surtout le gouvernement, sans numéraire et sans crédit ; ce sont les hautes classes, à qui la terre ne fournit qu'une faible rente, souvent payée en nature, qui souffrent de la débine. Là on peut dire que, quant aux masses, la sécurité de la vie et la garantie du nécessaire sont en raison de la médiocrité industrielle et commerciale de la nation.

Chez les nations, au contraire, où le travail est divisé et engrené, où l'agriculture elle-même est soumise au régime industriel, où toutes les fortunes sont solidaires les unes des autres, où le salaire du travailleur dépend de mille causes indépendantes de sa volonté, le moindre accident trouble ces rapports fragiles, et peut détruire en un instant la subsistance de millions d'hommes. On est épouvanté quand on songe à combien peu de chose tient la vie quotidienne des nations, et quelle multitude de causes tendent à la désorganiser. Alors on s'aperçoit qu'autant cette belle ordonnance promettait de servir le bien-être des masses, autant, au premier détraquement, elle peut engendrer de misère.

Mais, chose à noter, et qui confirme la vérité de toute cette théorie, dans cette chaîne de mécomptes qui pousse les nations au conflit, ce n'est pas le paupérisme des viles multitudes qui se montre le plus impatient. L'indigence des souverains passe en pre-

mière ligne; celle des grands et des riches vient après.
Ici, comme en toute chose, la plèbe figure au dernier
rang. Le pauvre, dans la détresse générale, n'a pas
même les honneurs de la pauvreté.

Les riches, gros consommateurs, ressemblent, si
l'on me permet cette comparaison, aux grands quadrupèdes, exposés par leur taille et leur puissance
même, beaucoup plus que le lapin, l'écureuil, la sou-
ris, à mourir de faim. Plusieurs espèces, telles que
le mammouth, ont disparu; d'autres tendent à disparaître. La cause principale de l'extinction de ces races
est qu'elles ne trouvent pas de quoi vivre. Ainsi en
est-il des classes aristocratiques, des familles à grandes fortunes. Toujours besoigneuses, au milieu de la
racaille qui les suce encore plus qu'elle ne les sert,
endettées, protestées, en banqueroute, de toutes les
victimes du paupérisme ce sont, sinon les plus inté-
ressantes, à coup sûr les plus irritables...

Résumons ce chapitre.

La nature, dans toutes ses créations, a pris pour
maxime : Rien de trop, *Ne quid nimis*. L'économie de
moyens, disait Fourier, est une de ses principales lois.
C'est pour cela que, non contente de nous condamner
au travail, elle ne nous accorde que le nécessaire,
quod sufficit, et nous fait une loi de la pauvreté, de-
vançant ainsi le précepte de l'Évangile et toutes les
institutions du cénobitisme. Que si nous regimbons
contre sa loi, si la séduction de l'idéal nous fait aspi-

rer au luxe et aux jouissances, si une estime exagérée
de nous-mêmes nous pousse à exiger de notre service plus que la raison économique ne nous accorde,
la nature, prompte à nous châtier, nous voue à la
misère.

Tous tant que nous vivons, sujets et monarques,
individus et peuples, familles et corporations, savants,
artistes, industrieux, fonctionnaires publics, rentiers
et manouvriers, nous sommes donc constitués en
pauvreté. Notre perfectibilité, la loi même de notre
travail, le veut ainsi. Abstraction faite des inégalités
de travail et de capacité qui peuvent donner lieu à
une différence de revenu, différence imperceptible
dans la masse, nous ne produisons, en somme, que
juste ce qu'il nous faut pour subsister. Si quelques-
uns reçoivent plus ou moins que ce qui est indiqué
par la règle, la faute en est à nous tous : il y a lieu à
réforme.

Le paupérisme, analysé dans son principe psychologique, découle de la même source que la guerre, à
savoir, la considération de la personne humaine, abstraction faite de la valeur intrinsèque des services et
produits. Ce culte inné de la richesse et de la gloire,
cette croyance mal entendue à l'inégalité, pouvaient
un temps faire illusion : elles doivent s'évanouir
devant cette considération toute d'expérience que
l'homme, condamné à un labeur quotidien, à une frugalité rigoureuse, doit chercher la dignité de son être

et la gloire de sa vie autre part que dans la satisfaction du luxe et les vanités du commandement.

Mais, parce que nous protestons contre le précepte
de pauvreté et de tempérance, parce que nous résis-
tons à la loi de répartition qui n'est autre que la Justice
même, le paupérisme nous envahit tous, et, à la suite
du paupérisme, la discorde et la guerre.

CHAPITRE IV.

INFLUENCE DU PAUPÉRISME
SUR L'ÉTAT ET LES RELATIONS INTERNATIONALES.

Que le malaise, d'autant plus vivement senti qu'il frappe plus haut, ait une influence directe sur les gouvernements, c'est ce qu'il paraît superflu de démontrer après une série de révolutions comme celles de 1789, 1799, 1814, 1830, 1848, 1851. Sans doute les idées y ont joué un rôle : mais que signifient les idées? Que représentent-elles? les intérêts. Que veulent-elles? le service des intérêts. Qu'est-ce qui a déterminé la convocation des états généraux? le déficit. Pourquoi à la monarchie absolue l'Assemblée constituante a-t-elle substitué la monarchie constitutionnelle? parce que la nation entendait ne payer d'impôt au prince que celui qu'elle aurait consenti, et que le système constitutionnel se réduit en dernière analyse à ceci : la défense du revenu des contribuables contre le fisc, le vote de l'impôt. Qu'est-ce que la constitution civile du clergé? une expropriation. Qu'est-ce que la réforme du 4 août? une éviction. Le paupérisme donc, telle est la cause première de la révolution.

Depuis les retraites du peuple romain sur le mont

Sacré jusqu'à la lettre de Napoléon III à son ministre d'État Fould sur la liberté commerciale, tous les changements politiques, économiques, religieux, qui ont agité les nations, peuvent se ramener à cette formule : Protection des masses travailleuses contre l'exploitation parasite, et garantie du minimum de revenu, soit pour le quart d'heure 1 fr. 75 c. par jour et par famille, contre l'incendie, la grêle, l'inondation, l'épizootie, les maladies, le chômage, les oscillations de la Bourse, les crises financières et commerciales, les risques de navigation, etc., etc.

Toutefois, et bien que les faits ne permettent pas ici le moindre doute, examinons de plus près les agitations de cette grande période, 1789-1860.

En 1789, la-révolution est faite contre le déficit causé par les dépenses de la cour, contre les droits féodaux, contre les priviléges des corporations, contre le parasitisme clérical, contre l'inégale répartition des charges, c'est-à-dire contre un ordre de choses appauvrissant au plus haut degré. La nuit du 4 août fut la grande victoire de cette révolution : toute la philosophie du XVIIIe siècle aboutit là.

Après le 4 août, une réaction se manifeste au nom des idées religieuses et des institutions politiques, que la révolution avait autant maltraitées que les priviléges, mais dont elle respectait encore le nom et conservait l'image. Comme, dans l'opinion des masses, ces institutions et ces idées impliquaient le retour des anciens

abus, on fit contre elles la révolution plus radicale de
93, consacrée dans le calendrier républicain par les
fêtes *sans-culottides*. C'est ainsi que nous voyons l'Italie
catholique et pontificale nier le pouvoir temporel du
pape et risquer l'existence de l'Église et du catholicisme, plutôt que d'en supporter davantage les abus.
Pour son pain quotidien le peuple sacrifie sa religion
et ses dieux.

Du pain et la constitution de 93! voilà le cri du
peuple aux journées de germinal et de plairial.

En 1796, Babeuf prétend en finir avec le paupérisme,
achever la révolution au nom de l'égalité. Il succombe,
bien moins par la réaction des propriétaires que par
l'imperfection de son système. Le peuple, en 1796,
n'était pas plus communiste qu'en 1848.

En 1799, le paupérisme a gagné la bourgeoisie. Tout
le monde crie misère. Le Directoire décrète la banqueroute; la rente tombe à onze francs; les rentiers, payés
en assignats, meurent de faim; la multitude n'en paraît pas plus riche, au contraire. Révolution du 18 brumaire.

En 1814, les revers essuyés par nos armées amènent
l'invasion de la France : Napoléon est forcé d'abdiquer.
Ce n'est pas le peuple qui le renverse : la guerre ne
laissait pas d'excédant de population; le paupérisme
dans les masses était peu sensible; aussi la chute de
l'empire ne parut-elle jamais suffisamment motivée
aux yeux du peuple. Mais si la misère se faisait mé-

diocrement sentir en France à la multitude, il n'en
était pas de même de la bourgeoisie industrieuse et
commerçante que ruinait le blocus continental; il n'en
était pas de même des sénateurs et de tous les hauts
personnages dont la guerre compromettait la position;
il n'en était pas de même surtout à l'étranger, en Espagne, en Allemagne, en Russie, dans tous les pays
parcourus par nos armées. De là la coalition de 1813
et les acclamations qui lui répondirent du côté de la
France.

La Restauration tombe en 1830 : pourquoi? La bourgeoisie est jalouse des ci-devant nobles, qu'elle accuse
de vouloir rétablir les droits féodaux, à compte desquels, pensait-on, il avait été payé déjà aux émigrés
un milliard. L'Église de son côté proteste contre la situation qui lui est faite, redemande ses biens et ses
dîmes. Or, à cette époque et depuis 1825, le régime
industriel avait rendu le paupérisme plus sensible;
déjà paraissaient les journaux et publications socialistes, accusant la misère, parlant de production, de
richesse, de répartition, de tout ce qui pouvait enflammer les appétits et les colères. Les souvenirs, les
passions et les intérêts de 89 furent l'âme de la révo-
tion de juillet.

La révolution de 1848 s'inspira plutôt de celle de 93.
Les affaires se traînent, le travail languit, la corruption
rend la gêne plus insupportable ; la bourgeoisie, in-
quiétée, se montre impatiente. Les masses, échauffées

par les idées de Babeuf et par la propagande socialiste, réclament des droits politiques, seul moyen, leur dit-on, qu'elles puissent avoir de conquérir le travail et le pain. On a admiré le jugement providentiel qui, après avoir frappé Charles X, s'était appesanti sur Louis-Philippe. La même *faim-valle* qui avait renversé la monarchie légitime renversa la monarchie citoyenne : voilà tout le mystère.

En 1851, le mouvement s'opère en sens inverse. L'avarice réactionnaire appuie le coup d'État contre la république sociale, incessamment décimée depuis trois ans par la fusillade, la transportation, la prison, le bannissement. Le coup d'État réussit d'autant mieux que, tandis que les conservateurs l'accueillent comme une sauvegarde, le peuple l'accepte comme un protectorat.

Il en est ainsi de toutes les révolutions, politiques, sociales, religieuses, qui composent l'histoire des nations. Toutes, quelle que soit l'idée qui leur sert de formule, portent sur des intérêts. Or, qui dit intérêt, en pareil cas, dit gêne, privilége, parasitisme, famine.

Lorsque la Réforme éclata au xvie siècle contre l'Église, le mal-être était universel, et depuis plus de deux siècles la clameur publique en accusait l'Église. L'Église, outre le revenu de ses biens fonciers, percevait des contributions de toute nature, dîmes, dispenses, annates, indulgences, etc., dont la plus grande partie s'écoulait vers Rome. Le peuple était maigre, les congrégations religieuses dans l'opulence. La papauté attirait à elle tout le numéraire. Les peuples, dont la misère attiédissait la foi, demandaient que le clergé revînt à la frugalité de l'Église primitive : depuis l'Apocalypse, qui dès le 1ᵉʳ siècle dénonçait le luxe de certains évêques successeurs des apôtres, c'est toujours la même antienne. N'est-ce pas ce que l'on dit encore aujourd'hui contre le pape ? Cette criaillerie de la misère contre l'épiscopat est d'une telle monotonie qu'elle en devient fastidieuse. Les seigneurs convoitaient les biens du clergé ; les rois, jaloux d'affranchir leur temporel, ne demandaient pas mieux que de prendre leur part de ces richesses, comme fit Philippe le Bel quand il envoya les Templiers au bûcher.

Admirez du reste comme cette convoitise royale, seigneuriale, bourgeoise et plébéienne sait se couvrir de l'intérêt de la religion et des bonnes mœurs ! Les Templiers sont accusés d'immoralité et d'athéisme. Je n'affirme pas qu'ils fussent innocents ; mais personne n'aurait douté de leur vertu, s'ils avaient été moins riches. Puis, ce sont les princes qui posent à leur manière la distinction du temporel et du spirituel : comme si l'Église n'en avait pas su plus qu'eux là-dessus ; comme si cette distinction n'impliquait pas la suprématie du pape sur les rois, juste le contraire de ce que l'on prétendait en induire !... N'oublions pas les hommes de foi sincère, promoteurs à leur insu et dupes de toutes ces révolutions, qui, tels que le sage Gerson, demandent la réforme des abus, mais ne veulent pas qu'on touche aux us. C'est à leur suite que paraissent les sectaires, Wiclef, Jean Huss, Luther, qui, faisant un pas de plus, s'en prennent résolûment à la doctrine. Enfin Munzer et ses paysans disent le mot de l'affaire : ils en veulent aux biens ; ce sont à la fois les esprits les plus logiques et les plus pratiques de tous. La guerre des paysans du Rhin et de Westphalie était la conséquence autant des conseils réformistes du pieux et orthodoxe Gerson que des théories de Luther et du soufflet donné par Nogaret à Boniface VIII.

Il est inutile que nous insistions davantage. Les constitutions d'Églises et d'États ne sont à autre fin que de protéger, équilibrer ou hiérarchiser les intérêts. Or, comme par l'instance du paupérisme les intérêts sont toujours en opposition, toujours en souffrance, l'agitation est permanente ; les révolutions en sont les crises. Tout débat politique, économique, religieux ou social, ramené à sa véritable signification, se résout en jacquerie.

Soit, direz-vous, l'influence du paupérisme sur l'État est un fait acquis : c'est lui qui est la cause première des révolutions. On pourrait presque regarder cela comme une vérité de la façon de M. de La Palice, tant elle rentre dans le lieu commun. Mais venons à notre sujet. Est-ce aussi le paupérisme qui est la cause première des guerres ? Comment les peuples que la

10.

misère agite, non contents de s'en prendre à leurs
gouvernements, à leurs nobles, à leurs clergés, à
leurs dynastes, à leurs bourgeois, en viennent-ils à
s'accuser les uns les autres et à se faire une guerre
aussi aveugle qu'inutile?

Je pourrais, comme tant d'autres, me rejeter sur la
folie humaine, les mauvais conseils de la faim, le machiavélisme des princes et des nobles, qui dans tous
les temps ont saisi les occasions de faire la guerre
comme un moyen de diversion pour les impatiences
populaires et de sauvegarde pour leur pouvoir. Ces
considérations ont leur vérité, que je ne nie pas :
toutefois, elles ne sauraient satisfaire entièrement
l'esprit. Il est impossible, en bonne critique, d'attribuer à des causes aussi inconsistantes un phénomène
tel que la guerre qui, ne l'oublions pas, embrasse la
physiologie et la psychologie de l'humanité, et que
régit un droit réel, le droit de la force.

Je crois donc être dans le vrai en faisant observer
que les considérations de droit international sur lesquelles s'appuient presque exclusivement les déclarations de guerre se lient par les rapports les plus
intimes aux considérations de l'ordre économique ;
en sorte que, si les motifs politiques peuvent être
regardés comme la cause apparente de la guerre, les
besoins économiques en sont la cause secrète et
première, sur laquelle, au fond, personne ne se
trompe.

C'est un fait reconnu par la statistique que les attentats à la propriété diminuent quand le bien-être des masses augmente. Quiconque a de quoi vivre, en général, s'occupe peu du voisin. Il en est ainsi des peuples. De même qu'il n'arriverait pas de révolution dans un État, si les besoins des citoyens étaient satisfaits; de même aussi il n'y aurait pas de guerre entre les États, s'ils n'y étaient poussés par une force qui les domine. Garantissez à une nation la liberté, la sécurité et le vivre, elle ne s'inquiétera pas de ce que font celles qui la touchent. Elle ne parlera ni de fusion, ni d'incorporation, ni de rectification de frontières; elle fera même assez bon marché de sa propre nationalité, témoin les paysans de Gallicie, contents de devenir Autrichiens pourvu qu'on les délivre de leurs seigneurs; témoin ceux de Lombardie, maudissant leurs propriétaires et se souciant du roi comme de l'empereur.

La nationalité, hélas! ne devient susceptible, l'esprit de guerre ne s'empare du prince et du peuple que lorsqu'il y a péril pour la subsistance et la propriété, insuffisance de débouché ou de territoire. Alors se posent les questions de prééminence, d'équilibre, de colonies, etc., lesquelles, comme nous l'avons vu, ne se peuvent trancher que par la force.

A quoi bon le dissimuler? La loi d'incorporation ou de démembrement, que nous avons vue jouer un si grand rôle dans la politique et dans l'histoire, se pré-

sente sous un tout autre aspect lorsque, remontant de
cause en cause, on vient à en rechercher les mobiles
cachés. De même que l'État, organe de la force collective, incarnation de la justice, n'est en dernière analyse qu'une expression économique ; de même les
rapports internationaux, les guerres et les traités de
paix, malgré tout ce que le droit de la force leur con-
fère de majesté, sont aussi des expressions économiques, des monuments de notre indigence. La cupi
dité terrienne, l'espoir du tribut, la soif ardente du
bien de l'étranger, se cachent au fond de notre diplomatie. C'est ce qui deviendra tout à l'heure et de plus
en plus sensible, lorsque, sortant des considérations
générales, nous pénétrerons dans les faits.....

Nous sommes donc parfaitement fondés à distinguer
entre la cause première de la guerre et ses motifs ou
causes secondes, celles-ci d'ordre purement politique,
celle-là d'ordre exclusivement économique. Il se peut
même que les motifs politiques de la guerre, plus
spécieux que réels, laissent à découvert la véritable
cause : cette prééminence de la cause de la guerre
sur ses motifs est, comme l'on verra, un des caractères de l'époque actuelle. Est-ce une raison pour
accuser toujours la mauvaise foi des princes, comme
le font les historiens? Comme si les chefs d'États,
ès qualités qu'ils agissent, n'étaient pas les représentants de leurs peuples, affligés du même paupérisme
que leurs sujets!

En général, les motifs sur lesquels s'appuient les déclarations de guerre sont sérieux et réels; ils traduisent une nécessité politique. Mais la cause première les domine; et s'il est permis de contester toujours, au point de vue de la guerre, la légitimité d'une telle cause, on n'en saurait malheureusement nier la présence. Il n'y a rien sur la terre de plus constant, de plus implacable que la misère du genre humain. *Ego sum pauper et dolens :* voilà, si les guerriers avaient autant de philosophie que de bravoure, la devise qu'ils mettraient sur leurs drapeaux.

Ainsi, la cause première de toute guerre est unique. Elle peut varier d'intensité et n'être pas absolument déterminante; mais elle est toujours présente, toujours agissante, et jusqu'à présent indestructible. Elle éclate par les jalousies, les rivalités, les questions de frontières, de servitudes, des questions, si j'ose ainsi dire, de mur mitoyen. Là est la responsabilité des nations. Sans cette influence du paupérisme, sans le désordre qu'introduit dans les États la rupture de l'équilibre économique, la guerre serait impossible; aucun motif secondaire ne serait capable de pousser les nations à s'armer les unes contre les autres. C'est donc aux nations à pourvoir à leur économie intérieure, et à s'assurer, par le travail, les pratiques de tempérance, l'équilibre des intérêts, contre le paupérisme, le seul et véritable risque de guerre.

Mais si la guerre, sans le mal-être qui soulève les

nations, est impossible, comme un effet sans cause,
elle ne parvient à enlever les consciences et à se faire
accepter qu'au moyen des motifs de droit international
qui, devant la raison d'État, la légitiment. Ici commence la responsabilité des chefs politiques, dont
l'initiative seule est capable de faire passer la guerre
de la possibilité à l'acte. C'est déjà un premier et
remarquable effet de l'application des principes de
l'économie que les nations, rendues stationnaires,
ne se puissent plus ruer spontanément les unes contre
les autres : les invasions en masse sont de la période
barbare, le dernier acte de la vie forestière et nomade.
En même temps que les peuples deviennent industrieux et travailleurs, la guerre devient la prérogative
des gouvernements. Aux hommes d'État il appartient
donc d'apprécier jusqu'à quel point la gêne générale
est aggravée par la faute de l'étranger ; dans quelle
circonstance le soin de la sûreté publique permet à
une puissance de se prévaloir contre une autre de la
rigueur du droit international et de faire appel au
jugement de la force. Dans tous les cas, l'homme
d'État devra se souvenir que sa responsabilité est d'autant plus grande que la guerre, quoi qu'il fasse, conserve toujours un côté odieux, qu'elle a pour mobile
le paupérisme et tous les vices qui l'accompagnent, la
cupidité, le luxe, la soif de voluptés, toutes les corruptions et tous les crimes qu'engendre la sensualité aux
prises avec la disette.

La détermination que nous venons de faire de la cause première de la guerre va nous placer sur un terrain nouveau, peu connu des anciens, celui de l'économie politique. Nous y ferons encore plus d'une découverte. Dès à présent il est aisé de prévoir, chose que ne soupçonnèrent pas les juristes de la vieille école, qu'en ce qui concerne la conduite de la guerre, les règles du droit, sublimes en théorie, seront de pauvres barrières pour des gens dont les uns convoitent une proie et les autres défendent leur propriété. Que peut être *la guerre dans les formes* entre des armées qui marchent sous l'étendard de la famine?... Nous conclurons de là que pour faire justice et dans la guerre et dans la paix, ce n'est plus assez de la connaissance philosophique et subjective du droit, il faut y joindre la connaissance pratique des lois de la production et de l'échange, sans laquelle l'application du droit reste arbitraire et la guerre inextinguible.

CHAPITRE V.

GUERRE ET PILLAGE.
CONFUSION DES MOTIFS POLITIQUES DE LA GUERRE
ET DE SA CAUSE ÉCONOMIQUE.

Nous avons à établir, par de nombreux et solides exemples, que les faits sont partout d'accord avec cette vue supérieure, qui assigne à la guerre pour cause première le paupérisme. Tout le monde sait que les invasions des barbares, du ıvᵉ au xᵉ siècle de notre ère, furent causées par la famine ; qu'avant Jésus-Christ les guerres interminables des Romains avaient été provoquées par l'exploitation du patriciat. Mais cette triste cause de la guerre n'est pas toujours aussi apparente : la politique la dissimule ; il faut la dégager de la multitude des prétextes qui la couvrent, ce qui parfois ne semble pas facile. Le vulgaire s'en tient à la superficie des choses : il répugne à s'occuper des causes premières, des principes premiers, des phénomènes initiaux, de la recherche des idées simples et de la décomposition des éléments. En fait de causes surtout, il s'attache à ce qu'il y a de plus immédiat : ce qui fait qu'il ne comprend à peu près rien du train du monde et de sa propre vie. L'histoire en particulier est pour lui lettre close.

Montrons d'abord que dans les commencements la cause première de la guerre et ses motifs politiques se confondent : nous saisirons mieux la raison qui à la longue fait distinguer ces derniers, et les conséquences à tirer de cette distinction.

Quand les pasteurs du désert se jetèrent sur l'Égypte, qu'ils gardèrent comme une métairie pendant plusieurs siècles, ils étaient poussés par une incurable famine : le souvenir en a été conservé dans la Genèse. Et quand, vers le temps de Sésostris, les Égyptiens, après avoir chassé ces pillards, s'indemnisèrent en rendant au loin les hordes tributaires, ils obéirent à la même cause. Croit-on maintenant que ces bandes faméliques manquassent les unes et les autres de motifs politiques? — « Vous avez travaillé, pouvaient dire aux enfants d'Osiris les ancêtres des Bédouins; vous avez aménagé le sol, creusé des canaux, construit des villes ; c'est à merveille. Mais qui vous a donné la propriété? Où sont vos titres? Pourquoi à vous la vallée féconde, à nous le désert? Quand vous nous payeriez une redevance, ce ne serait qu'une juste compensation... » Ce que les uns demandent, les autres le refusent : abstraction faite des injures réciproques, que nous ne connaissons plus, il n'y a pas d'autre raison aux combats. Chose singulière, la propriété, qui dans tout État est une des colonnes du droit civil, n'a jamais été complétement reconnue entre nations, et ne peut pas l'être. Guerre, fille de famine, engendre

donc rapine : aussi dans les commencements les héros
n'en font pas mystère. Le brigandage, jusque bien
avant dans l'époque historique, est la pure expression
du droit de la guerre et jouit de ses honneurs, confondu qu'il est avec l'exercice du droit seigneurial, du
droit de la force.

Ainsi se comportent tous les fondateurs d'empires,
Égyptiens, Assyriens, Mèdes, Perses. Faire des courses,
exiger le tribut, à peine d'incendie et de massacre,
c'est toute leur politique. Le tribut, voilà pour un
sultan de Ninive, de Babylone, de Persépolis, d'Ecba-
tane, ce qui constitue la souveraineté. Chaque nom de
peuple devient, pour ses voisins, synonyme de pirates,
corsaires, brigands ou forbans. C'est ainsi que celui
des Chaldéens, *Kasdim,* est employé dans la Bible. Le
droit de la force est à peine affirmé qu'il se déshonore ;
son infamie ne s'effacera plus.

Ainsi firent à leur tour les Phéniciens et les Grecs,
adonnés à la navigation, fondateurs de colonies, et
dont les importations provenaient en grande partie
de razzias ; — plus tard les Gaulois, Cimbres, Teutons,
Goths, Francs, et toute la fourmilière des hordes ger-
maniques ; puis les Huns, les Alains, les Avares, les
Arabes, les Mongols, les Turcs, les Bulgares, les Hongrois, les Normands, Gog et Magog, tout ce que vo-
mirent, à des époques diverses, les plaines de Scythie,
les profondeurs de l'Asie, les flancs de l'Oural, des
Karpathes, du Caucase et de l'Altaï. Une nation se

lève comme un homme, se porte en masse sur des
contrées plus riches, demandant des terres ou du
moins le passage, et, tout en négociant et passant,
exerçant le droit de guerre, le pillage. Là où l'on
s'arrêtera, si l'on s'arrête; là ou l'on parviendra à
dompter l'indigène et à le soumettre au tribut, si l'on
n'est pas soi-même exterminé, là sera fondé un empire, et la cohue des rhéteurs, poëtes et historio-
graphes célébrera ensuite la gloire du fondateur.

Ce qui prouve cependant que l'idée du droit n'était
pas entièrement absente de l'esprit de tous ces rava-
geurs, c'est qu'ils y procédaient avec un sérieux solennel et une religion sincère. L'histoire de Jephté
nous a conservé à cet égard le plus précieux docu-
ment.

Jephté est un bâtard, que ses frères légitimes ont
expulsé de la maison paternelle, et qui, pour échapper à la misère, forcé de se faire guerrier, *pugnator*,
est devenu chef de brigands, à la façon de Romulus.
*Congregati sunt ad eum viri inopes et latrocinantes, et
quasi principem sequebantur.* Comme aux *condottieri*
du moyen âge, il lui arrivait aussi, parfois, d'entreprendre des expéditions pour le compte de populations paisibles, insultées par leurs voisins. Chargé par
les habitants de Galaad de combattre les Ammonites,
avec promesse de la judicature sur tout Israël s'il
réussissait, Jephté commence par envoyer une dépu-
tation au roi des *Beni-Ammon*. Il faut lire ce monu-

ment de la diplomatie héroïque, pour comprendre à
fond la guerre, et son droit, et ses misères.

« Qu'ai-je à faire avec toi, roi d'Ammon, dit Jephté,
« pour que tu m'attaques et que tu ravages mon ter-
« ritoire ? »

« A quoi le roi d'Ammon répondit : « Ce territoire
« m'appartient ; Israël me l'a enlevé lorsqu'il monta
« de l'Égypte, depuis les confins d'Arnon jusqu'au
« Jourdain. Maintenant rends-moi ma propriété et
« vivons en paix. »

Le fait allégué par les Beni-Ammon était vrai : la
portion de territoire en litige était une dépendance de
leur État ; ils en poursuivaient, quoiqu'un peu tard,
la revendication. A cela que réplique Jephté ?

« Non, il n'est pas vrai qu'Israël se soit emparé de
« la terre de Moab, pas plus que de celle des Beni-
« Ammon. Voici ce qui est arrivé : quand Israël sortit
« de l'Égypte, il voyagea par le désert jusqu'à la mer
« Rouge et vint à Cadès. Là il envoya des ambassa-
« deurs au roi d'Edom, et lui dit : Laisse-moi passer
« par ton territoire. Le roi d'Edom ne voulut pas le
« permettre. Même demande adressée au roi de Moab,
« même refus. Israël s'arrêta donc à Cadès ; puis, lon-
« geant la frontière d'Edom et celle de Moab, du côté
« de l'Orient, il vint camper sur l'Arnon, mais ne fran-

« chit pas la frontière qui lui était interdite. Alors
« Israël s'adresse à Sehon, roi des Amorrhéens :
« Laisse-moi passer par ton territoire et arriver au
« Jourdain. Non, dit Sehon, et, rassemblant ses guer-
« riers, il vint combattre contre Israël à Jasa. Mais là
« Jéhovah le livra avec toute son armée à Israël ; il
« fut vaincu et son pays livré à Israël, depuis l'Arnon
« jusqu'à Jaboc, et depuis le désert jusqu'au Jour-
« dain. C'est donc Jéhovah notre Dieu qui a défait
« l'Amorrhéen et donné à son peuple la victoire. Et
« maintenant tu réclames le territoire conquis ? Est-ce
« que la terre de Chamos ton dieu n'est pas ta pro-
« priété légitime ? Tout de même ce que Jéhovah notre
« Dieu nous a fait acquérir par le droit de la guerre,
« nous le conserverons, à moins que tu ne sois plus
« fort, toi, que Balac, fils de Séphor, roi de Moab, et
« que tu ne puisses nous reprendre par la guerre ce
« dont il n'a pu nous dessaisir par une lutte de trois
« cents ans. Pourquoi n'as-tu pas fait de réclamations
« pendant tout ce temps-là ? Donc je ne te dois rien ;
« c'est toi qui agis de mauvaise foi en me faisant une
« guerre injuste. Que Jéhovah soit juge aujourd'hui
« entre Israël et les Beni-Ammon ! »

Ce qui s'ensuivit, on le devine. Les Ammonites es-
suyèrent une grande défaite ; la souveraineté d'Israël
sur le terrain en litige fut confirmée par le même
principe qui l'avait fondée, la guerre ; et Jephté, de-

venu prince par la victoire, jugea Israël pendant six
ans.

Telle est la législation primitive : le droit de la force
dans son acception à la fois la plus élevée et la plus
abusive, mais avec une sincérité de religion, une
sécurité de conscience qui couvre tous les excès. —
« Je vous ai donné le pays de Chanaan, dit Jéhovah
« aux Hébreux, et je l'ai ôté aux indigènes. Tuez-les
« tous; c'est moi, Jéhovah votre Dieu, qui vous l'or-
« donne. » La perte de la nationalité, comme je l'ai dit
ailleurs, emportait l'expropriation et la mort. C'était
la loi de la faim sévissant dans toute son horreur. Le
caractère commun de tous ces émigrants, qui, depuis les Hébreux jusqu'aux Mormons, mirent tant de
fois la civilisation en péril, c'est, pour me servir du
langage malthusien, que leurs facultés industrielles
n'étaient pas en rapport avec leurs facultés génératrices, ce qui les plaçait dans la nécessité d'aller au
loin chercher fortune ou de périr par la famine. Si
l'on en croit la Genèse, les Hébreux, entrés en Égypte
au nombre de soixante-dix personnes, formaient au
bout de quatre cents ans une population de deux
millions d'âmes. Telle était la multiplication de cette
race, que les Égyptiens s'étaient vus dans la nécessité
d'en faire jeter les nouveau-nés dans le Nil, comme
on jette les petits chiens. Dans ces extrémités, naturellement on se décidait pour le pillage, pour la
guerre; quant au travail, on n'en était pas venu à ce

degré d'indignité qui caractérise notre siècle, de se le disputer les armes à la main.

La rapine est tellement de l'essence de la guerre, qu'elle a servi à en exprimer l'idéal. Toutes les nations guerrières ont placé des animaux de proie dans leurs armoiries : l'aigle, le faucon, le hibou, le lion, le loup, le léopard. C'est surtout comme moyen de pillage que les poëtes et les livres sacrés des anciens peuples comprennent la guerre et la célèbrent. Écoutez le patriarche Jacob, prophétisant à son lit de mort, la gloire future de Juda :

« Juda est un jeune lion. Tu es monté du désert, ô « mon fils ! pour le butin ; tu t'es reposé après le combat, comme le lion et la lionne. Qui le provoquera? « Juda, tes frères te chanteront. Aucun d'eux ne se « séparera de ton sceptre, jusqu'à ce qu'ait paru le « Pacifique. »

Le Pacifique, c'est-à-dire celui qui ne va pas au butin, Salomon. La royauté a pour condition la guerre et la conquête. Que le monarque cesse de combattre, il devient indigne : ses sujets lui demanderont des comptes ; ils lui ôteront son sceptre : *Auferetur sceptrum de Juda.* Où est celui, diront-ils, qui nous menait à la victoire, qui nous gorgeait des dépouilles de l'ennemi, et ne laissait jamais rouiller nos épées ?... Jacob dit encore de Benjamin, son dernier fils :

« Benjamin est un loup ravisseur ; le matin, il dé-
« jeune de la proie de la veille ; le soir, il partage le
« butin de la journée. »

Ce qu'il importe de relever pour la parfaite intelligence de cette époque d'initiative belliqueuse, c'est
que la guerre est aussi bien particulière que nationale :
industrie permise à tous, sans privilége pour le prince,
la ville ou l'État. Jusqu'au vi^e ou ve siècle avant Jésus-
Christ, la guerre ne se distingue réellement pas du vol
à main armée, par surprise, embuscade ou bataille
rangée. Le *fort armé*, dont parle l'Évangile, est une
allusion à ces vieilles mœurs. La synonymie ou corré-
lation de *guerre* et *brigandage* est commune à toutes
les langues anciennes : grand butineur, grand guerrier. Nemrod, que la Bible appelle un *fort chasseur*
devant Jéhovah, était, comme Romulus, un chef de
bandes. Les héros grecs sont aussi bien des entrepreneurs de piraterie que des chefs d'États. Un passage de
l'Odyssée, cité par Grotius, témoigne que ces mytho-
logiques personnages ne tenaient nullement à déshon-
neur le métier de brigand et de corsaire. Preuve qu'au
temps où écrivait Homère les idées n'avaient pas
changé. Partout la piraterie est en estime ; elle fait
l'objet de vastes spéculations ; c'est pour elle que la
navigation est inventée et que s'organisent les premières sociétés de commerce. Pendant longtemps
même après que les cités ont fait la paix, la guerre se

poursuit au nom et pour compte des particuliers : Solon, Hérodote, Plutarque, Salluste, César, les Rabbins, etc., en font mention. Les traités de paix entre États n'obligeaient pas les citoyens; le pillage réciproque, à main armée, est considéré par tous les auteurs comme étant originairement de droit naturel. Cette coutume antique avait laissé des vestiges dans le droit romain; elle a survécu au christianisme. C'est de là qu'est venue chez les modernes l'autorisation accordée aux particuliers d'armer en course, en se munissant de *lettres de marque*. On sait du reste combien, de nos jours encore, les brigands sont populaires dans les montagnes de la Grèce, de l'Espagne et de la Calabre.

Ce train de vie ne pouvait durer. La contradiction de deux cités en paix, tandis que leurs habitants se font la guerre, était trop violente. Puis, la noblesse terrienne et l'aristocratie mercantile s'enrichissant, la première par le travail des esclaves et l'usure, la seconde par le trafic et l'agiotage, devaient faire tomber dans le mépris une industrie dont le nom seul attestait la misère. La police des États abolit donc la guerre privée; l'orgueil des princes, qui ne voulaient pas paraître indigents, s'étudiant à déguiser sous des termes honorables la cause et le but des expéditions, le nom de *brigand* et de *pirate* devint peu à peu infâme. Cicéron flétrit de cette épithète injurieuse les peuples qui font la guerre dans le seul but du pillage, les villes

11.

et les rois ne devant s'armer, selon lui, que pour la
justice. Belle leçon adressée aux nourrissons de la
louve, mais leçon perdue. Ce ne fut pas sans effort
que peuples et princes conçurent l'idée d'une guerre
purement politique. Justin compte parmi les méfaits
de Philippe, roi de Macédoine, que, non content des
conquêtes qu'il faisait par sa politique astucieuse, il
recherchait encore, selon la vieille coutume, les bénéfices de la piraterie. Qu'on se figure, s'il est possible,
l'épouvantable désordre d'une société où le chef de
l'État le plus puissant avait des intérêts dans une entreprise de flibustiers, qu'il soutenait de son influence
et au besoin de ses armes !... « Tu me traites de forban, » répliquait un pirate à Alexandre qui l'avait
sommé de mettre un terme à ses exploits, « parce
« que je n'ai qu'un vaisseau ; tu m'appellerais roi, si
« comme toi j'en possédais deux cents. » Au fait, la
différence entre le conquérant et le pirate, au iv⁰ siècle
avant notre ère, est insaisissable. Les pirates de Cilicie
formaient une population nombreuse, que les Romains
ne vinrent jamais à bout de détruire tout à fait malgré
la promesse qu'en avait faite César, et qui ne dis-
parurent, j'imagine, que sous l'avalanche des Turcs,
plus grands pillards que les Ciliciens eux-mêmes.

Réservée par privilége à l'État, la guerre ne perdit
pas pour cela son caractère de spoliation ; la fièvre du
brigandage s'accrut au contraire de toute la différence
qu'il y a entre une passion individuelle et les appétits

énormes des collectivités. « Souhaitons à l'ennemi,
« disait le philosophe Antisthènes, beaucoup de bien
« et peu de vaillance. » Ce n'est pas parler à mots
couverts, cela. Jusqu'à ce qu'ils eussent conquis le
monde, les Romains ne conçurent pas non plus d'autre
but à la guerre. On a remarqué à satiété que le droit,
dont ils avaient au plus haut degré la religion, n'indi-
quait originairement pour eux qu'une prérogative de
race, non un rapport d'humanité. Le droit était un
attribut exclusivement quiritaire : quand les jurisconsultes, généralisant l'idée, déclarèrent le droit
commun à tous les hommes, ce fut fait de la république ; Rome s'engloutit dans l'humanité.

Le peuple, cependant, ne l'avait pas ainsi entendu.
La paix des Césars avait été pour lui le signal du partage, et comme une entrée en jouissance. L'idée que
la cité rend les hommes égaux, il l'avait dès longtemps,
et elle avait fait sa victoire contre le sénat. Mais l'idée
que, les nations faisant partie de l'Empire, ce qu'indi-
quait la fermeture du temple de Janus, il n'y avait plus
à extorquer de tribut, cette idée, il ne s'y accoutumait
pas. Néron, d'après Suétone, ayant appris qu'il y avait
quelque mouvement dans les Gaules, ordonna de laisser
faire. Il calculait que la répression s'étendant sur un
plus grand nombre de villes lui rapporterait une plus
grosse dépouille : *Adeo lente ac secure tulit, ut gaudentis
etiam suspicionem præberet, tanquam occasione nata
spoliandarum jure belli opulentissimarum provin-*

ciarum. Enfin nous avons relevé cet article honteux,
et toujours en vigueur, du code prétendu de la guerre,
qui autorise les armées en campagne à *fourrager* sur
les terres de l'ennemi, à exercer la *maraude,* et qui
consacre au profit du vainqueur la spoliation, totale
ou partielle, *ad libitum,* du vaincu. En faut-il davantage pour démontrer que ce que l'honnête Grotius
et tous ses successeurs ont pris pour une conséquence
naturelle de la guerre en est au contraire la cause
première, et, dans la pensée secrète des belligérants,
le but et la fin? Car enfin, comme l'observe fort à
propos Aristote, on ne fait pas la guerre pour le plaisir
de la faire. Le droit invoqué n'est jamais que l'argument d'un intérêt; une guerre sans un mobile inté-
ressé, pour le droit pur, guerre très-rationnelle, nous
l'avons fait voir, serait en pratique, de la part de l'État
qui l'entreprendrait, un non-sens. Quand la France dit
qu'elle se bat pour des idées, ou l'on ne la croit pas,
ou l'on se moque d'elle.

Voici donc qui est établi :

La guerre, fomentée par le paupérisme, entreprise
en vue du pillage, organisée d'abord et indifférem-
ment, tantôt par les particuliers, tantôt par les villes,
est ensuite réservée à l'État. Le droit de guerre devient
la prérogative du souverain. La piraterie, dernière expression des guerres privées, est notée d'infamie, vouée
au dernier supplice. Mais la guerre ne perd pas pour
cela son caractère de rapine; les armes civiques ne

sont pas plus pures que les armes héroïques; loin de
là, la spoliation, droit de la victoire, exercée sur une
plus vaste échelle, s'étale dans toute son ignominie.

Et cela dure jusqu'à ce que, par un concours de
circonstances que nous ferons ressortir plus loin, le
pillage des populations, la dévastation des territoires
soulevant la réprobation générale, la conquête se
transforme en une simple incorporation politique, et
force le conquérant à chercher dans l'exploitation de
ses sujets les bénéfices de sa profession. L'histoire
des Grecs, depuis la fin de la tyrannie dorienne jusqu'à Alexandre, nous offre sous ce point de vue la
première et la plus intéressante de ces transitions. Il
faut voir, par tous ses côtés, ce que fut cette civilisation
grecque, si merveilleuse à tant d'égards, et dont les
historiens marquent l'éclipse au moment juste où,
selon les lois ordinaires de la société, elle aurait dû
prendre un nouvel essor, si la race grecque, avec tout
son génie, avait été capable de concevoir l'idée d'une
civilisation véritable.

CHAPITRE VI.

LA GUERRE
CHEZ LES GRECS JUSQU'A ALEXANDRE.
TRANSITION DE LA PIRATERIE A LA CONQUÊTE.

L'établissement des Doriens fut une organisation de la rapine, ayant quelque ressemblance avec notre ancien système féodal. Rançonner le citadin, exploiter le paysan, détrousser le voyageur, capturer les navires de commerce, était toute l'occupation des chevaliers de l'antique Hellade. Cet affreux régime dura six siècles. Il détermina les nombreuses émigrations qui remplirent les îles et toutes les côtes de la Méditerranée, en Asie, en Afrique, en Italie, dans la Gaule, l'Espagne, et qui toutes étaient devenues florissantes, alors que la mère-patrie gémissait encore dans les ténèbres de son moyen âge. Enfin, à l'exception de Sparte, la tyrannie dorienne fut partout vaincue ; avec la démocratie commence une nouvelle ère. Les deux expéditions de Darius et de Xerxès ayant échoué, la puissance des Grecs, tant de la péninsule que du continent, prit tout à coup un accroissement extraordinaire. Mais le vieil esprit dorien, esprit de rapine, reparaît aussitôt dans les luttes civiles de la nation, d'autant plus âpre

qu'il part de plus bas, et qu'il s'est incarné, depuis la
dernière révolution, non plus dans une poignée de
nobles châtelains, mais dans la bourgeoisie des villes,
dans la plèbe des républiques.

En premier lieu, tout ce qui, étant grec d'origine,
n'avait pas fait partie de la confédération contre les
Perses, fut déclaré tributaire : tel fut le sort des îles de
Carystos, de Naxos, de Thasos, subjuguées par les Athéniens. Peut-être y avait-il lieu d'exprimer un blâme
contre le patriotisme équivoque de ces insulaires
qu'avaient effrayés les immenses flottes et les innombrables armées du grand roi. Mais les frapper de déchéance, les rendre tributaires au lieu d'en faire l'objet
d'une incorporation qui sauvegardait tous les intérêts,
c'était dépasser le droit des gens et faire une application abusive du droit de la force. Ceci nous rappelle
le roi de Saxe, condamné par le Congrès de Vienne à
perdre la moitié de ses États, pour ne s'être pas prononcé à temps contre Napoléon.

Ce fut bien pis dans le Péloponèse : les Messéniens
et les Hilotes furent mis sous le joug par les Spartiates. On ne comprend pas les éloges donnés jusqu'au
xixe siècle à cette communauté de nobles gueux, organisés uniquement pour le brigandage, et vivant dans
une pénurie dont ils avaient fait, par haine de toute
occupation utile, un article de leur droit public. La
guerre pour le pillage, et le pillage pour moyen d'existence, voilà en deux mots toute l'institution de Ly-

curgue, voilà la vertu spartiate. C'est le modèle qui
servit à Platon pour son utopie de république.

La querelle entre Sparte et Athènes eut pour principe le partage des villes tributaires. A nous autres
civilisés du XIX⁰ siècle, pareil litige semble exorbitant, monstrueux. Des villes, des populations entières,
de sang grec, de religion et de langue hellénique,
transformées en de vastes métairies par d'autres villes,
pour ce seul motif que, dans la guerre de l'indépendance, elles avaient gardé la neutralité : quel abus de
la force! Et combien l'héroïsme des combattants de
Marathon, de Salamine, des Thermopyles, perd à ce
souvenir! Mais toute chose a son commencement.
L'imposition du tribut, au lieu de l'incorporation politique, telle fut d'abord l'application la plus élémen-
taire du droit de la force. La guerre donc ou le tribut :
ce dilemme constitue à cette époque tout le droit des
gens.

De même que tout individu a cette époque est citoyen ou ennemi, libre ou esclave, et toujours présumé esclave s'il ne produit ses titres à l'ingénuité, de
même toute ville incapable d'affirmer et de soutenir
par les armes sa souveraineté est déclarée tributaire.
On se bat en conséquence pour la possession de ces
villes exclues du pacte fédéral, véritables vaches à lait
de celles qui, avec le titre fédératif, possèdent la
force. Puis on se bat pour l'empire de la Grèce même,
nous dirions aujourd'hui pour l'unité ; on cherche à

s'emparer des points stratégiques, tels que l'isthme de
Corinthe, dont la possession eût assuré l'asservisse-
ment de tout le pays. La bataille de Tanagre, livrée
dans ce but, ne décide rien. Dès l'année 459, qui ter-
mina la grande guerre médique, Cimon, pour détour-
ner les Grecs de ces guerres intestines, leur montre
en perspective une autre proie, la Perse entière à dépouiller. Mais pour cela il faudrait rallier les villes,
concentrer les forces, et la division est au comble : à
tel point que les tributaires, Mitylène, l'Eubée, la
Béotie, Mégare, Potidée, Samos, etc., profitent de
l'occasion pour s'insurger contre le tribut et reconquérir leur liberté.

Le fait qui détermina la guerre du Péloponèse est
curieux. Corcyre, colonie de Corinthe, avait elle-
même fondé une autre colonie, Épidaure. En vertu,
apparemment, du principe que le croît des animaux
appartient au propriétaire, ceux de Corinthe récla-
maient la propriété d'Épidaure, que les Corcyriens
prétendaient retenir. Les Athéniens prennent parti
pour les Corcyriens, ce qui veut dire qu'ils affirment
le droit du tributaire à se créer à lui-même d'autres
tributaires; les Thébains se déclarent pour les Corinthiens. Platée, alliée d'Athènes, est attaquée, et voilà
la guerre engagée (431 avant Jésus-Christ).

C'est ici que se montre dans tout son jour l'esprit
grec. Le pillage est tellement de l'essence de la guerre,
il en est si bien le motif, la raison et le but, que les

belligérants s'occupent d'abord beaucoup moins de se
joindre que de courir au butin. On dirait une partie
de barres au pillage.

Donc, cette même année 431, les Lacédémoniens
entrent, par terre, dans l'Attique. De leur côté les
Athéniens vont, par mer, ravager le Péloponèse. Les
Spartiates, bravaches, contempteurs du luxe, affec-
taient, c'est Justin qui le raconte, de chercher la bataille plus que les dépouilles. Mais les Athéniens, sur
l'avis de Périclès, jugent qu'il est inutile de risquer
une bataille quand ils peuvent sans danger descendre
en Laconie, et rapporter plus de butin qu'ils n'en auront perdu.

En 430, nouvelle invasion de l'Attique : par compensation, prise de Potidée par les Athéniens.

En 428, troisième invasion de l'Attique : dans le
même temps, les Athéniens sont obligés de courir à
Mitylène, une de leurs villes tributaires, qui vient de
se révolter. La fortune commence à leur devenir dé-
favorable. Pour ce qu'ils possèdent et ce qu'ils am-
bitionnent de posséder encore, ils ne font pas assez de
force.

En 427 et 425, quatrième, cinquième invasions de
l'Attique, suivies de représailles dans le Péloponèse.

En 424, Athènes s'empare de l'île de Cythère, sur
les côtes de la Laconie. En revanche, Brasidas, général
lacédémonien, met le siége devant Amphipolis, ville
appartenant aux Athéniens.

Cela continue jusqu'à l'expédition de Sicile, conçue par le fameux Alcibiade dans le même esprit que l'avaient été les descentes dans le Péloponèse, et dont l'issue fut si malheureuse pour Athènes. Les armées ne semblent pas faites pour se battre ; elles ne cherchent pas à se joindre : c'est à qui enlèvera à l'ennemi la plus grosse proie. Entre-temps on tâche de se surprendre, on se dresse des embûches ; malheur, alors, à l'imprudent! Les batailles des anciens ne sont pas des chocs, mais des tueries. C'est pendant cette période que toutes les villes alliées d'Athènes l'abandonnent. Les tributaires se soulèvent en masse : l'histoire recueille du moins cette consolation que, pendant que les tigres s'entre-déchirent, les moutons se mettent en sûreté. Après des succès mêlés de revers, l'armée athénienne est massacrée à Ægos-Potamos, au moment où elle était dispersée pour le pillage. Le cas est fréquent dans ces vieilles guerres. Athènes enfin est prise par Lysandre ; de ce moment date la décadence de la liberté grecque. Non moins pillards que les Grecs, les Carthaginois profitent du moment pour fondre sur la Sicile et se rendre tributaires Sélinonte, Himéra, Agrigente, Géla, Camarina. La tyrannie s'établit à Syracuse. C'est par de tels exploits que se signale le plus beau siècle de la Grèce, le siècle de Périclès. Rien qu'à la manière dont ils font la guerre, on voit que les Grecs ne sont pas nés pour donner des lois au monde; cet honneur appartient à de plus braves qu'eux, aux

Romains. « Nous sommes les enfants des héros, » disaient-ils cependant, pleins d'Homère. En effet, ce dont il est le plus parlé dans l'Iliade et l'Odyssée, c'est de butin.

La suprématie de la Grèce appartient donc à Lacédémone : le vieux principe dorien triomphe pour la seconde fois. Puisque Athènes, puissante par la marine et le commerce, illustre par les arts, reculait dans la guerre aux vieilles maximes, elle devait être vaincue : c'était justice. L'histoire ne souffre pas ces contradictions. Déjà l'oiseau de proie du Taygète se prépare à fondre sur la Perse, divisée par deux prétendants, et qu'occupe une armée de Grecs mercenaires. Mais les Lacédémoniens sont les plus avides et les plus impitoyables des dominateurs, et la Grèce ne peut pas rétrograder. Plutôt que de les suivre contre le grand roi, les Grecs préfèrent se mettre à sa solde. Sparte retombée dans l'isolement, Athènes redevient libre. Les victoires d'Agésilas en Asie sont annulées par Conon. Les revers se multiplient et la ville de Lycurgue, sur le point de succomber, n'échappe au péril qu'en trahissant la Grèce par la fameuse paix dite d'Antalcidas. Presque au même moment Rome était prise par les Gaulois. Pas n'est besoin de dire ce que ceux-ci venaient faire en Italie. Le monde est au pillage : *Malheur aux vaincus !*

Par le traité d'Antalcidas, œuvre du plus profond machiavélisme, toutes les villes grecques d'Asie étaient

cédées au grand roi ; en revanche, toutes celles de la
Grèce proprement dite, grandes et petites, déclarées
INDÉPENDANTES. C'était assassiner deux fois la Grèce.
Passons sur cette cession des villes grecques d'Asie à
la Perse, que Sparte n'avait aucunement le droit
de faire : il n'est personne qui ne comprenne ce
qu'elle avait de funeste. Mais, dit-on, en déclarant
toutes les villes de l'Europe indépendantes, en affranchissant les tributaires, en proclamant l'égalité, Sparte
servait la démocratie. Erreur ; c'est là, au contraire, là
surtout qu'est la trahison. La Grèce ne pouvait plus
vivre que par l'unité. La fédération, à cette époque,
était un mot ; le seul lien qui eût pu faire de la Grèce
une grande puissance, c'était la centralisation, et,
comme instrument provisoire de centralisation, le
tribut. Par cet affranchissement général, au contraire,
de même que par la reddition des villes d'Asie au roi
de Perse, la Grèce était en poussière ; sa puissance
était détruite dans son principe même. Il n'y avait
qu'un moyen de reformer la ligue : c'était celui qu'a-
vait indiqué Cimon, la conquête de la Perse. Mais les
choses n'étaient pas mûres pour une telle entreprise,
et la scission générale, produite par la paix d'Antalcidas, en rendait les Grecs définitivement incapables. Il
était écrit que les dépouilles de l'Asie, si ardemment
convoitées, ne seraient pas pour eux, et que même ils
perdraient toutes leurs anciennes possessions. De ce
moment la décadence marche à grands pas.

Aussitôt que l'abominable traité fut connu, les villes qui, comme Athènes, possédaient des tributaires, crièrent à la trahison et ne voulurent pas se dessaisir : nous connaissons les motifs, bons et mauvais, de cette protestation. Les Lacédémoniens, acharnés à leur œuvre, en prennent prétexte de secourir lesdits tributaires ? non, de s'en emparer. Ils attaquent Mantinée, Phlionte, Olynthe, métropole de la Chalcidique, et surprennent la forteresse de Thèbes. Alors c'est le tour de la Béotie d'entrer en ligne et de prendre en main la vengeance des Grecs. Pélopidas, Épaminondas, accablent les Spartiates. Cette race de brigands aurait disparu de la scène, sans la mort d'Épaminondas enseveli dans sa dernière victoire (362).

Justin fait ici une réflexion bien grave :

« A dater de la bataille de Mantinée, dit-il, les Athé-
« niens tombèrent dans la torpeur et la dissolution. La
« coutume s'introduisit parmi eux de partager au
« peuple de la ville le revenu de l'État, et de dépenser
« en fêtes et en spectacles ce qui autrefois servait à
« entretenir la flotte et l'armée. »

On devine de quelle source provenait ce trésor qu'on trouvait bon de partager. Naturellement, s'il eût été le produit des contributions des citoyens, il eût été plus simple de réduire les taxes. Mais c'était le tribut des villes-métairies : tribut, butin, pillage et toujours pillage.

Avec la décadence des Grecs commence la fortune des Macédoniens. Philippe continue la politique de Sparte : en vertu du traité d'Antalcidas il appuie la réclamation des villes alliées et tributaires, et pour plus de sûreté s'en empare. En vain Démosthène dénonce la tactique du roi de Macédoine : les harangues du grand orateur ne sont pour les Athéniens dégénérés qu'un spectacle de plus. Contre Philippe ils implorent le secours des Perses, devenus médiateurs dans tous les différends des Grecs depuis ce malheureux traité. D'ailleurs les Grecs n'ont jamais fait la guerre qu'en forbans ; leur syntagme n'est pas de force à résister à la phalange. Philippe, à la bataille de Chéronée, eut facilement raison d'une plèbe bavarde, dénuée de sens moral autant que de sens politique. Nommé généralissime des Grecs à l'assemblée de Corinthe, aux applaudissements de tous ceux qu'excédaient depuis un siècle et demi et la férocité spartiate et la démagogie athénienne, il laissa à son fils Alexandre l'Europe pour héritage et l'Asie pour conquête.

L'histoire grecque nous fait voir à nu la guerre dans sa cause première et dans son développement : guerre des chefs de clans les uns contre les autres, et des nobles contre les plébéiens pendant la longue tyrannie dorienne ; guerre des villes entre elles ; enfin guerre de la Grèce, commandée par Alexandre, contre les Perses. Ces trois époques peuvent ainsi se définir : guerre pour les dépouilles, guerre pour le tribut,

guerre pour la conquête; en un mot guerre de rapine,
partout et toujours. Le préjugé qui répute le travail
chose servile rompant sans cesse l'équilibre entre les
besoins et les ressources, ce que l'industrie au dedans
ne fournit pas, il faut que la guerre au dehors le procure : on ne sort pas de cette donnée. L'homme du
peuple est toujours à jeun; l'aristocrate toujours en
débine; la cité, la plus considérable des existences,
toujours en déficit. Quant aux motifs de guerre, aux
prétextes si vous aimez mieux, ils ne manquent pas.
L'histoire des Corcyriens et des Corinthiens, au sujet
d'Épidaure, en fournit un exemple. A défaut des questions locales, n'y a-t-il pas le grand problème de l'u-
nité grecque?

Que si l'on doutait maintenant que le paupérisme,
et par suite l'appât du butin aient été, indépendamment des considérations de haute politique que l'historien philosophe y découvre, la cause première de
l'expédition d'Alexandre, je me bornerais à un seul
fait. Alexandre, à son avénement à la couronne, commence par décharger les Macédoniens ses sujets de
toute espèce d'impôts et de charges; il ne leur demande pour son armée que des hommes. Or, à ce
moment la Grèce, dont le roi de Macédoine est généralissime, ne lui paye pas tribut; d'où il résulte qu'A-
lexandre, en prenant le pouvoir, et, au moment d'entrer en campagne avec une armée considérable, s'ôtant
de propos délibéré toute ressource du côté de son

pays, comptait se soutenir exclusivement aux dépens de
l'étranger. Pour son armée il suivait le principe, renouvelé au commencement de ce siècle avec des fortunes
si diverses, de nourrir la guerre par la guerre; quant à
ceux qui restaient dans le pays, il leur escomptait à
l'avance leur part de prise en les affranchissant d'impôt.

Ce que nous avons dit des Grecs et de leurs mœurs
guerrières, tout en démontrant, selon nous, qu'ils n'é-
taient pas nés, comme les Romains, pour l'empire du
monde, n'ôte rien aux qualités de leur race, l'une des
mieux douées pour la beauté du corps, l'acuité de
l'esprit, la poésie, la langue, le génie des sciences et
des arts. Mais au ive siècle avant Jésus-Christ le sens
juridique est faible, le droit des gens se dégage à
peine, le droit de la force s'affirme cyniquement dans
le sens le plus abusif, la vie collective est à peu près
nulle, l'individualisme poussé à outrance. L'ancienne
civilisation grecque s'est développée, le culte des
poëmes d'Homère en fait foi, sous l'influence de
l'idéal héroïque, qui n'est autre que celui du guerrier
pillard. Aussi n'est-ce pas le trait le moins extraordinaire de cette race privilégiée, qu'elle ait grandi et
se soit illustrée dans des conditions qui semblent incompatibles avec l'essor du génie; tandis qu'on la voit
s'affaisser et disparaître au moment juste où la liberté
du pillage lui est ôtée, au moment où, par le géné-
ralat du roi de Macédoine, il ne lui est plus permis
de s'écharper de ses propres mains.

Serait-il donc vrai que chez certaines races les facultés les plus éminentes ne se développent qu'à l'ombre des vices les plus monstrueux? Ce qui prouve que les Grecs modernes sont bien les fils des anciens, c'est qu'ils ont conservé l'esprit dorien, subtil, sophistique, indomptable, par-dessus tout âpre à la curée. Mais que voulez-vous qu'ils fassent dans une civilisation qui tend à équilibrer toutes choses, où la science ne laisse plus de place au sophisme, où la philosophie a dévoilé le mystère de toutes les contradictions, où l'esprit d'entreprise remplace l'esprit d'aventure, où le progrès du droit des gens ôte à la guerre sa poésie, et rend impossibles la tragédie et l'épopée? Sous certains rapports la Grèce anarchique de l'antiquité a beaucoup de ressemblance avec l'Italie du moyen âge; sous d'autres, elle rappelle ces montagnards du Caucase, beaux, héroïques comme furent les Grecs, et que les czars, avec leur puissance colossale, ont eu tant de peine à forcer. Nous ne savons ce que l'avenir réserve à ces peuplades encore si peu avancées; mais nous ne serions pas surpris que, pendant de longs siècles encore, elles ne se distinguassent par rien de grand, attendu que, leur génie dépendant essentiellement de leur idéalisme guerrier, il ne leur reste rien, depuis leur soumission, de ce qui pouvait donner à leur intelligence l'impulsion et la fécondité.

CHAPITRE VII.

GUERRE ET CONQUÊTE.
DISTINCTION ENTRE LES MOTIFS POLITIQUES
DE LA GUERRE
ET SA CAUSE ÉCONOMIQUE.

Alexandre ouvre l'ère véritable des conquérants ; son nom en est devenu justement célèbre.

A partir de ce personnage, la guerre semble changer de physionomie. La cause première est toujours, comme nous verrons tout à l'heure, le paupérisme ; mais elle se dissimule davantage sous les considérations de politique internationale, dont la hauteur semble écarter l'idée d'une misère urgente, mais qui dans le fond n'en sont que des corollaires. Les villes ne se battent plus autant pour le butin ; c'est un accessoire qui peut tenter encore le soldat, voire même le général, mais dont ne s'occupe presque plus l'homme d'État. On fait la guerre pour des provinces. C'est l'époque des incorporations, des fusions. Le vent est à la formation des grands États ; l'indépendance des cités, exprimée dans l'hellénisme par la pluralité des dieux, est condamnée. Les tributaires, gagnant tous, par l'acquisition du droit de cité qui leur est offert, quelque chose à la révolution, la favorisent. Le nationalisme faiblit sur tous les points, en raison composée du risque de guerre et des avantages que présente un protectorat puissant.

La résistance ne sert même qu'à accélérer le mouvement. Après la mort d'Alexandre, il y a la ligue des Achéens, celle des Étoliens, une troisième des Lacédémoniens : ligues, alliances, qui sous un aspect paraissent rétrogades et se lient à des projets de réforme ridicule, comme celle d'Agis ; qui sous un autre point de vue reproduisent la fatalité de l'englobement, et succombent à la fin sous leur propre contradiction. Des sentiments nouveaux agitent les multitudes et font fléchir l'antique et farouche patriotisme. C'en est fait, le monde est à l'unité. De toutes parts les divinités locales abandonnent les villes placées sous leur protection. A cette œuvre de dissolution et de recomposition tout à la fois un des successeurs d'Alexandre, Démétrius, surnommé *Poliorcète,* le preneur de villes, conquiert sa renommée. Mais comme pour mieux prouver qu'il n'était, ainsi qu'Alexandre, qu'un agent de la révolution, de tant de places forcées par lui il n'en conserva pas même une pour asile : il mourut en Asie, où il s'était réfugié, simple particulier (283 ans avant Jésus-Christ).

Cependant, ne l'oublions pas, malgré ce développement de l'élément politique dans les choses de la guerre, malgré ce progrès du droit international, le moteur principal des événements est toujours le pau-

périsme, l'état général de pénurie et de gêne. Comme
on s'était groupé, dans l'origine, contre la détresse
individuelle, on tend à se. grouper contre la misère
corporative et municipale; on attend le salut de plus
grands dieux et de princes plus puissants. L'angoisse
des petits États concourt ainsi, avec l'appétit des
grands empires, au remaniement de la carte politique. Quelque chose de semblable ne se passe-t-il
pas aujourd'hui? Parlez de rendre à la France la ligne
du Rhin : pourvu que vous ménagiez les libertés et
les susceptibilités locales, il ne manquera pas de particuliers qui accueilleront comme un bienfait la perte
de leur nationalité, dès qu'ils y trouveront, qui une
extension de débouchés, qui une source de concessions, qui une promesse de travail ou une pluie d'aumônes.

Des États d'une dimension supérieure se forment
donc, dans lesquels les villes incorporées jouissent
des mêmes avantages que la métropole : c'est par là
que se distingue la période de l'histoire de Grèce et
d'Asie qui suit la mort d'Alexandre. A cet égard on
peut dire que les Grecs ou Macédoniens, ici c'est tout
un, reçurent l'initiation des Perses. Puis la guerre
s'engage de nouveau entre ces États improvisés pour
leur délimitation et leurs rapports, finalement pour la
suprématie, c'est-à-dire toujours pour le plus gros
budget, pain quotidien des gouvernements. L'éloquence des historiens a répandu sur tous ces faits une

12.

couleur politique qui les relève. Mais l'économiste ne
peut s'en tenir à ces apparences; il veut voir le fond
des choses, et qu'est-ce qu'il y découvre? C'est que
le besoin est le stimulant de toute action, la cause de
toutes les agitations, et que là où les nations ne savent
pas se soutenir par l'organisation économique, elles
s'efforcent d'y suppléer par des remaniements d'États,
ce qui ne se fait pas sans opposition, c'est-à-dire sans
guerre.

Passons sur les guerres des successeurs d'Alexandre,
d'autant plus meurtrières qu'en succédant au grand
conquérant ils succédaient à une immense spoliation, et ne trouvaient que vide et anarchie; — sur
celles des Romains, dont nous avons dit les honteux
mobiles, mais qui surent mener à fin l'œuvre com-
mencée par Alexandre. Passons encore sur le moyen
âge tout entier, où la misère fut affreuse, et où le
brigandage féodal servit, comme autrefois celui des
Doriens, de prélude à une nouvelle ère de conquêtes,
par suite à une autre constitution de l'Europe. Nous
aurions trop à dire pour bien apprécier ces grandes
évolutions guerrières. Arrivons d'emblée à l'époque
moderne, et pour bien comprendre la guerre de conquête, la grande guerre, plaçons-nous, par la pensée,
au centre de l'un quelconque de ces grands États que
le défaut d'équilibre économique oblige à demander
sans cesse au dehors de quoi combler le gouffre béant
du dedans.

Il faut à un État dont la population augmente et que le paupérisme talonne un accroissement de ressources, l'extension du territoire, des colonies, des communications, la possession, du moins l'usage libre des fleuves, des lacs et des cols de montagnes, des entrées dans la mer, des *vues sur le monde,* comme disait le fondateur de Pétersbourg, Pierre Ier.

Tout cela est d'abord à conquérir.

La conquête faite, il faut la défendre, en assurer l'exploitation, et contre les incursions du dehors et contre les révoltes du dedans : ce qui exige un déploiement continuel de forces, et ne fait que perpétuer et entretenir la guerre. Tout cela ne suffit point encore, disons la vérité comme elle est, cela ne suffit jamais. Il faut s'arrondir, occuper des points stratégiques, s'emparer des passages, poser des barrières, se défendre, chose étrange, non-seulement contre l'invasion des armées ennemies, mais aussi contre l'invasion, bien autrement redoutable, des produits de l'étranger. Qu'est-ce que la douane, sinon la guerre? Et la cause de la douane, quelle est-elle, sinon la crainte de laisser, par l'agiotage des échanges, entamer son capital, la peur de l'hypothèque, en un mot, le spectre de la faim?

Ainsi se confirme notre proposition fondamentale, à savoir que la cause première des agitations et des guerres est endémique dans les sociétés, et que cette cause est le paupérisme. Nations et corporations, par-

ticuliers et gouvernements, plèbe et noblesse, prolétaire et prince, tout souffre de la gêne; le déficit ne
nous laisse pas une minute de repos. Les chefs d'État
n'ont qu'à lâcher la bride; les peuples vont se précipiter. Pour s'entre-détruire, pour s'appauvrir encore
davantage, ni sang ni trésors ne leur coûtent plus.
C'est pourquoi, lorsque vient à s'allumer l'incendie,
l'historien et le publiciste n'ont pas véritablement à
en rechercher la cause; la seule question à se poser
est de savoir comment le monstre a brisé sa chaîne,
par quelle intrigue, par quelle fatalité ou quelle maladresse des préposés des nations il s'est jeté sur le
monde.

D'après ces considérations, on peut juger des dispositions pacifiques des gouvernements par l'état de
leurs finances, la situation agricole industrielle des
peuples, le chiffre des hypothèques, le développement parallèle du parasitisme et du prolétariat,
l'écart toujours plus grand des fortunes. De l'ordre
intérieur dépend la tranquillité au dehors : cela est
aussi certain qu'un axiome de mathématique. Le flair
du peuple en ceci est merveilleux; la misère lui fait
sentir de loin la guerre, *procul odoratur bellum,* comme
l'ogre affamé sentait la chair fraîche.

Quel est, je vous prie, l'État en Europe qui ne soit
à cette heure en déficit? Nous avons montré qu'une
nation ne produit que son nécessaire; l'humanité
demande chaque jour à Dieu et au travail son pain

quotidien. Mais la dépense excède toujours et de beaucoup la recette, précisément parce que l'humanité, croyant de toute son âme à la richesse, se comporte en conséquence. Les dettes des nations européennes, publiques et hypothécaires, dépassent peut-être cent milliards ; et chose à remarquer, ce sont les pays qui produisent le plus et le mieux, et qui font le plus d'affaires, qui sont les plus chargés. Ce sont aussi les plus enclins à la guerre, ce qui signifie, à l'envahissement.

Depuis quatre siècles les découvertes des navigateurs ont fourni aux diverses puissances de l'Europe des sources nombreuses de profit et à leurs populations de vastes déversoirs. Les établissements formés dans les deux Amériques, en Afrique, en Asie, en Australie, en Océanie, ont pesé d'un poids considérable dans la paix du monde. Mais cette situation ne saurait durer longtemps. Tous les coins du globe auront bientôt été fouillés ; partout le sol est approprié ; les contrées naguère les plus désertes s'emplissent de colons européens qui deviennent aussitôt ennemis de leurs mères-patries, tout prêts à s'armer contre elles. Que reste-il à conquérir sur le globe ?... Le jour où l'Inde, l'Australie, les îles de l'Océanie, l'Afrique, toutes les contrées actuellement exploitées par les Européens, auront proclamé ou recouvré leur indépendance ; où, disposant souverainement de leur propre richesse, élevant le prix de leurs denrées et

faisant concurrence à nos propres articles, elles ne
nous livreront plus rien que contre un juste équivalent, ce jour-là toutes les nations du globe se trouveront bloquées les unes par les autres et refoulées
dans leur paupérisme respectif. Alors si l'équilibre ne
s'établit partout entre la production et la consommation, si les facultés génératrices continuent à déborder
les facultés industrielles, les motifs politiques ne man-
quant pas, la lutte éclatera inexorable, universelle.

En ce moment toutes les prévisions sont à la guerre.
Et certes, à ne considérer que le côté politique des
choses, jamais pareille complication ne s'était présentée à l'homme d'État. Toutes les questions sur-
gissent à la fois, scabreuses, irritantes, conçues dans
les termes les plus capables de désespérer le diplomate
et de précipiter les masses sur les champs de bataille :
questions de réforme politique et questions de nationalité ; question d'équilibre européen et question de
frontières naturelles ; question de centralisation et
question de fédération ; question d'intervention ou de
non-intervention et question de protectorat; question
du temporel et question du spirituel ; question du ser-
vage et question de l'esclavage ; question du commerce
libre et question du commerce obligatoire ; question
de la vie et de la mort des États et question de leur
succession ; question de leur indépendance absolue et
question de leur soumission à une diète suprême.

Les gouvernements, c'est une justice à leur rendre,

redoutent la guerre et font les plus grands efforts pour s'y soustraire. Mais ils sont forcés de la prévoir, de s'y préparer : il n'en faut pas davantage pour qu'elle éclate.

Qu'y a-t-il cependant sous ces questions de haute politique, dont on peut hardiment défier la diplomatie en masse de résoudre, à la satisfaction commune des intéressés, une seule ? Que couvre cet immense imbroglio, qui depuis quinze ans consume les peuples d'angoisse, en attendant qu'il les décime par la guerre ?

Je l'ai dit, et chacun peut aisément s'en rendre compte : le paupérisme. Ici, j'ai bien peur qu'on ne me reproche de redire trop souvent les mêmes choses. Mais les faits sont si patents, si persistants ; ils jettent sur la situation contemporaine et sur toute l'histoire antérieure une lumière si vive ; il s'agit pour l'Europe entière d'un si haut intérêt, que je me croirais digne de la réprobation du lecteur, si, par une vaine délicatesse littéraire, je négligeais rien de ce qui peut porter dans l'âme des autres la conviction qui remplit la mienne.

Confessons-nous, peuples de l'Europe, les uns les autres, et nous ne serons pas loin de nous tendre une main fraternelle.

Les travailleurs de février, en proclamant par un seul et même acte le suffrage universel et l'émancipation du prolétariat, ont fait ce qu'avaient fait avant eux

les Sans-culottes de 1793, ce que firent au xvie siècle
les paysans de la Réforme, au xve les Hussites, au
xive les Jacques, au xiiie les Bons-hommes, au xiie les
Albigeois. Ils ont mis le doigt sur la plaie, disant : La
cause de la guerre, comme de toute révolution, est
une question d'équilibre, non pas politique ou international, mais économique. Les travailleurs de février
ont été vaincus en juin 1848 et décembre 1851 : le
fait dénoncé par eux en subsiste-t-il moins, et l'influence de ce fait sur le gouvernement en est-elle
moins réelle? Tant qu'a duré la Présidence, les choses
ont été comme suspendues : situation violente, dont
chacun se promettait de sortir aux élections de 1852.
Le coup d'État du 2 décembre n'a fait qu'anticiper la
solution : examinons ce qui a suivi.

Je n'ai nulle envie de faire la critique du gouvernement impérial. Au point de vue qui m'occupe, je puis
dire sans faiblesse comme sans flatterie que le gouvernement impérial a fait ce que tout autre eût fait à sa
place : il a été l'expression de la pensée universelle,
comme il était le produit du suffrage universel. Il n'y
a rien à lui reprocher. C'est une doctrine que j'oppose
à une doctrine, ou, si l'on aime mieux, un paradoxe
que je mets en regard d'un préjugé. Solliciter la raison
publique, ce n'est pas attaquer le gouvernement.

La question du travail et du paupérisme posée, deux
modes de solution se présentaient : l'une qui consistait à pousser au développement de la richesse, à

provoquer la production en multipliant les entreprises, le crédit, les voies de circulation, etc., etc.; l'autre qui consistait à ramener sans cesse, par une meilleure application du droit et une plus haute intelligence des principes de 89, les classes extrêmes vers cette condition moyenne que nous avons signalée comme l'expression même de l'ordre.

La première de ces solutions avait la faveur, non-seulement de la bourgeoisie, mais des masses, non-seulement des théories en vogue, mais de l'opinion. — Nous ne produisons pas assez, s'écriait-on de toutes parts; nous ne tirons pas du sol tout ce qu'il peut rendre; nous laissons dormir nos capitaux. Il ne s'agit pas de *rogner les habits, mais d'allonger les vestes...* Le mot fit fortune. Il y avait dans ce système quelque chose de fraternitaire, en apparence, en même temps que d'entreprenant, de conquérant, qui devait ravir conservateurs et démocrates et entraîner le gouvernement.

L'autre solution se présentait sous un aspect sévère. Elle n'excluait pas le développement à donner à l'industrie, à l'agriculture et au crédit; mais, sans compter qu'elle l'eût attendu de la liberté plutôt que du pouvoir, elle n'avait garde d'en espérer pour les masses ouvrières richesse et luxe; elle savait, d'un côté, que la somme des valeurs se proportionne toujours à celle des subsistances, et les subsistances aux besoins; d'autre part que, le régime restant le même, le sur-

croît de production ne profiterait toujours qu'à un
petit nombre, en supposant qu'il profitât à quelqu'un ;
et elle se bornait à ne promettre aux citoyens, en récompense d'un perpétuel travail et d'une frugalité
persévérante, que la liberté et l'égalité !... Au reste,
cette théorie ne fut même pas proposée. Elle était au
fond de la pensée républicaine ; mais elle ne se dé-
gagea pas des formules politiques et des préoccupa-
tions qui l'enveloppaient. Quelques allusions y ayant
été faites, on cria à la spoliation ; on dit que la république, au lieu d'enrichir les pauvres, voulait encore
appauvrir les riches, mettre tout le monde à la misère, etc.

Pour satisfaire à la fois aux exigences conservatrices
et aux besoins du prolétariat, le gouvernement impérial a donc fait deux choses : il a donné l'impulsion
aux grandes entreprises, aux sociétés par actions, et
commencé par tout l'empire des travaux immenses.
Ce mouvement dure encore. En agissant ainsi, le gouvernement impérial n'a fait, je le répète, qu'obéir aux
préjugés régnants : il n'a pas cru, il lui était défendu
de penser, comme le prétendaient certains novateurs,
que le remède au paupérisme fût dans le rétablisse-
ment de l'équilibre entre les services et les salaires,
dans une répartition plus équitable des produits, dans
un abaissement progressif de l'intérêt et de l'escompte, dans l'extinction des dettes, dans la participation du fermier à la rente du sol ou du moins à sa

mieux-value, dans l'association ouvrière, dans la prestation des services publics à prix de revient, dans
l'abolition du parasitisme, finalement dans le retour à
la vie frugale. Il a cru, sur la foi des empiriques, que
le vrai remède était dans une augmentation de la
richesse qu'il dépendait de lui de créer, et il a déterminé, par ses concessions et ses encouragements, par
ses commandes et ses travaux, une surproduction qui
devait selon lui entraîner la société et procurer à tous
le bien-être, sinon la fortune.

C'est une opinion répandue parmi les ouvriers de
Paris que, quand l'industrie du bâtiment va bien, tout
va bien. Le gouvernement impérial semble avoir raisonné, non-seulement du bâtiment, mais des construc-
tions de chemins de fer, des canaux, des mines, etc.,
surtout des banques, comme les ouvriers raisonnaient
du bâtiment. Faites des chemins de fer, des canaux,
des routes, lui criaient ses ingénieurs, et les moyens
de transport appelleront la marchandise; ouvrez des
houillères, et la houille fera construire des machines
à vapeur, et les machines vous rendront des produits;
organisez le crédit, et le capital prêté vous apportera
la richesse; bâtissez, démolissez, et l'argent répandu
dans la multitude ouvrière fera aller votre commerce.
Personne ne paraît avoir réfléchi que, si le développement exagéré d'une ou de plusieurs industries donne
toujours une certaine impulsion aux autres, cette impulsion factice ne se soutient pas; qu'en effet les ser-

vices se proportionnent les uns aux autres, mais que
tous ensemble se proportionnent aux BESOINS; que
c'était en conséquence par les besoins qu'il fallait commencer, d'abord en faisant l'éducation du peuple, ce
qui est une œuvre de haut libéralisme, puis en lui
procurant à meilleur marché le nécessaire, au lieu de
lui enlever ce nécessaire afin de créer le superflu.

Maintenant nous connaissons les résultats. C'est en
vain qu'on voudrait rejeter le mal sur les abus de la
spéculation et les hautes friponneries dont elle s'est
souillée : les faits sont trop graves pour qu'on en
reporte toute la responsabilité sur l'escroquerie et la
maladresse. Il y a eu positivement surproduction,
c'est-à-dire création d'*inutilités*, aggravation du paupérisme. Et qu'on ne dise pas que les objets créés forment une contre-valeur : non, il n'y a pas contre-
valeur, attendu que bon nombre de ces créations n'ont
qu'une valeur nominale, que d'autres sont cotées au-
dessus de leur valeur, que les meilleures ne sont que
des remplacements, et qu'il faudrait porter encore en
ligne de compte les pertes et les misères causées par
ce prodigieux remue-ménage.

Certainement le peuple de Paris sera mieux logé
lorsque les travaux d'embellissement de la capitale
seront finis. A Dieu ne plaise du reste que j'attaque
la probité et la parfaite régularité des opérations ! je
n'ai pas lu les documents, et je ne fais pas d'opposition parlementaire. C'est une théorie économique que

j'oppose à une théorie économique; c'est la physiologie du paupérisme et son influence sur les gouvernements que je retrace, à propos de quelques essais
d'améliorations, tentés sous l'inspiration de l'opinion
publique elle-même, par le gouvernement. Mais enfin
cette population parisienne était logée auparavant,
point trop mal et pas trop cher. On eût pu consacrer
cent ans au lieu de dix aux travaux de réparation sans
que personne s'en plaignît; la chose se serait faite insensiblement sans déranger le commerce, sans charges
pour la ville, sans perte pour les locataires et les propriétaires. Au lieu de cela, dans quelle alternative
sommes-nous placés? Si les loyers baissent, comme le
gouvernement l'espère, et reviennent au taux où ils
étaient auparavant, alors il en sera de la capitale tout
entière comme de l'hôtel de Rivoli : ce sera une entreprise qui se liquidera en perte, et il sera toujours
vrai de dire que pendant dix, quinze ou vingt ans, le
bien-être de la population parisienne aura été diminué
de tout ce qu'auront coûté les expropriations, les dé-
molitions, les reconstructions, les déménagements,
les augmentations de loyer, etc., etc. Si les loyers ne
baissent pas ou ne baissent que dans une proportion
minime, on aura créé, par ce seul fait de l'enchérisse-
ment des loyers, une cause permanente d'appauvris-
sement pour tous les locataires de Paris et pour la
France entière.

Veut-on un autre exemple? Je le prends dans le

traité de commerce avec l'Angleterre. Aucun acte du
gouvernement impérial n'a valu à l'empereur autant
d'éloges ; preuve nouvelle que l'empereur, sous une
apparence de despotisme, ne gouverne en réalité que
d'après l'opinion. Or, on sait aujourd'hui, par les
communications officielles, que l'exécution de ce traité
ayant occasionné dans les recettes une diminution de
90 millions, il a fallu surcharger d'autant certains impôts ; que de plus une somme de 40 millions a été
demandée à l'épargne afin de mettre l'industrie française en mesure de soutenir la concurrence avec
l'étranger. — Un jour, direz-vous, la France recueillera
le bienfait de ce traité. — A quoi je réponds : Qui
vivra verra. A chaque jour sa peine. En attendant,
nombre de villes industrielles sont dans la situation la
plus difficile ; le peuple à qui l'on promet le calicot,
les couteaux, la houille et autres articles à meilleur
marché, paye plus cher le vin et l'eau-de-vie, qui lui
sont bien autrement nécessaires ; en attendant, nous
augmentons de 40 millions notre compte de capital,
ce qui n'est pas précisément la même chose qu'augmenter notre richesse. Puis, quand nous serons en
mesure de soutenir la concurrence des Anglais, nous
ne serons pas encore pour cela plus riches, puisque la
valeur des nouveaux produits devra toujours se régler
d'après le prix des subsistances, et que si le prix des
subsistances diminue, la population augmente.

Certes, il est bien que les nations se poussent les

unes les autres : mais ici, comme tout à l'heure, il y
avait une mesure à suivre; il ne fallait surtout pas
s'imaginer que l'application du libre échange pût
nous apporter la richesse comme une manne du ciel.
Le peuple français apprendra quelque jour, par une
douloureuse expérience, ce que c'est que de travailler
pour l'exportation et de se fermer, par une mauvaise
répartition des services et produits, son véritable marché, qui est lui-même.

Une idée professée par le gouvernement impérial et
adoptée par le Corps législatif, c'est que « le déve-
« loppement de la prospérité publique a pour consé-
« quence nécessaire le renchérissement des choses
« indispensables à la vie. » Alors, pourquoi ce traité
de commerce, dont le but est au contraire de réduire
le prix des choses?... Mais la critique aurait ici trop
beau jeu. J'aime mieux reprendre pour mon compte
la pensée impériale, et dire, mais dans un sens plus
élevé : Oui, l'homme devant consommer pour vivre,
produire par le travail sa consommation, et perfectionner son être au physique et au moral, par conséquent travailler toujours mieux et toujours plus, il est
vrai de dire que plus il avance dans la civilisation,
plus les choses indispensables à la vie exigent de travail et deviennent coûteuses, plus, par conséquent, il
importe à la société que la répartition des services et
des produits se fasse d'une manière égale. Et je conclus : Donc on ne combat pas le paupérisme avec des

déplacements ; on ne crée pas la richesse au moyen des spéculations; on ne procure pas l'abondance à l'aide de traités de commerce : le mot de l'empereur est vrai mot d'Évangile. La manière de combattre le paupérisme, c'est d'instruire le peuple, de lui enseigner, comme firent Jésus-Christ et avant lui Pythagore, le travail et la tempérance, et de faire droit.

Ainsi le paupérisme, si sensible déjà dans la société française sous le gouvernement de Louis-Philippe, alors que le cinq pour cent était à cent seize francs, est devenu plus intense par les moyens mêmes dont on s'est servi pour le combattre, et dont le seul résultat a été de mettre, pour tout le monde, la dépense hors de proportion avec le revenu. Que l'empirisme, qu'un faux esprit de conservation, essayent de dénaturer ces faits et de nier les conséquences auxquelles ils conduisent, ils sont dans leur rôle : la faute leur appartient. Mais que la nation, après une telle expérience, persiste dans la voie fausse où la routine l'a engagée, c'est ce qui aurait droit d'étonner, bien que nous vivions dans un siècle où l'on ne doive, en fait de déraison, s'étonner de rien.

J'arrive à la question difficultueuse. Le paupérisme est constitutionnel et chronique, en France comme partout : ce fait peut être considéré comme acquis. Il s'est aggravé depuis trente ans par les fausses mesures, tantôt politiques, tantôt économiques, dans lesquelles se sont engagés les gouvernements. Est-il

vrai pour cela de prétendre qu'il a été la cause des
guerres de Crimée et de Lombardie, pas plus que de
l'occupation d'Ancône et du siége d'Anvers? Est-il
possible d'admettre qu'une semblable considération se
soit fait jour dans les conseils de l'État, que ce soit
pour faire diversion à la misère nationale que l'empereur Napoléon a fait la guerre, et se tient prêt à la
faire?

Qui ramènerait la question à de pareils termes m'aurait peu compris. J'ai dit que la guerre avait pour
cause première le paupérisme; pour cause seconde
ou immédiate, des considérations de haute politique.
J'ai fait voir ensuite comment à l'origine, la cause de
la guerre et ses motifs politiques se confondant, elle-
même s'identifie avec le pillage : c'est la période héroïque; comment ensuite, la raison d'État se distinguant
de la cause économique, la guerre se fait surtout en
vue de la conquête ou de l'incorporation, mais sans
que pour cela elle cesse de dépendre originairement
de cette cause. Nous en sommes là. Il s'agit, mettant
de côté la pensée du pouvoir, de démêler à quelle influence supérieure, aperçue ou inaperçue, il obéit. C'est
dans ces limites seulement que j'ai pu me permettre
de citer la France et les actes du gouvernement.

De découvrir les motifs particuliers, politiques ou
dynastiques, qui ont déterminé l'empereur à entreprendre ces deux expéditions, c'est ce dont je ne me
chargerai pas, d'autant moins que je n'ai véritablement

13.

que faire de les connaître. Les secrets d'État sont impénétrables aux contemporains ; ils ne se révèlent, quand ils se révèlent toutefois, qu'à la postérité. Il est certain que le motif de la guerre d'Orient n'a pas été le salut de la Turquie, qu'aujourd'hui on abandonne ; que ce n'a pas été non plus le dessein de déchirer les traités de 1815, puisqu'on n'a fait par cette campagne que les consolider ; que ç'a été encore moins le désir de servir la révolution, puisqu'on a repoussé les auxiliaires révolutionnaires et rendu la guerre exclusivement politique. Enfin ce n'a pas été le zèle religieux, puisqu'on n'a cessé de prêcher la tolérance, et qu'aujourd'hui on donne l'échec à l'Église latine en laissant tomber le pouvoir temporel du pape. Quant à la guerre d'Italie, il est certain également qu'elle n'a pas été faite précisément pour l'indépendance de l'Italie, ni pour plaire à la révolution, ni même dans le dessein de diminuer l'Autriche, puisqu'on s'est arrêté à moitié chemin ; qu'après avoir conquis la Lombardie on n'a pas voulu conquérir encore la Vénétie ; qu'une des craintes de l'empereur, en entrant dans le quadrilatère, n'était pas seulement d'y rencontrer la coalition, mais d'y être suivi par la révolution ; qu'en signant la paix à Villafranca l'empereur, dans sa prévoyance militaire, stipulait la confédération, non l'unité, et plaçait cette confédération sous la présidence, non de l'empereur d'Autriche ou du roi de Piémont, d'un souverain armé qui eût pu s'en faire un instrument, mais du pape, un prince qui ne tire pas l'épée et qui n'a pour armes que l'anathème.

Le but poursuivi par l'empereur des Français, je répète que je l'ignore, et que ce ne sont point là mes affaires. Je comprends qu'un homme politique, ayant mission de contrôler les actes du gouvernement, s'en inquiète. Sans doute si, dans la session qui va finir, j'avais eu l'honneur de siéger au Corps législatif, avant de donner mon approbation à la politique impériale, j'aurais pu hasarder à ce sujet une question respectueuse. Je n'aurais pas cru que l'événement, tel quel, suffît à un démocrate pour la justification de l'entreprise. Après tant de déclarations et de révélations, j'aurais demandé à MM. les ministres de la parole ce que Sa Majesté avait entendu faire en Italie. Dans la bouche d'un représentant du peuple, d'un organe de la révolution, cette question eût été parfaitement motivée. Ici, dans un ouvrage de doctrine, dans une philosophie de la guerre et de la paix, la réponse, quelle qu'elle fût, serait de médiocre importance. La guerre, pour les causes que nous avons signalées, est un fait toujours en tendance, que les princes ne gouvent pas selon leur caprice, et pour la production duquel ils n'ont guère que le choix du prétexte et de l'heure.

Je dis donc qu'indépendamment des motifs secrets qui ont dirigé dans ces deux campagnes l'empereur Napoléon, il était, par son origine, par son nom, par

son titre, par les conditions de son existence, induit à
les entreprendre, plus que n'avaient été le gouvernement de Louis-Philippe et la république elle-même ;
que le véritable auteur des campagnes de Crimée et
de Lombardie ce n'est pas l'empereur, mais la situation, mais la nation ; que si la masse n'a pas été con-
sultée, elle a applaudi ; que si elle a applaudi, c'est
qu'elle a cru voir dans ces deux campagnes une
guerre à la contre-révolution, à l'aristocratie européenne, aux despotes coalisés, à tout ce qu'elle a
appris à détester depuis 1789. Elle l'a si bien cru,
qu'aujourd'hui le gouvernement impérial se prévaut
de cette opinion populaire pour présenter sa politique
comme une politique révolutionnaire, émancipatrice,
démocratique, je dirais presque sociale, pendant que
les attardés du Sénat et du Corps législatif s'efforcent
de le retenir dans les sentiments de réaction qui sem-
blaient l'animer en 1852, 1855 et 1859.

Or, que signifie ce mot, la Révolution, dans l'esprit
du peuple français? la destruction des priviléges féodaux, et, par une extension nécessaire, de tous les
priviléges fonciers, industriels, capitalistes et mercan-
tiles ; le droit au travail, la juste répartition des salaires, la fin de l'exploitation et du parasitisme. C'est
par cette chaîne d'idées que le peuple français est
devenu si sympathique à la liberté des autres peuples : croit-on que, s'il soupçonnait la question de la
nationalité polonaise de n'être qu'une question d'aris-

tocratie polonaise, il s'intéressât le moins du monde à
la résurrection de la Pologne et à l'émancipation des
Polonais ? Non, non ; ce que cherche le peuple français dans la reconstitution des nationalités, c'est la
garantie de sa propre révolution, c'est le complément
de cette révolution. C'est pour cela qu'il appuie en ce
moment à son risque et en dépit de la prudence impériale, le système de l'unité italienne. La démocratie
française, actuellement représentée par deux ou trois
journaux et cinq ou six députés, donne ce gage à la
démocratie italienne, contre les intérêts militaires du
pays. Elle tient avant tout à éliminer de la Péninsule
la papauté, l'empire et ses feudataires le roi de Naples
et le duc de Toscane, qu'elle considère tous également-
ment comme représentants du droit divin. Elle aime
mieux avoir à compter avec une puissance de premier
ordre de plus, s'exposer à une grande ingratitude,
que de laisser, par la fédération italienne, une chance
au retour de l'ancien système. Certes, la démocratie
française fait preuve ici de magnanimité. Il se peut
qu'elle se trompe dans ses calculs, faits en gros, de
routine, et sur une appréciation superficielle des
choses : la passion est mauvaise conseillère. Quant
aux intentions, il n'y a pas à s'y méprendre. La révolution, au dedans et au dehors, au besoin l'incorporation, c'est pour la démocratie française, qu'elle le
sache ou l'ignore, l'extinction du paupérisme. Question de subsistance : cas de guerre.

CHAPITRE VIII.

CONTINUATION DU MÊME SUJET.

Le paupérisme a établi sa capitale en Angleterre :
l'Angleterre est aussi de toutes les nations celle qui a
le plus envahi.

« L'aristocratie anglaise, dit M. de Ficquelmont, a
« livré le monde aux spéculations du peuple anglais.
« Si ce n'est le pillage qui a rendu riche l'Angleterre,
« c'est l'exploitation. L'Angleterre veut servir le globe
« entier, à condition d'en être le fournisseur exclusif...
« Sa théorie du libre échange n'est autre chose que
« l'exclusion forcée de tous ceux qui sont inférieurs
« en capitaux, en industrie, en moyens de transport.
« L'Angleterre a besoin du monopole du monde pour
« conserver sa position. »

C'est pour cela que les Anglais ont établi des forts.
en même temps que des comptoirs, sur toutes les
mers : Gibraltar, Malte, Corfou, Périm, le Cap, Sainte-
Hélène. La guerre du canon, pour elle, n'est que
l'auxiliaire de la guerre des capitaux. Un jour, pourtant, à cet appétit gigantesque répondit une ambition

non moins colossale. Si l'Angleterre bloque le monde
avec ses vaisseaux, le monde ne saurait-il bloquer
l'Angleterre en lui fermant ses ports?... Le *blocus con-*
tinental, en attendant la descente, ajournée à des
temps meilleurs, fut la grande pensée de Napoléon.
L'Angleterre, qui, en rompant le traité d'Amiens, avait
cru prévenir la conquête de l'Europe, ne fit que la
précipiter. Après avoir incorporé dans son empire
l'Italie, la Belgique et la Hollande, Napoléon fut conduit à incorporer encore le Portugal, l'Espagne, la
Westphalie, le Hanovre, les villes hanséatiques et
toute la confédération germanique. Il n'eût pas manqué, s'il en eût eu le temps, de mettre la main sur
Constantinople, la future capitale du monde, disait-il.
Il n'eût su, à moins, affamer l'Angleterre.

Maintenant le continent, rendu à lui-même, ne ferme
plus ses ports aux Anglais; il se contente de leur opposer des tarifs et de leur faire concurrence. A quoi
les Anglais répliquent en organisant leur propagande
libre échangiste, dans laquelle ils ont naturellement
pour auxiliaires tous ceux qui, pourvus de monopoles
naturels ou confectionnant eux-mêmes à très-bas
prix, ne demandent pas mieux que d'acheter au meilleur marché possible et leurs matières premières, et
tous les objets dont ils ne sont pas eux-mêmes débi-
tants, la fortune et l'indépendance de leur pays dus-
sent-elles y périr. Mais que Napoléon III, qui a jugé à
propos d'essayer du libre échange, s'avise de demander

à l'Angleterre, qui dans ce moment appuie de toutes
ses forces l'indépendance des Italiens, la même indépendance pour les Irlandais, les Hindous, etc., plus
l'évacuation et la démolition de ses forteresses, le tout
comme condition et garantie d'une entière liberté
d'échanges, je voudrais savoir ce que répondraient
à cette interpellation catégorique MM. Bright et
Cobden?

La race anglo-saxonne a les dents longues : c'est
un des traits qui la distinguent. Comme le léopard
qui figure dans ses armoiries, elle est armée pour la
conquête, *sicut leo rapiens et rugiens.* Ici la physiologie nous donne le secret de la politique et l'explication de l'histoire. Le peuple anglais, malgré son développement industriel, est resté le plus aristocratique
de tous les peuples, et le plus famélique; le premier
de ces caractères explique le second, et récriproque-
ment. C'est en Angleterre que se voient les plus
grosses fortunes et la plus effrayante misère; là que
se trouvent les plus énergiques producteurs et les
plus intrépides consommateurs. Le peuple anglais a
énormément travaillé; il a encore plus jeûné. L'utilitarisme est né en Angleterre : on peut dire qu'il est
dans le sang anglais. Tous les philosophes, les moralistes, les théologiens, les romanciers, les hommes
d'État de la Grande-Bretagne en sont pénétrés. C'est en
France, dira-t-on, que l'économie politique a vu le jour ;
Adam Smith a pris des leçons de Quesnay. Mais com-

bien la France s'est laissé distancer par sa rivale! Il
est vrai que cette économie politique anglaise, mal-
thusienne, cadre mal avec la déclaration des droits de
l'homme : par tempérament, nous cherchons plutôt
à égaliser la richesse qu'à consommer et à produire.
Aussi, tandis que la cocarde tricolore laisse échapper
ses conquêtes, ce que le léopard britannique a ravi, il
ne le lâche plus : *à nous la gloire, à lui le profit...* Le
plus beau triomphe qu'ait obtenu l'Angleterre a été de
nous inoculer ses maximes : sur ce terrain de l'exploitation et de l'utilitarisme nous ne la vaincrons pas;
nous opérerons plutôt dix fois la descente de Brest à
Plymouth.

L'Angleterre, qui n'intervient dans les affaires des
autres pays que pour en obtenir des traités de commerce, qui promet son appui à ceux qui achètent ses
marchandises, qui rêve de s'emparer de la Chine
comme elle s'est emparée de l'Inde ; l'Angleterre, qui
prévoit par toute l'Europe et jusque dans son propre
sein une guerre sociale, qui redoute une descente du
prolétariat français, qui, après avoir dévoré la plèbe
irlandaise et la plèbe écossaise, ne peut pas nourrir la
sienne ; l'Angleterre arme ses côtes, fond des canons,
augmente sa marine de guerre, exerce ses volontaires,
enfle son budget, élève son escompte (sans doute par
application de sa théorie du libre échange), et se met
en mesure de repousser par le fer et par le feu quiconque parlerait de toucher à son trafic, à ses con-

quêtes, à ses monopoles. La misère a été effrayante,
cet hiver, dans la Grande-Bretagne : jamais cependant la nation britannique n'a autant produit. Question de subsistance : cas de guerre.

Après la France et l'Angleterre, vaut-il la peine de
citer le reste ? La RUSSIE, avec son immense territoire,
et justement à cause de l'immensité de son territoire,
se sent mal à l'aise. En Asie, elle pèse sur la Chine, sur
l'Inde et sur la Perse, où tôt ou tard elle rencontrera
les Anglais. Elle tient le Caucase, une partie de l'Ar-
ménie ; ses colons s'avancent, par la côte d'Asie,
jusque près de Constantinople. Elle a fait de la mer
Noire un lac russe, et elle tend à s'ouvrir une route,
par l'Euphrate et le Tigre, jusqu'au golfe Persique.
En Europe, le terme de son ambition est Constantinople. Constantinople serait pour la Russie, comme
Pétersbourg, une porte, un magasin, un marché,
une place d'armes. L'empire ottoman est mort, dit
l'Invalide russe; l'heure est venue de renvoyer les
Turcs dans les pâturages du Turkestan. Il faut un
débouché à ces vingt millions de serfs que vient
d'émanciper l'empereur. Il faut du trafic, de la
spéculation, des emplois à ces boyards qui demain
n'auront plus de serfs. Il faut de l'argent à cet État
toujours à l'emprunt, et qui ne peut retenir chez
lui le numéraire. Question de subsistance : cas de
guerre.

L'Autriche est à peu près dans le même cas. Elle n'a pas assez de son port de Trieste : elle y joindrait volontiers les bouches du Danube et Salonique. Comment s'entendre, pour cet objet, avec la Russie, demandant Constantinople? Dépossédée de la Lombardie qui lui rapportait, bon an mal an, d'après les calculs d'un économiste italien, trente millions net, elle veut la ravoir, et, si l'occasion se présente, elle la raura. Les paysans de Lombardie lui serviraient au besoin d'auxiliaires ; elle n'aurait qu'à leur offrir, comme à ceux de Gallicie, une part des terres. Ce qu'il y a de curieux, c'est que l'Autriche, en faisant ce coup, pourrait se flatter de servir la révolution mieux que nous ne l'avons servie nous-mêmes, en rendant la Lombardie à Victor-Emmanuel. Question de subsistance : cas de guerre.

Pourquoi, depuis quelques années, les nations de l'Europe se montrent-elles animées contre la France de sentiments hostiles? En Espagne, à propos d'un bruit absurde que Napoléon III voulait avoir la Catalogne, on réchauffe les souvenirs de 1808 ; de même qu'en Allemagne, en Suisse, en Belgique, à propos de l'annexion de la Savoie, on réveille ceux de 1813. Que dis-je? pour nous mieux accabler, l'Europe semble vouloir se faire plus libérale, plus révolutionnaire que nous. L'Espagne est moitié progressiste, moitié républicaine; l'Italie se moque de nos conseils, tout en implorant notre intervention, et se couvre de son unité [1] ; l'Allemagne serre ses rangs fédéraux, et propose au roi de Prusse, qui ne dit ni oui ni non, la couronne impériale ; la Belgique a fait son prononcement ; la Suisse nous garde une rancune profonde ; l'Angleterre prépare une réforme électorale ; l'Autriche, comme l'a dit M. Billault, se sauve en octroyant à ses peuples toutes les constitutions qu'ils demandent ; la Russie émancipe ses serfs. Ce que les souverains coalisés promettaient, en 1813, de donner à leurs peuples *après* la campagne, ils le leur offrent aujourd'hui AVANT la bataille. La nation française, leur disent-ils, n'est pas faite pour la liberté ; elle ne peut que vous donner la servitude...

Quelle peut être la raison de ces craintes, de ces calomnies? Toujours la même : La guerre, c'est la conquête ; et la conquête, ce n'est pas seulement l'incorporation, ce sont encore les réquisitions, les contributions de guerre, les spoliations, les levées d'hom-

---

1. Il est à remarquer que dans les discussions auxquelles le décret du 24 novembre a donné cours, tant au sein du Corps législatif et du Sénat que dans la presse, le patriotisme des conservateurs s'est montré beaucoup plus susceptible, à l'endroit de l'unité italienne, que celui des démocrates. En 1815, on disait *plus royaliste que le roi.* On dit aujourd'hui, et c'est la démocratie qui aura donné lieu au proverbe, *plus unitaire que l'empereur.* Pour l'Italie de M. de Cavour la démocratie française est pleine de confiance ; elle fait bon marché de la prépotence nationale. Que conclure d'une politique aussi désintéressée? Serait-ce que la jeune démocratie renonce à toute idée de guerre et de conquête, et que, pour plus de sûreté, elle pense, **par cette création**

mes, le pillage et toutes les avanies du soldat. Partant
de ce principe malheureusement trop vrai, on accuse
la France de vouloir encore une fois dévorer l'Europe;
on cite en preuve son budget, sa dette croissante, ses
prodigalités. Mais ne perdons pas de vue que ceux qui
attestent une si grande peur d'être par nous mangés
nous mangeraient volontiers eux-mêmes. Confessons-
nous les uns les autres. Tel qui ne cesse d'accuser
l'ambition française est tourmenté du même aiguillon.
La Prusse, qui ne sut en 1804 accepter ni refuser le
Hanovre, qui convoite le Holstein, qui ambitionne de
changer son titre de royaume de Prusse en celui plus
sonore d'empire germanique, la Prusse, à qui les traités de 1815 ont fait franchir le Rhin, qui compte dans
le Luxembourg des sujets de langue française, fran-
chirait également, sans se faire prier, la Meuse, et
pousserait jusqu'à la Marne. Quelle nation en Europe,
animée par la haine du premier empire, ne referait
avec délices le voyage de 1815, et ne s'accommoderait

d'une Italie une et indivisible, à enfermer, pour ainsi dire, dans
sa cage l'aigle impériale? Les démocrates d'Outre-Rhin en sauraient
à leurs frères de France un gré infini. En tout cas, les efforts de
ces derniers secondent merveilleusement les dispositions des Italiens. Je demandais, il y a quelques jours, à un voyageur qui
arrivait d'Italie, si, dans le cas d'une guerre entre la France et
l'Europe, les Italiens marcheraient avec nous. — Oui, me répon-
dit-il, si l'Angleterre elle-même marche avec la France : sinon,
non. Car l'Angleterre, pour les Italiens, et bien qu'elle n'ait rien
fait pour leur indépendance, c'est la liberté, tandis que la
France, c'est... c'est la protection.

d'un lambeau de ce grand corps qui a nom la France ?
Le libéralisme, le constitutionnalisme, le philoso-
phisme, la communauté des principes et des tendances, n'y font rien : conquérir ou être conquis, c'est
la loi. Question de subsistance : cas de guerre.

Au reste, les peuples n'attendent pas aujourd'hui
la sollicitation de leurs princes. Quand ce ne sont pas
les gouvernements qui s'attaquent les uns les autres,
ce sont les populations qui prennent à partie les gouvernements, réclamant des réformes, et, si les réformes n'arrivent pas, faisant des révolutions. Le prolétaire accuse le bourgeois, qui de son côté accuse la
noblesse, l'Église, la cour, l'armée. A peine revenus
de Villafranca, les deux empereurs Napoléon III et
François-Josèph sont assaillis par leurs peuples, qui
demandent des libertés. *Du pain et la Constitution
de 93*, criaient les insurgés de prairial. *Du pain ou du
plomb*, hurlaient ceux de 1848. Comment refuser à
ces bien-aimés sujets la liberté grande ? L'un donne
son décret du 24 novembre, l'autre sa patente du 27
février. Et les sujets ne sont pas contents !... Ainsi encore après le guerre de Crimée, les paysans moscovites
réclament leur émancipation ; les Roumains, les Mon-
ténégrins, les Serbes, les Maronites, tous les chrétiens
de Turquie demandent au sultan la jouissance des droits
politiques, façon parlementaire de dire qu'ils ne veulent
plus payer. Victorieux ou vaincu, le chef d'État est assuré d'entendre toujours la famine frapper à sa porte.

Qu'a voulu la bourgeoisie italienne? Songea-t-elle jamais à l'unité de l'Italie? Comprend-elle seulement la mécanique constitutionnelle? A-t-elle une religion, une foi quelconque? Elle était assez maigre, ayant peu de biens fonciers, pas d'influence, nulle part dans le gouvernement. Elle a voulu, comme celle de 1830, comme celle de 1789, être, ou plutôt avoir quelque chose, entrer dans les affaires, prendre sa part du budget, s'apanager à bon compte à la vente des biens nationaux, s'engraisser, en un mot : une bourgeoisie saurait-elle vouloir autre chose? Elle en avait le droit, certes; est-ce que je songe à lui en faire reproche? *Qu'est-ce que le Tiers? Rien. Que demande-t-il? Tout.* Pesez cette parole de Sieyès : c'est la formule de toute bourgeoisie qui se prépare à supplanter les castes supérieures, clergé, cour et noblesse. Mais, pour jouir avec sécurité des conquêtes de sa révolution, la bourgeoisie italienne comprend qu'une monarchie constitutionnelle lui offre plus de garanties qu'une république. C'est la pensée bourgeoise de 89 et de 1830, c'est celle de la réaction de 1848 et de 1852. Voyez avec quel ensemble ces bourgeois se rallient autour de M. de Cavour contre les Mazziniens et Garibaldiens!... Ils pensent aussi, les avisés, que la reconnaissance en politique est une vertu onéreuse, et comme ils s'étaient unis autour de l'empereur des Français pour chasser l'empereur germanique, ils se réunissent autour de Victor-Emmanuel pour s'acquitter envers

l'empereur des Français. Il n'y a pas trop pour eux.
Quant à la multitude, force brute, chair et sang, qui
ne sait que bêler ses suffrages, rien pour elle; je me
trompe, la conscription. Appliquez cela, *mutatis mu-
tandis,* à toutes les aristocraties, bourgeoisies et démo-
craties de l'Europe, et concluez : Question de subsistance : cas de guerre.

Certes, les nations modernes ont su se créer des
ressources que ne possédèrent pas les sociétés antiques; les chiffres comparés de population aux différentes époques de l'histoire le démontrent. La puissance du crédit, les masses de numéraire, les prodiges
de l'industrie, l'art agricole, l'importance des échanges, le service de budgets et de dettes énormes, tout
cela est fait pour émerveiller les esprits, et éloigner
des conseils de la haute politique les pensers ignobles
de la misère et de l'envie. En voyant avec quelle faci-
lité les emprunts se couvrent en France, qui ne jure-
rait que le pays regorge et que la nation a la face
rubiconde?

Mais tout cela n'est que prestige. Dès lors que
l'équilibre entre les besoins et les ressources est rompu,
et Dieu seul pourrait dire de combien il s'en faut que
nous soyons en balance, dès lors surtout que l'écart
entre le minimum et le maximum de répartition est
devenu aussi exorbitant, on peut l'affirmer avec certitude, il y a paupérisme. Le déficit est la règle, le
bien-être l'exception. Que la politique remanie ses

rouages tant qu'elle voudra, que les souverains se
montrent animés des intentions les plus libérales,
rien n'y peut faire. Une sombre convoitise enflamme,
dans toute l'épaisseur de leurs couches, les sociétés ;
et la fatalité de la guerre, en l'absence d'une constitution économique fondée en vérité et en droit, est invincible. La guerre, dis-je, dans tous ses genres et
dans toutes ses espèces : guerre de pillage et guerre
de conquête, guerre de frontières, guerre de débouchés, guerre de colonies, guerre de religion et guerre
de principe, guerre de dynastie, guerre de race et
guerre de caste, guerre de succession et guerre de
partage, guerre d'influence et guerre d'équilibre,
guerre d'indépendance, guerre civile, guerre sociale.
Sous toutes ces formes, la cause profonde de la guerre
reste la même ; mais c'est ce dont peuples et gouvernements s'inquiètent le moins. Difficulté de vivre,
manque du nécessaire chez le pauvre, insuffisance du
revenu chez le riche, augmentation des dettes et découvert du budget dans l'État, en un mot, la faim. Le
dieu des armées et le dieu de la misère sont un seul et
même dieu ; c'est aussi peu honorable pour l'un que
pour l'autre, mais c'est vrai [1].

1. C'est aux prévisions de guerre universelle qu'il faut attribuer deux publications récemment sorties de plumes républicai-
nes, l'une de M. Jean REYNAUD, l'autre de M. VILLIAUMÉ, auteur
d'une Histoire populaire de la Révolution.
    Je n'ai pas lu le premier de ces écrits : j'ai seulement entendu
dire que l'auteur s'était proposé de faire connaître la vraie pen-

L'empereur Aurélien disait du peuple romain que
c'était le peuple le plus gentil, le plus jovial, le plus
aisé à gouverner, pourvu qu'il fût bien nourri, bien
vêtu, bien diverti. Un jour, dans une émeute, il en
fit massacrer huit mille par ses prétoriens. Depuis il
s'abstint de mettre les pieds dans Rome. Le mot
d'Aurélien résume toute la politique des Césars, la
même que celle du Sénat, et met à nu le principe de
la guerre et son équivoque moralité. Tout le monde
aujourd'hui pense là-dessus comme Aurélien. On croit
peu à la sincérité des causes politiques de la guerre ;
chacun est averti du reste que depuis 1848 la véritable question à l'ordre du jour est celle du prolétariat.
Aussi, tandis que les uns demandent la guerre en vue
de la conquête, les autres la veulent afin de diminuer
le nombre des consommateurs, absolument comme,
en un siége, on expulse les bouches inutiles. Nous
avons vu jusqu'à des républicains faire de ce système
la base de leur politique. Le gouvernement provi-

sée de la Révolution française et des républicains français sur
cette matière brûlante de la guerre et de la conquête. Il va sans
dire que M. Jean Reynaud proteste contre la résurrection du militarisme.

   L'Esprit de la guerre, de M. Villiaumé, est conçu dans le même
but. L'auteur a surtout en vue les moyens d'arriver à une paix
définitive : ces moyens seraient tels, si l'on en croit l'honorable
publiciste, qu'avec leur secours les neuf dixièmes des guerres
pourraient être évités. Du reste, M. Villiaumé a beaucoup moins
songé à faire un livre de doctrine qu'un recueil de préceptes
pratiques. Considérant que la mission du peuple français n'est

soire, selon eux, aurait dû jeter le peuple sur les
champs de bataille : M. de Lamartine, avec sa politique de paix, avait trahi la révolution. Le peuple de
son côté adopte tous ces motifs : « Il y a trop de
monde au monde, dit-il; il faut faire une visite à
l'étranger. Si cela ne produit pas de butin, eh bien,
cela produira toujours une éclaircie. » Chose singulière ! les conquérants, que l'on considère d'habitude comme les auteurs et entrepreneurs de toutes
les guerres, sont encore ceux qui ont le plus souci
de la vie des hommes, et s'il reste une ombre d'humanité dans ces grandes luttes, c'est à eux qu'on la
doit. — *Quand commence-t-il sa guerre?* demandait,
après le 2 décembre, un paysan qui avait voté pour
Louis-Napoléon. *Sous l'autre, on ne payait rien; l'ennemi payait tous...* Les frères et sœurs, neveux et
nièces des soldats morts dans la Dobrudscha, en Crimée, à Magenta et Solferino, ont donné une larme à
leur mémoire. Puis ils se consolent en songeant que

pas finie, regardant la guerre comme inévitable et allant au plus
pressé, il a réuni dans son livre tout ce que les auteurs qui ont
traité de ces matières lui ont fourni de plus utile, et donné la
plus grande place à ce qui concerne la *politique militaire*, la *stratégie*, la *tactique* et la *guerre civile*. J'espère néanmoins que le
peuple français n'aura pas besoin, autant que le suppose M. Villiaumé, de ses énergiques leçons. Les excitations à la guerre sont
nombreuses ; mais les résistances ne sont pas moindres. C'est
en vue de fortifier celles-ci que j'ai entrepris mon travail ;
en quoi ma pensée ne diffère certainement pas de celle de
MM. J. Reynaud et Villiaumé.

la France finira par obtenir quelque lambeau de territoire, que cela fera rouler un peu d'argent, et qu'ils
héritent.

Conquérir, encore conquérir, et toujours conquérir, telle est, depuis l'origine des sociétés et en raison
du paupérisme qui leur est endémique, la tendance
fatale des États. Vivre, malgré la conquête, et en raison même de la conquête, dans une gêne croissante,
telle est leur condition. L'Angleterre, de toutes les
puissances celle qui a le plus conquis, qui exploite
cent vingt millions d'Indiens, qui possède un continent tout entier, qui a sous la main la moitié de
l'Afrique, l'Angleterre est aussi la plus avide de nouvelles possessions, la plus chatouilleuse à l'endroit
des annexions du voisin. Les petits États, tels que la
Suisse, la Belgique, le duché de Bade, trop faibles
pour s'arrondir aux dépens de leur entourage, en
sont quittes pour lancer par bandes leurs émigrants
sur tous les points du globe ; autrefois, l'Irlande,
l'Écosse, la Suisse, avaient de plus la faculté de louer
leurs milices à l'étranger. L'expatriation, le mercena-
risme, sont les déversoirs des souverainetés de second et de troisième ordre, à qui l'exercice du droit
de guerre se trouve de fait interdit.

Gloire aux potentats, à qui seuls le monde doit le
peu de repos dont il jouit : leur grandeur fait notre
sécurité. Et le sceptre ne leur sera ôté que le jour où
le monde aura trouvé sa constitution économique,

qui n'est autre que la constitution de la paix elle-même, but final des révolutions. C'est d'eux qu'il a été écrit, dans le testament de Jacob : « *Non auferetur* « *sceptrum...*, *donec veniat pax*, et ipsa est *expectatio* « *gentium*. »

CHAPITRE IX.

QUE LA CONQUÊTE,
QUI AURAIT DU FAIRE CESSER LE PILLAGE,
L'A RETENU.

Toute conquête est provoquée par le paupérisme du conquérant : je crois l'avoir surabondamment établi. Mais, par les considérations politiques qui l'ont déterminée, la conquête n'en demeure pas moins légitime : tout notre second livre a été employé à démontrer cette thèse. La conquête, en effet, n'est autre chose que l'incorporation politique appelée par les rapports internationaux et consommée par le droit de la force.

En raison de cette légitimité, la conquête aurait dû, ce semble, bannir de la guerre toute espèce de rapine et de pillerie, purger le vice de sa naissance par un surcroît de vertu dans ses opérations : comment se fait-il que ce soit précisément le contraire qui arrive?

Je pose cette question aux juristes, aux hommes d'État et aux militaires.

Mais je ne veux pas faire attendre la réponse.

On croit avoir tout dit, quand on a accusé la perversité du cœur humain et la violence de ses pas-

sions : c'est bien plutôt la connexité des idées et tout
à la fois leur contradiction qu'il faut dénoncer. L'esprit est le vrai tentateur de la conscience et le premier instigateur du péché. C'est lui que la Genèse a
représenté sous l'emblème du serpent, adressant la
parole à Éve, l'épouse, c'est-à-dire la conscience de
l'homme.

A qui appartient naturellement la richesse? Au puissant, à celui qui, ayant la force, a le droit de revendiquer en conséquence l'honneur et la gloire. Le père
de famille n'est-il pas le propriétaire de tout ce que
possède son enfant; le maître ne l'est-il pas aussi de
ce que produit son domestique ou son esclave? Le seigneur n'a-t-il pas droit sur l'industrie de son vassal,
le propriétaire sur la récolte de son fermier?... Si,
dans tous ces cas, la force implique droit de propriété,
comment n'en serait-il pas de même, à plus forte raison, à la guerre, où le droit de la force règne sans
partage, réunissant en lui tous ces droits divers, droit
du père sur l'enfant, du maître sur le serviteur, du
souverain sur le sujet; où la dépouille du vaincu est
d'ailleurs la récompense du risque de guerre?

Donc, d'après le droit de la guerre en vigueur, la
propriété du pays conquis, propriété publique et propriété privée, propriété mobilière et propriété immobilière, appartient au vainqueur. La loi de la guerre,
telle que l'ont faite le pédantisme et le préjugé, ne
distingue rien. On dirait même, à entendre tout ce

vieux monde, que ce n'est qu'à l'aide de cette confusion que la guerre s'explique, qu'elle a un sens, un
but, et, si l'on peut ainsi dire, une moralité. A cet
égard, nous avons vu que l'opinion des anciens était
unanime. Quant aux modernes, il est aisé de juger,
par les entortillages des auteurs, que la modération du
guerrier, en ce qui touche la propriété privée en pays
ennemi, est affaire de prudence, tout au plus de charité chrétienne. Dans la rigueur il peut tout prendre,
puisqu'il peut toujours alléguer soit le motif d'indemnité, soit la nécessité où il est de se nourrir et de priver l'ennemi de ses ressources. Laisser au vaincu sa
richesse intacte, ce serait ne pas savoir profiter de la
victoire, point essentiel de l'art de vaincre ; ce serait
à la défaite du vaincu ajouter celle du vainqueur, ce
qui serait absurde. La spoliation est la sanction de la
défaite : une armée qui triomphe les mains vides est
suicide.

Ainsi parle la tradition, et il faut avouer que si, au
point de vue du vrai droit de la guerre et du vrai droit
des gens, cette tradition est dans une complète erreur,
puisque la guerre n'est à autre fin que de réunir ou de
séparer les États ; au point de vue de la cause première
qui amène la guerre, et qui est le paupérisme, au point
de vue même du droit de la force, le seul reconnu
dans l'origine, le seul dont pendant bien longtemps la
guerre consente à faire état, il est difficile de nier
qu'elle raisonne juste. L'erreur consiste en ce que, par

le cours des choses et par le fait même de la guerre, de nouveaux droits se sont développés sur ce tronc primitif du droit de la force, et que le guerrier, qui s'imagine qu'à chaque bataille tout est remis en question, ne se préoccupe point de ces droits ; il ne tient pas compte du temps écoulé. On peut dire de lui que, non-seulement il ne marche pas avec son siècle, il ne marche pas même avec la guerre. Le pillage reste ainsi l'accessoire de la conquête ; quelques mots encore sur ce sujet nous feront voir combien ces deux choses, qui pour toute conscience éclairée s'excluent, se tiennent intimement.

Si la guerre était un duel entre diplomates et généraux, sans doute on pourrait y introduire, sur la question qui nous occupe, une réforme. Mais c'est une lutte des masses, et les masses n'ont rien de chevaleresque. L'honneur est l'âme de la chevalerie, le pillage est l'âme de la guerre : c'est là surtout ce qui la rend populaire. Sans cet appât, il est douteux qu'elle trouvât tant de suffrages pour l'appuyer, à plus forte raison tant de bras pour la faire. Le roi conquiert ; c'est son lot ; la multitude pille : le chien qui a ramené le gibier n'a-t-il pas droit à la curée ?

Les anciens, nous l'avons vu, usaient du droit de dépouille dans toute son étendue. Les Ninus, les Sésostris, les Nabuchodonosor, les Cyrus, les Cambyse, que les historiens traitent de conquérants, étaient bien plutôt, de même que les Attila, les Gengis-Khan, les

Tamerlan, les Mahomet II, des faiseurs de razzias. L'ancienne Grèce, nous l'avons vu, ne sortit pas de cette tradition. Philippe et Alexandre ouvrirent l'ère des annexions : la conquête devint alors, pour les princes, l'objet principal de la guerre ; le pillage resta le privilége des armées. Soldats et généraux y cherchèrent leurs pensions. C'est ce que montre l'exemple des Romains.

Lorsque Rome, après avoir défait les armées ennemies, enlevait aux temples des villes les trésors que la confiance pieuse des particuliers y avait déposés, les statues, les tableaux, trépieds, tapisseries, vases, etc., lorsque ensuite elle prenait aux habitants leurs meubles, vêtements, bijoux, marchandises, épargnes, le bétail, les esclaves, sans préjudice de la confiscation des terres, ou pour mieux dire de la rente, payable en argent ou en nature ; lorsque en conséquence elle faisait venir d'Égypte, de Sicile, de toute la côte d'Afrique, les blés qu'on distribuait gratuitement au peuple, Rome appliquait purement et simplement le droit de la guerre. Elle avait combattu, non-seulement pour l'empire, mais pour la richesse des nations. Personne ne songeait à lui en faire reproche. Elle avait vaincu ; ce mot disait tout. Conquérante du sol et des hommes, à plus forte raison lui semblait-il l'être des autres valeurs ; toute distinction eût été une inconséquence, que dis-je ? un vol fait à l'armée. Les dépouilles opimes faisaient le plus bel ornement de ses triomphes, le meilleur de sa gloire. De quoi se fût-elle glorifiée sans cela? Elle ne se battait pas pour des idées : les idées alors étaient dans le sein de la Providence ; il n'existait pas de journalistes qui les dégageassent. Elle ne se croyait pas assez riche pour payer sa *gloire :* le mot gloire, à cette époque, était synonyme de profusion et de luxe ; on n'en tirait vanité que si l'ennemi en faisait les frais. Sous les empereurs, la solde des officiers les plus haut gradés se compose, pour les trois quarts, d'effets mobiliers dont l'empereur leur fait cadeau et de provisions de bouche : cela sent le pillage d'une lieue.

Bien loin que le développement du droit international que devait provoquer la conquête romaine ait conduit à la séparation du pillage et de la conquête, il semble au contraire que le premier ait été conçu comme un moyen de consolider la seconde. En effet, la confiscation à perpétuité du produit net de tout un pays, la spoliation des familles riches et aisées, est la mesure la plus efficace qu'un État conquérant puisse employer contre la nationalité toujours palpitante du peuple vaincu. Ce n'est pas de la plèbe, en général, que les rébellions sont à craindre ; c'est de la noblesse, de la bourgeoisie, du clergé, de tout ce qui possède, qui exerce de l'influence, qui participe au gouvernement. Dans l'état actuel des sociétés, anéantir par la confiscation du revenu foncier, des profits commerciaux, financiers et industriels, la haute classe d'un pays, ce

serait, malgré la supériorité de la plèbe moderne sur
la plèbe ancienne, retrancher de ce pays la vie, le
mouvement, la pensée, le progrès. Telle fut pourtant,
dans la haute antiquité, la politique invariable des conquérants. On exterminait, selon le précepte de Tar-
quin, l'aristocratie; on la transportait, on la réduisait
à la misère, on la vendait, à moins que, par une générosité rare, on ne préférât la rendre fermière de ses
propres biens, emphytéote, mainmortable. On inté-
ressait, au besoin, les classes inférieures à la dépossession des supérieures, et tout était dit. Le pays ne
remuait plus. La vie politique s'éteignait. C'est ainsi
que les tsars en usèrent avec une partie de la noblesse
polonaise; et c'est pour n'avoir su ou n'avoir osé ap-
pliquer ce principe aux populations remuantes de son
empire, que l'Autriche s'est mise à mal avec les Lom-
bards et les Hongrois. Qu'on regarde ce que les Turcs
ont fait des nations par eux subjuguées. Quelle vie politique est restée en Égypte et dans toute l'Afrique, en
Syrie, en Asie Mineure, dans la Thrace, la Macédoine
et la Grèce même? La spoliation, encore plus que le
massacre, a tout anéanti. Les Turcs auraient absorbé
les races envahies et fondé une puissance qui, assise
sur l'Asie, l'Afrique et l'Europe, ayant pour centre la
Méditerranée, aurait fini par triompher de la chrétienté
divisée, si à leur génie militaire ils avaient joint le
génie civilisateur des Arabes; si, comme les Arabes,
ils avaient eu seulement la vraie notion de la conquête.

Mais la force turque n'est que de la force brute. Les
guerriers ottomans n'ont jamais su de la guerre que
le massacre, le pillage, la dévastation et le viol. Ce sont
eux qui, par la sauvagerie de leur apostolat, ont dés-
honoré et tué l'islamisme, si glorieux sous les califes ;
ils ont fini par se tuer eux-mêmes dans la corruption
de leur despotisme, et nous les voyons, encore nombreux et forts, étouffés par les populations chrétiennes,
qui partout renaissent de leurs cendres.

Il appartenait au christianisme, dont le nom pourrait s'interpréter *la conquête*, et qui eut en effet pour
mission de conquérir au royaume spirituel du Christ
toutes les nations de la terre ; il appartenait, dis-je, à
cette religion d'unité et de détachement, de réformer
la guerre, en séparant la conquête de la coutume
païenne, égoïste, du pillage. Il ne l'a pas fait ; l'idée ne
lui en est pas même venue. L'époque triomphante du
christianisme est cette partie du moyen âge qui de
Charles Martel s'étend jusqu'à saint Louis, époque
d'anarchie et de misère, que l'on a comparée à la
tyrannie féodale des Doriens, et qu'on pourrait définir
la réciprocité du brigandage. Les évêques eux-mêmes
exercent le droit seigneurial, et ce ne sont pas les moins
impitoyables. Or, qu'est-ce que ce droit seigneurial,
conservé en partie jusqu'à la révolution ? Le droit de
rapine, exercé comme extension du droit de conquête,
et déclaré droit divin par une Église devenue aussi
barbare qu'elle s'était montrée d'abord réformatrice

et démocrate. Ruinés malgré leurs brigandages et forcés de vendre leurs terres, les nobles s'enrôlent pour la croisade, sans doute afin de reconquérir sur les infidèles la Terre sainte, héritage du Christ, et par ce moyen d'obtenir le pardon de leurs péchés, mais aussi, mais surtout dans l'espoir de refaire leur fortune, ce que la religion du Christ n'interdit pas plus à ses chevaliers que celle de Mahomet à ses cheiks, et ce qui arriva en effet à quelques-uns.

Au xive siècle, la guerre devient une franc-maçonnerie de pillards. Les *grandes compagnies* mettent la France à rançon. Duguesclin ne parvient à en débarrasser le royaume qu'en se mettant à leur tête et les conduisant, d'abord sur les terres de la papauté avignonaise, à laquelle il impose une contribution, puis en Espagne, où il entreprend de détrôner le roi légitime don Pedro, dit le Sévère, au profit de Henri de Transtamare, son frère naturel. Les *condottieri* révolutionnent l'Italie, chassent les seigneurs qui ne peuvent plus les payer, mettent les villes à l'encan, ce qui montre le peu de cas qu'ils faisaient de la conquête, et combien ils lui préféraient le butin : ce n'est que faute d'acheteurs qu'ils se décident à se faire eux-mêmes souverains. Cette institution étrange d'armées sans patrie, sans chefs politiques, sans intérêts de nationalité, est un des phénomènes les plus curieux qui sortirent de la confusion où la barbarie et le christianisme, se mariant ensemble et se jetant sur l'empire, avaient fait tomber le monde. Elle ne disparut de la scène qu'à la guerre de Trente Ans, après l'extermination des bandes de Tilly et de Wallenstein par Gustave-Adolphe.

A partir de François Ier, la noblesse, entraînée par les goûts de luxe, devient de plus en plus nécessiteuse; sous Lous XIV, elle ne subsiste plus que des largesses du monarque. Sa bassesse, ses turpitudes, égalent sa cupidité. C'est à l'influence de cette race de traîne-rapières qu'il faut attribuer le caractère bataillard qui est devenu, depuis le xviie siècle, un des traits du peuple français. Le roi ne pouvant toujours donner, la guerre fournissait un supplément. La rivalité de Louvois et de son frère Letellier contre Colbert et son fils Seignelay, rivalité qui exprime si bien l'opposition entre la noblesse orgueilleuse et affamée et la bourgeoisie enrichie par le travail, fut cause, selon l'abbé de Saint-Pierre, de la guerre de Hollande de 1671 à 1678, et du bombardement de Gênes, les deux actes qui firent le plus détester à l'Europe la puissance de Louis XIV. Si le roi fait la guerre pour arrondir ses États, les nobles la font pour s'enrichir aux dépens de l'ennemi. Villars, le héros de Denain, bon homme au fond, fait naïvement confidence à Louis XIV, dans ses lettres, de la part qu'il s'adjuge dans les contributions de guerre dont il frappe les villes, ce qui ne l'empêche pas de demander sans cesse au roi de nouvelles gratifications.

Il faut arriver jusqu'à la révolution française pour découvrir dans nos mœurs militaires un commencement de réforme. Le peuple français, chez qui la vanité tient plus de place que l'avarice, tend bien moins, on le sait, à dévorer l'ennemi qu'à le faire à son image : c'est par cet esprit d'assimilation que la France est devenue si parfaitement unitaire. Avec quelle peine cependant l'idée élevée de la conquête se dégage de la pensée ignoble du pillage !

Bonaparte, le plus désintéressé de nos généraux, le plus indifférent à la richesse, le plus franchement conquérant, donne d'abord cet exemple rare, pour lequel on l'a justement loué, *de ne rien prendre pour lui-même*. C'est au trésor de l'armée, aux musées nationaux, qu'il destine les contributions qu'il lève, ainsi que les dépouilles des églises, des couvents, des palais, qu'il fait enlever par ses commissaires, et qu'il envoie à Paris comme ses plus glorieux trophées. Le droit de la guerre, je n'ai plus à revenir sur ce point, n'admet aucune spoliation, même sous ce noble prétexte ; et quelque orgueil que nous ressentions à contempler dans les salles du Louvre ces chefs-d'œuvre d'une nation vaincue par nos armes, il faut le reconnaître généreusement, il ne nous était pas permis de les prendre. Mais, comme la justice a son progrès, il faut aussi confesser en même temps que la conduite du général Bonaparte est un des faits qui honorent le plus la république.

Plus tard, devenu empereur, il disait à ses généraux : *Ne pillez pas, je vous donnerai plus que vous
n'auriez pris.* Je sais bien qu'ici encore c'était l'ennemi qui faisait les frais de ses distributions. Mais
n'était-ce rien que de faire cesser le pillage et le gas-
pillage, et de réduire le droit de *butiner* à une simple
contribution de guerre? Ici, je me plais à le reconnaître, car l'empire me fournit assez d'autres occasions de critique. Napoléon marchait dans le droit
comme il marchait dans ses conquêtes. Un économiste
a fait le calcul approximatif des *recettes extérieures* en-
caissées par Napoléon de 1806 à 1810; le chiffre pour
ces cinq années est d'un milliard sept cents millions.
Soit, les étrangers ont le droit de se plaindre ; 1814 et
1815 les ont dédommagés. *Ce qui vient de la flûte,* dit
le proverbe, *s'en va au tambour :* souvenons-nous-en,
et ne pillons plus. Mais quelle est donc la ville qui ne
préférât payer une forte contribution, plutôt que de
supporter trois journées de pillage?

« Nos soldats, dit M. Thiers, à propos du siége de
« Tarragone, cédant au sentiment commun à toutes
« les troupes qui ont pris une ville d'assaut, consi-
« déraient Tarragone comme leur propriété. »

Voilà la nature prise sur le fait. *Guerre, c'est pillage,*
pense le soldat en son for intérieur. Que lui parlez-
vous de politique et de droit des gens? Dans l'état où

l'a mis la bataille, il est incapable de vous comprendre. C'est en vain que le chef le plus brave, le plus obéi, lui crie : *Ne pillez pas, je vous donnerai plus que vous n'auriez pris.* Non, sire, le pillage !... Il y a dans ce mot quelque chose qui va mieux à l'orgueil du guerrier, qui captive bien autrement son imagination ; le dirai-je ? quelque chose qui lui semble plus en rapport avec sa conscience. Le guerrier ne vend pas sa vie pour de l'or ; il la joue bravement contre la vie de l'ennemi : le butin n'est que le monument de sa victoire, un trophée. *Deux heures de pillage !* voilà le vrai triomphe, et le moins qu'un général puisse accorder à ses soldats à la suite d'un assaut.

Où en sommes-nous maintenant ? Avons-nous fait, depuis Napoléon, quelques progrès ? En 1830, nous avons conquis l'Algérie. La fréquentation des Arabes était une mauvaise école pour nos militaires. L'histoire des *boudjous* du général Bugeaud, un général désintéressé pour lui-même, comme l'était Bonaparte, est présente à tous les souvenirs. Le procès Doineau est venu dans ces dernières années affliger encore l'opinion. Sera-t-il dit que la conquête française, portant la civilisation aux Bédouins, aux Touariks, aux Nègres du Soudan, leur aura donné pour première leçon le pillage ?

Grâce au ciel, la Crimée, pays désert, la Lombardie, pays ami, ont été pour nos soldats une école de tempérance. Mais qui oserait se flatter qu'à la première occasion ils ne se dédommageront pas, quand on voit en 1860 un éminent jurisconsulte, avocat à la cour de cassation et au conseil d'État, M. Hautefeuille, défendre les *lettres de marque* et le *droit de prise,* comme essentiels au droit de la guerre? — *Ne pillez pas*, disait Napoléon; M. Hautefeuille, au contraire : Faites la course, faites la pille ; c'est votre droit, et comme soldats, représentants des intérêts de votre pays, et comme simples particuliers, représentants de vos propres intérêts.

D'après les principes qui régissent l'armement en course, aussitôt que deux nations sont en guerre, la piraterie, organisée par de simples particuliers et autorisée par les gouvernements, recommence entre elles, comme autrefois entre Athènes et Sparte. C'est la branche la plus lucrative du métier, celle qui agrée surtout aux marins. La course, disent les légistes, est un moyen de réduire l'ennemi plus promptement. Sans doute ; mais on peut en dire autant de la saisie des propriétés par les armées de terre. Pourquoi donc ce qui est permis au soldat de marine et à l'armateur ne le serait-il pas au soldat de terre et au corps franc? Pourquoi la guerre serait-elle aux uns tout profit, aux autres tout sacrifice ?

« La guerre est la guerre, disait à propos du livre « de M. Hautefeuille le *Journal des Débats*. Il faut la « prendre pour ce qu'elle est. On ne l'empêchera ja-

« mais de nuire aux fortunes particulières, pas plus
« qu'à celles de l'État. *Il ne serait pas même bon qu'il*
« *en fût autrement,* car, le jour où les intérêts de l'État
« sont devenus distincts de ceux des individus, la na-
« tion est bien près de sa ruine. »

Aussi légèrement raisonné que légèrement écrit. A
ce style facile, à cette morale encore plus facile, on
reconnaît l'esprit académique et conservateur des *Débats*. Réformer la guerre, quelle entreprise ! Tenons-
nous comme nous sommes : il n'en arrivera ni mieux
ni pis, et nous sommes certains de ne pas plus nous
égarer que ne se sont égarés nos pères. Donc la guerre,
d'après M. Hautefeuille et d'après le *Journal des Débats*,
ce n'est pas seulement la conquête, comme Napoléon
inclinait à le croire ; la guerre, c'est le pillage. Et quand
les puissances réunies en congrès proposent, pour
adoucir les mots de la guerre, non pas même de
déclarer les navires de commerce et leurs cargaisons
à l'abri des hostilités, les plénipotentiaires feraient
jeter les hauts cris s'ils s'aventuraient jusque-là, mais
simplement de réserver la poursuite de ces navires aux
vaisseaux de guerre et d'abolir les lettres de marque,
il se présente des avocats et des journalistes bons
bourgeois pour protester contre cet exorbitant privilége de l'État et plaider au nom de la morale politique
la cause des pirates.

CHAPITRE X.

CONSÉQUENCES QUE POURRAIT AVOIR,
AUX TERMES DU DROIT EN VIGUEUR, UNE GUERRE
ENTRE LA FRANCE ET L'ANGLETERRE.

Ni le raisonnement, ni une conception plus haute de la justice, ni l'honneur des nations, ne suffisent pour triompher d'abus invétérés, acceptés par la coutume et passés à l'état légal. La terreur des intérêts, que l'on voit parfois enfanter de si grandes lâchetés, peut seule opérer certaines conversions. A ceux-là donc que nos arguments ne sauraient convaincre, je proposerai, comme application éventuelle du droit en vigueur, l'hypothèse suivante sur laquelle je les prie de faire connaître leur sentiment.

La guerre, après avoir grondé longtemps entre la France et l'Angleterre, éclate enfin. Les motifs et les prétextes n'y manqueront pas. Ce sera avec le ressentiment des anciennes luttes et des vieilles injures, non pas sans doute la nécessité d'une incorporation : ce que la Manche a séparé, la politique ne le joindra jamais, mais la prépotence sur l'Europe et sur le globe. Nous faisons pour le moment abstraction des autres puissances, qui comptent bien pour quelque chose ;

15.

nous supposons les jours d'Austerlitz et de Friedland
revenus. Le continent est affaissé sous les armes de la
France : il ne reste devant elle qu'un champion, c'est
l'Angleterre. Des deux côtés du détroit les journaux
prêchent la guerre à outrance et la nécessité d'en finir.
Les cœurs s'exaltent aux récits semi-légendaires de la
guerre de Cent Ans ; chacune des deux nations rappelle
ses victoires, ses conquêtes et ses hauts faits. Les Anglais
celèbrent les journées de l'Écluse, de Crécy, de Poi-
tiers, d'Azincourt ; ils se souviennent d'avoir possédé
Dunkerque, Calais, Boulogne, le Havre, Bordeaux. Un
jour, un de leurs rois fut roi de France, et peu s'en
fallut que les pays de langue d'*oc* et de langue d'*oil* ne
devinssent de langue d'*yes*. Tandis que la terre britannique est restée vierge des invasions des Français,
et n'a jamais reçu la visite que de leurs touristes... le
peuple anglais se vante d'avoir, dans ses guerres avec
la France, toujours gagné la belle ; une seule fois la
France a eu le dessus, mais elle con..battait contre l'Angleterre en compagnie de soldats de race anglaise,
dans la guerre d'Amérique. C'est l'Angleterre qui a
brisé l'orgueil du grand roi dans la guerre de la succession d'Espagne ; c'est l'Angleterre qui a terrassé le
grand empereur. Qu'est-ce que la défaite si promptе-
ment réparée de Fontenoy, auprès de tant de victoires,
dont le résultat a été par deux fois de délivrer l'Europe de l'insolence française, et d'assurer à la Grande-
Bretagne l'empire des mers ?...

Ces diatribes, rapportées de ce côté-ci de la Manche, exaspèrent le peuple français. Si quelque chose en France peut réunir en un même sentiment les partis qui la divisent, c'est une guerre contre l'Angleterre. Les légitimistes reprochent au gouvernement anglais d'avoir conspiré le renversement des Bourbons ; les orléanistes, d'avoir préparé la chute de Louis-Philippe ; les républicains, d'avoir appuyé le coup d'État du 2 décembre. Le socialisme est ennemi de l'Angleterre, parce qu'il la considère comme le centre et la forteresse du capitalisme exploiteur et malthusien, qu'il a juré de détruire. Le clergé l'exècre pour ses missions à la Pritchard. Toute la nation a sur le cœur les vingt-quatre années de guerre de la république et de l'empire, les siéges de Toulon et de Dunkerque ; les défaites d'Aboukir, de Trafalgar, de Waterloo, la perte de ses colonies, les affaires de Périm, de Suez, du droit de visite, du Maroc, et en dernier lieu l'intervention après coup des Anglais dans la révolution italienne. Jamais tant de matières combustibles ne furent amoncelées entre deux pays ; et il suffit d'une étincelle pour y mettre le feu. Que la guerre se déclare, elle ne finira que par l'humiliation définitive de l'une des deux puissances.

Comparons maintenant, d'une manière sommaire, les facultés des deux pays.

Population. — La France compte, depuis l'annexion de la Savoie et de Nice, trente-sept millions d'habitants; la Grande - Bretagne, vingt - huit millions.

Territoire. — Celui de France est plus étendu et de qualité supérieure.

Industrie, commerce, agriculture, marine, colonies. Sur tous ces points la supériorité est à l'Angleterre.

Guerre. — L'armée française est la plus formidable machine de destruction qui existe, supérieure même à ce qu'elle fut sous le premier empire. Mais cet avantage est compensé par la supériorité de la marine anglaise et par l'étendue plus grande de son action. Tandis que les armées de terre se meuvent lentement et n'occupent qu'une faible étendue de pays, l'Angleterre avec ses vaisseaux enceint le globe.

Gouvernement. — Celui d'Angleterre est une bourgeoisie constitutionnelle; celui de France une monarchie militaire. Le premier l'emporte dans la paix; le second est préférable, à ce qu'on assure, pour la guerre.

Dette publique, budget. — La dette française est d'environ dix milliards, la dette anglaise de vingt. L'avantage est à la France. Mais cet avantage se change en désavantage, si l'on compare le capital accumulé dans les deux pays, la somme des affaires et des profits, et le budget. A ce point de vue, l'avantage passe à l'Angleterre.

État social. — L'inégalité des fortunes est moindre en France; en revanche l'esprit d'entreprise est plus développé en Angleterre. L'Anglais est plus travailleur et consomme davantage; le Français est plus artiste et consomme moins. Le génie de l'invention est au même degré dans les deux pays : mais l'Angleterre tire meilleur parti de ses découvertes que la France, qui se soucie médiocrement des siennes.

Au total, on peut dire ce que maint patriote anglais niera, et que maint patriote français n'accordera pas davantage, que, comme les qualités physiques, intellectuelles et morales dans les deux races, sont équivalentes, les forces des deux États sont à peu près égales.

Vis-à-vis de l'étranger, ce que l'Angleterre doit d'influence à sa force productrice, à son commerce envahisseur, à ses immenses capitaux, à ses institutions libérales, la France l'obtient par sa position continentale, sa centralisation, sa propagande révolutionnaire et ses armées. Quant aux nationaux eux-mêmes, on peut dire que l'orgueil britannique et la vanité française sont partout également insupportables.

De toutes ces différences on peut conclure quels seraient, pour chacun des deux pays, la portée et le risque d'une guerre de suprématie poussée à outrance. Puisque l'Angleterre l'emporte par son aristocratie et sa bourgeoisie, par son commerce, sa richesse, ses colonies, il est clair, d'après le droit en vigueur qui autorise tous les moyens de réduire l'ennemi, autant que d'après les conseils de la plus vulgaire prudence,

que c'est sur la richesse anglaise, sur la marine, les
colonies, les capitaux, les manufactures de la Grande-
Bretagne, sur son aristocratie bourgeoise et nobiliaire,
que devra porter l'action de la France, si la France est
victorieuse. Par la même raison, ce sera sur la centralisation française et sur son organisation militaire que
frappera l'Angleterre, si l'Angleterre gagne cette suprême et décisive bataille.

Examinons, l'une après l'autre, ces deux alternatives.

Supposons d'abord qu'après une traversée heureuse
et une première défaite de la flotte anglaise, cent mille
Français débarquent sur la côte d'Angleterre, suivis
bientôt de cent mille et, s'il le fallait, de deux cent
mille autres. Il est permis de croire que devant des
armées régulières de cette importance les volontaires
anglais, quelle que fût leur bravoure, ne tiendraient
pas longtemps. L'Angleterre envahie et vaincue, Londres, Birmingham, Manchester et Liverpool occupés,
la force navale d'Angleterre obligée, par l'invasion du
pays, de capituler, voici ce que, d'après le droit de la
guerre établi, la France pourrait faire, dans l'intérêt de
sa suprématie à venir et pour l'assujettissement définitif de sa rivale :

La nation entière serait désarmée ;

Toute l'aristocratie et la bourgeoisie expropriée,
dépouillée, réduite à la condition du prolétariat ;

La dette publique, la dette hypothécaire et la dette
commanditaire déclarées éteintes ;

La terre, après cet immense dégrèvement, affermée par petits lots de quatre à dix hectares, et moyennant redevance de cinquante pour cent au-dessous du taux actuel des fermages;

Les mines, les filatures, les chantiers de construction, toute l'industrie anglaise, traitée de la même manière et livrée à des compagnies d'ouvriers, moyennant intérêt de deux pour cent du capital ;

Toute la marine de guerre, les arsenaux, les magasins, déclarés de bonne prise; l'Inde et les colonies passeraient à la France; quant aux navires de commerce, partie serait dirigée vers les ports français, le reste abandonné à des compagnies de marins, organisées dans les mêmes conditions que les fermiers, les mineurs et tous les autres ouvriers;

Enfin, une contribution de quatre milliards en numéraire, tableaux, statues, bijoux, vaisselle, meubles, linge, effets et marchandises, prélevée sur les classes élevées, et répartie entre le domaine et les sept millions de familles les moins aisées de la France.

Des percepteurs, installés dans toutes les paroisses de l'Angleterre et de l'Écosse, seraient chargés, au nom et pour compte du peuple français, d'encaisser par douzièmes les tributs établis sur l'agriculture, l'industrie, les mines, le commerce, la pêche, etc.

Cela fait, à la satisfaction commune de la plèbe anglaise, émancipée et enrichie par la ruine des nobles et des bourgeois, et de la plèbe française, gorgée des

dépouilles de l'ennemi, il n'y aurait plus de rivalité
entre les deux rives de la Manche, plus d'aristocratie
anglaise, plus d'exploitation anglaise, plus d'orgueil
anglais. L'Angleterre serait débarrassée même de son
épiscopat et de son gouvernement. Une armée d'occupation et une haute police, voilà tout ce qu'il faudrait au vainqueur pour assurer sa jouissance et
maintenir l'ordre. La France alors régnerait seule; le
revenu qu'elle tirerait d'outre-Manche couvrirait les
dépenses de l'empire; le peuple français, n'ayant rien
à payer, redeviendrait le plus gai du monde: l'obéis-
sance lui serait légère; et la plèbe d'Albion, débarrassée de ses exploiteurs, contente de son sort, lui
tendrait une main fraternelle.

Ici la raison d'État se joignant à la raison économique, les considérations d'ordre public aux considérations d'humanité, rien ne manquerait à la légalité de
ce grand acte de dépossession et de dénationalisation.

Voilà ce qu'aux termes de la jurisprudence guerrière, professée par tous les légistes, depuis Grotius
jusqu'à M. Hautefeuille, pratiquée avec plus ou moins
d'intelligence par tous les conquérants, depuis Nemrod
jusqu'à Napoléon; par toutes les aristocraties, depuis
les patriarches de la Bible jusqu'aux boyards de Mos-
covie et aux lords d'Angleterre; par toutes les bourgeoisies, depuis celles de Tyr et de Carthage jusqu'à
celles de Venise, d'Amsterdam et de Londres; voilà,
dis-je, ce que la France victorieuse serait en droit de

faire subir à sa rivale, à la suite d'une guerre pour la
suprématie en Europe. Le seul moyen, en effet, de
contenir une nation vaincue et dont l'incorporation est
impossible, c'est d'anéantir par la spoliation toute la
classe riche et de faire du pays une vaste métairie, en
divisant la population contre elle-même et faisant par-
ticiper aux dépouilles de la classe riche la classe la
plus nombreuse et la plus pauvre.

Supposons maintenant la fortune contraire : l'Angleterre, appuyée par une coalition européenne, détruisant la flotte française dans un autre Aboukir ; les
armées impériales anéanties dans un second Leipzig,
suivi d'un second Waterloo ; la France envahie, Paris
pris. Quelle sera la pensée des vainqueurs? Le baron
de Stein, l'esprit le plus libéral de toute l'Allemagne,
mais qui n'aimait pas la France, Blücher et le *Tugend-
bund* nous l'ont dit, il y a quarante-six ans, et je l'ai
entendu de mes propres oreilles répéter par leurs
successeurs : ce sera, après avoir opéré sur la constitution économique du pays, comme il a été dit tout à
l'heure pour l'Angleterre, d'en finir avec l'unité française, cause première du militarisme français et des
inquiétudes de l'Europe. Ici point d'aristocratie à dé-
raciner : il s'agit, en poussant à sa dernière conséquence le principe d'égalité, si cher au peuple, d'o-
pérer le démembrement du pays.

La nation étant donc désarmée, les forteresses et
les ports détruits, les arsenaux vidés, les vaisseaux de

guerre confisqués, toutes les dettes abolies, dette publique, dette hypothécaire, dette commanditaire, dette chirographaire; une contribution de guerre de quelques centaines de millions frappée sur la bourgeoisie, la terre serait livrée aux paysans, par lots incessibles et inaliénables, et moyennant une redevance égale à peu près à 50 % de la rente du sol; les transports, les manufactures, les banques, les mines, la marine, organisés en services publics, et la classe travailleuse appelée, à la place de la bourgeoisie rentière et commanditaire, aux bénéfices des exploitations. Pour plus de sûreté, on abolirait les grandes industries du pays, ne lui laissant que les articles de luxe et de goût pour la production desquels le positivisme anglais ne peut lutter avec la délicatesse française. C'est ainsi qu'à la place de ses anciennes écoles d'artistes et de ses corporations de métier, l'Italie a des fournisseurs de marbrerie et de peinture, pour l'exportation à l'étranger. Sur les profits de l'agriculture, du commerce et de l'industrie, partie serait réservée pour les frais des nouveaux États, partie payée à l'ennemi, à titre de tribut.

Ces mesures générales prises, on procéderait à la division de l'empire français en douze régences indépendantes, ayant chacune pouvoir législatif et pouvoir exécutif nommés par le peuple; plus, université, organisation judiciaire, banque centrale, bourse, etc. Les nationalités absorbées dans l'empire français se-

raient· rappelées à la vie : Normandie, Flandre, Lorraine, Alsace, Bourgogne, Auvergne, Touraine, Dau-
phiné, Provence, Languedoc, Bretagne, etc., avec
Rouen, Lille, Metz, Strasbourg, Dijon, Clermont, Or-
léans, Lyon, Marseille, Toulouse, Bordeaux, Nantes,
pour capitales.

Resterait, pour consolider l'œuvre, à détruire Paris.
Détruire Paris, ce n'est pas en raser les maisons;
Paris est plus que de la matière, c'est une idée, et
c'est l'idée qu'il faudrait atteindre. Il suffirait, après
la décentralisation de l'empire, de démolir les cent
cinquante principaux monuments de la capitale :
églises, palais, théâtres, ministères, mairies, musées,
casernes, prisons, hôpitaux, écoles, académies, con-
servatoires, tribunaux, halles, entrepôts, arcs de
triomphe, colonnes, la Bourse, la Banque, l'Hôtel-de-
Ville, les ponts et les gares de chemins de fer. Tout le
mobilier appartenant à l'État, à la ville et aux établissements publics, déménagé et distribué aux douze
nouvelles capitales. Avec une masse de population
comme celle de Paris, rendue disponible, et qu'il serait facile, en la renvoyant dans ses départements,
d'intéresser au succès de l'opération, huit jours suffi-
raient pour consommer cet acte de suprême vandalisme.

En six semaines, les dix-neuf-vingtièmes des habitants du département de la Seine se seraient écoulés
dans les provinces. Paris ne serait plus qu'un amas

de matériaux qui, pendant des siècles, fournirait aux
besoins de la France entière. On y viendrait acheter
des maisons toutes faites, que l'on transporterait au
loin, pour servir à l'édification d'une France nouvelle.
Les douze régences, chacune de deux à quatre millions d'âmes, formeraient une confédération de petits
États qui, à peine venus à l'existence par le bon plaisir
de l'étranger, fondés sur la spoliation et la banqueroute, seraient les plus grands ennemis de l'unité. La
nationalité est un sentiment si débile dans les multitudes, si prompt à se confondre avec l'intérêt de
clocher, que la plèbe des villes et des campagnes,
enrichie par la ruine politique de la nation, prendrait
rondement la chose, et, comme la bourgeoisie de
1814, voterait des remercîments à l'étranger. A toutes
les époques de crise il surgit par bandes, comme une
génération spontanée, des figures hétéroclites qui traduisent en charge le sentiment public, soulèvent
l'épouvante, la pitié ou le dégoût, et disparaissent
ensuite sans laisser de vestige. 1789 a eu ses *brigands,* 1793 ses *sans-culottes,* 1796 sa *jeunesse dorée,*
1815 ses *verdets.* Nous aurions les fanatiques du démembrement, criant et faisant crier : *A bas la France!*
Nombre de militaires, de savants, d'artistes, tout ce
qui aurait le sentiment de la vie et de la dignité française, en voyant la patrie guillotinée, se brûleraient
la cervelle ou deviendraient fous : au bout de trois
ans il n'y paraîtrait plus. Un grand État, une grande

nation, aurait disparu. Mais la vigne, continuant de
fleurir, les campagnes de se couvrir de moissons, le
vin coulerait, l'argent circulerait, on boirait, on chan-
terait, on rirait, on ferait l'amour, comme au lendemain du déluge : *Nubebant et bibebant, plantabant et
ædificabant*. Et il se pourrait que le peuple ainsi déca-
pité fût encore plus heureux que ses maîtres : ô vanité
de la guerre et de la politique!...

Que tous les hommes qui aiment leur pays; que
ceux pour lesquels les États sont autre chose que de
vaines abstractions et qui ne croient pas que, la vie
et même le bien-être des individus sauvés, tout soit
sauvé, que ceux-là y réfléchissent. Dans tout ce que
je viens de dire, il n'y a pas exagération d'un iota.
Sans doute la guerre n'a plus pour objet direct,
avoué, le pillage; sans doute la conquête, telle que
la recherchèrent les Louis XIV, les Frédéric II, les
Napoléon, est à autre fin que de percevoir, à la manière turque, un tribut. Mais il peut se faire, dans la
condition économique actuelle des nations, et précisément en raison de leurs rapports économiques, que
la ruine et la dissolution d'une société, que l'expropriation d'une nation tout entière apparaisse comme
le seul moyen de mettre un terme à l'effusion du sang.
Or, nous avons cité les paroles des auteurs : pour
réduire un ennemi opiniâtre et toujours renaissant,
tous les moyens que fournit la victoire sont licites, la
dissolution de l'État, le partage du territoire, l'enlève-

ment des colonies, l'expropriation des citoyens. C'est
ainsi que le tiers état en a usé pendant la révolution
vis-à-vis du clergé et de la noblesse : pourquoi une
nation n'en userait-elle pas de même vis-à-vis d'une
autre nation? Et pourquoi, enfin, ô sagesse profonde du
Journal des Débats! si jamais la guerre se rallume entre
la bourgeoisie et le prolétariat et que celui-ci soit le
maître, pourquoi le prolétaire n'userait-il pas aussi de
la victoire vis-à-vis du bourgeois? *Patere legem quam
ipse docuisti*, vous dirait-il. Et vous, vous répondriez
en baissant la tête : Tu l'as voulu, Dandin : *Meritò hæc
patimur*.

    Ce qui me reste à dire de la conquête et du carac-
tère qu'elle tend à prendre dans les temps modernes
rendra ces appréhensions encore plus plausibles.

CHAPITRE XI.

CE QUE LA CONQUÊTE
TEND A DEVENIR : RÉDUCTION DE LA GUERRE
A L'ABSURDE.

L'homme a rarement le courage de ses idées. Cette paresse d'exécution est le principe de bien des inconséquences ; elle est aussi une sauvegarde contre bien des fureurs. Malgré le verbiage des légistes, la rhétorique des historiens et la jactance des militaires, le doute s'est glissé dans les esprits. On ne s'est pas demandé, avec la précision que j'y ai mise, ce que c'est en soi que le droit de la guerre ; quel en est le principe ; quelles sont les conditions de son exercice ; jusqu'à quel point il est permis de saccager et d'occire ; si, par conséquent, la spoliation du vaincu a rien de commun avec les lois et l'objet politique de la guerre, et s'il est tel cas qui puisse autoriser la destruction d'une nationalité et l'expropriation de tout un peuple, comme je viens d'en faire, dans le précédent chapitre, l'hypothèse. Ces questions, et bien d'autres que soulève l'idée si ridiculement méconnue d'un droit de la force, dorment ensevelies dans la conscience des peuples.

Mais, à défaut d'une critique savante, l'influence générale de la civilisation, l'adoucissement des mœurs, le sentiment confus d'une constitution supérieure vers laquelle l'humanité est poussée, ont commencé à détremper, si j'ose ainsi dire, la férocité de l'homme de guerre. Une pudeur secrète le saisit, lui, l'homme de toutes les licences ; il sent que ces idées de dévouement, d'honneur, de liberté, dont il est le représentant et le héros, sont incompatibles avec les procédés du brigandage ; il éprouve, à l'idée de pillage, un insurmontable dégoût. Si l'ère des conquêtes est passée, il n'en sait rien ; mais il se dit que la guerre, quelle que soit sa cause profonde, a pour but non de trancher un problème d'économie, mais de résoudre une question politique ; que dès lors la guerre est censée se faire entre les États plutôt qu'entre les peuples ; qu'en aucun cas la conquête ne saurait avoir pour effet de créer, par la spoliation et la déchéance, des peuples entiers de colons et de serfs ; que l'incorporation d'une ville, d'une province, n'implique aucunement la spoliation des particuliers ; que dès lors le droit de conquête, tel que le droit des gens le suppose, ne pouvant être exercé que par l'État, est soumis aux règles qui président à l'accroissement et à la délimitation des États, et exclut toute idée de confiscation et de servitude.

Ces sentiments sont aujourd'hui ceux de toutes les nations civilisées ; c'est pour cela qu'ils gagnent jusqu'aux militaires. De même que l'on est tacitement convenu, comme l'a dit Grotius, de ne pas mettre à prix la tête des princes, alors même qu'il existe des raisons de croire que la guerre est toute de leur fait, de même il y a convention tacite de ménager, en cas de conquête, la classe des propriétaires, dont la mise à nu équivaudrait à une décapitation du peuple. Quel souverain en Europe se soucierait de régner sur une nation composée uniquement de parias? L'Angleterre ne le fait pas même avec les Hindous, dont elle ménage les rajahs et les brahmanes. Les nationalités ont vécu et grandi jusqu'à présent par leurs aristocraties ; c'est pour cela que la Pologne ne sera pas regardée comme soumise et définitivement incorporée tant qu'il restera une noblesse qui la représente et qui proteste ; et c'est pourquoi la conscience universelle réprouve les exécutions et les confiscations exercées contre cette noblesse par des conquérants qui ne savent ni la fléchir ni la remplacer.

Mais, si telle est la tendance des mœurs modernes, s'il est acquis à la civilisation que l'incorporation d'un pays dans un autre emporte de plein droit, pour les habitants incorporés, avec l'isonomie, le respect de leurs propriétés, quel avantage peut offrir encore la conquête, et comment la guerre ne cesse-t-elle pas d'elle-même, faute de pouvoir être bonne à rien? Qu'importe au Piémont d'obtenir la Lombardie, à l'Autriche de l'avoir perdue, si en dernière analyse les

habitants de cette province jouissent des mêmes avantages, supportent les mêmes charges, que ceux de
l'État dans lequel il se trouvent incorporés; si, selon
les règles d'une bonne administration, l'impôt payé
par chaque localité ne doit être dépensé que pour le
service de la localité? Qu'est-ce que le Piémont, la
France, la Suisse, ont à perdre ou à gagner, dans de
telles conditions, à l'annexion de la Savoie? De quel
avantage serait pour nous autres Français la frontière
du Rhin? Et réciproquement, que peut faire à la Lombardie de se dire piémòntaise plutôt qu'autrichienne;
à la Savoie de devenir républicaine en s'unissant aux
Suisses, ou impériale en passant aux Français; à la
Belgique de conserver son indépendance ou d'entrer
dans notre orbite? Avec l'isonomie qu'aucun État conquérant ne refuse plus; avec un budget réduit à sa
plus juste expression; avec le libre échange qui gagne
partout en faveur; avec la jouissance des libertés politiques, la question de nationalité est, à ce point de
vue des intérêts, de la plus parfaite insignifiance. Que
deviennent, enfin, les questions de territoire, de frontière, de colonies, de marine, de douanes, si, d'un
côté, l'objet pour lequel on est censé faire la guerre,
pour lequel on l'a faite de tout temps, bien qu'on se
soit de tout temps gardé d'en rien dire, le butin, le
tribut, la confiscation, la terre, les colonies, les priviléges commerciaux, si cet objet de la guerre, dis-je,
n'existe plus; si d'autre part la liberté est partout

égale, si les droits sont les mêmes, si les institutions ne diffèrent que par les mots, si la solidarité enfin, aussi bien entre les cités qu'entre les individus, n'excluant pas l'indépendance, offre partout les mêmes garanties et les mêmes réserves?

Il est évident que la guerre, affranchie du motif secret et honteux qui la détermine, par l'abolition du pillage, de la course, des contributions de guerre, et de toute espèce de réquisition, entourée ensuite de tous les droits civils, politiques, internationaux, qu'elle-même a fait naître, va se trouver sans objet; qu'il ne viendra à la pensée de personne d'y avoir recours, puisque ni la richesse ni l'honneur de la patrie n'y sont plus intéressés; que les difficultés internationales, ramenées à des questions de droit simple, peuvent être diplomatiquement ou arbitralement résolues; enfin, que la justice de la force et tout son appareil, tout ce qui en dépend, tout ce qui la suppose, l'implique, la soutient, toute cette juridiction et cette jurisprudence doivent être supprimées, faute de justiciables.

Cette conclusion est des plus graves, attendu qu'il s'agit ici de bien autre chose que d'un simple désarmement et de la cessation du carnage; il y va de tout le système politique, fondé en entier sur la guerre, et que rien jusqu'ici ne semble pouvoir remplacer. C'est l'observation même que nous nous sommes faite dès les premières pages de cet ouvrage : Qu'est-ce que la

société sans l'État? Et qu'est-ce que l'État lui-même
sans ce que Rousseau nomme le PRINCE, monarque ou
magistrat, héréditaire ou élu, c'est-à-dire sans la
guerre faite homme et portant l'épée?

La situation est pressante, et l'on se demande comment la guerre saura y échapper, et ce que la société,
si la guerre succombe à cette épreuve, deviendra
sans elle.

C'est ici que nous allons voir la guerre, poursuivie,
si l'on me permet cette métaphore toute militaire,
dans son dernier retranchement, faire éclater sa contradiction et se montrer dans sa laideur.

Il en est des idées et des institutions comme des
villes et des États : elles se défendent jusqu'à extinction. La guerre, je parle d'elle comme je ferais d'une
personne vivante, défendant son existence menacée,
la guerre ne veut pas s'en aller ; elle ne veut pas
mourir. Elle a dès longtemps prévu l'objection qui lui
serait faite ; tacticienne prévoyante, elle s'est ménagé
une retraite, un passage dérobé, où nous allons la
suivre.

La cause première de la guerre, avons-nous dit, est
le paupérisme, en autres termes, la rupture de l'équilibre économique. Son but secret, mais réel, est de
subvenir au déficit par la conquête, autrefois, et moins
cérémonieusement, par la confiscation, le tribut, le
pillage. Supprimez la cause première de la guerre,
elle n'existe pas. Interdisez-lui le but que cette cause

lui assigne, elle n'a plus de raison d'être. Or, comme le paupérisme ne semble pas pouvoir jusqu'ici être éteint, que la guerre n'a pas reçu cette mission; comme par conséquent l'antagonisme paraît inhérent à l'humanité, la guerre ne peut pas être éliminée, et puisqu'elle existe, il faut qu'elle consomme. Que fera-t-elle donc, si d'un côté elle est obligée par sa propre loi de traiter sa conquête comme son propre État, de l'administrer en bonne mère de famille; si d'autre part le point d'honneur lui interdit le pillage?

La guerre ne peut mentir à sa cause. Fille de famine, après avoir cherché pâture à l'étranger, mais forcée par le progrès de la civilisation de renoncer à l'étranger, elle va se rejeter sur ses propres nationaux; comme Saturne, elle dévorera ses enfants, et c'est afin d'augmenter le nombre de ses victimes et d'éloigner son suicide, qu'elle continue de chercher des conquêtes.

La guerre, en autres termes, tend à esquiver le LI-BÉRALISME qui la poursuit en se réfugiant dans le *gouvernementalisme,* autrement dit système d'exploitation, d'administration, de commerce, de fabrication, d'enseignement, etc., par l'État. Donc, on ne pillera plus, c'est ignoble; on ne frappera plus de contributions de guerre, on ne confisquera pas les propriétés, on renoncera à la course, on laissera à chaque ville ses monuments et ses chefs-d'œuvre, on distribuera même des secours, on fournira des capitaux, on ac-

16.

cordera des subventions aux provinces annexées. Mais on gouvernera, on exploitera, on administrera, etc., militairement, tout le secret est là.

Un État peut se comparer à une compagnie en nom collectif ou anonyme, dans laquelle il y a d'immenses capitaux à manier, de grandes affaires à traiter, de gros profits à faire : par conséquent, pour les fondateurs, directeurs, administrateurs, inspecteurs, et tous autres fonctionnaires, des gratifications à espérer, plus de magnifiques traitements. Les services sont organisés, hiérarchisés en conséquence, selon l'ordre de mérite et d'après les états de service des sujets. Plus l'État prend d'extension, plus le pouvoir a de fonds en maniement ; mais plus il manie d'argent, plus naturellement il en reste à son personnel et à toutes ses créatures.

La cause première de la guerre, à savoir, le paupérisme, continuant d'agir, agissant même par en haut avec plus d'intensité encore que par en bas, il y a donc toujours militarisme au dedans et tendance à la conquête au dehors ; seulement la guerre, au lieu de piller et pressurer le peuple conquis, réalise ses bénéfices sous une autre forme. De même qu'aux siècles d'Alexandre et de César le pillage héroïque s'était transformé en conquête, de même la conquête tend à se transformer à son tour en gouvernementalisme.

Préfectures, commissariats, dotations, pots-de-vin, sinécures, traitements, pensions, remplacent les exac-

tions proconsulaires, les dépossessions, la *latifundia,*
les ventes d'esclaves, les confiscations, tributs, four-
nitures de grains, de fourrages, de bois, etc. C'est
surtout au moment de la prise de possession que se
font les bons coups. Que de services à créer, d'emplois à distribuer! Que de promotions! Quelle bureau-
cratie! Et pour les gens d'affaires, que de spéculations! Voilà la guerre dans sa phase la plus élevée, la
guerre avec l'isonomie, sans expropriation et sans
pillage.

Un effet de ce système est de faire croître les dépenses de l'État, qu'on devrait appeler de leur véritable
nom *frais de guerre,* à mesure que la hiérarchie se
renforce et s'élève, à mesure par conséquent que l'État
s'étend, ou, ce qui revient au même, que le gouvernementalisme se développe. Sous l'empire de Napoléon Ier, qui faisait encore la guerre à l'ancienne mode,
l'extension du pouvoir central, son ingérance, étaient
loin, malgre la sévérité de l'administration, de ce
qu'elles sont devenues depuis. Le budget n'atteignait
pas un milliard. Sous la Restauration, la monarchie de
Juillet, la république de 1848 et le second empire, la
hiérarchie politique s'est développée, l'administration
centrale s'est fortifiée de tout ce qu'a perdu la vie lo-
cale, et le budget de 1860 est prévu à UN MILLIARD NEUF
CENT VINGT-NEUF MILLIONS. Ce résultat du développement
gouvernemental qui caractérise les grandes agglomérations politiques est ce qui cause le plus d'effroi aux

petits États. Comme les petits animaux en présence
des grands quadrupèdes, ils ont peur d'être engloutis,
à moins que, comme la pauvre Savoie, ils n'espèrent
tirer de leurs dominateurs plus que ceux-ci ne sauraient leur prendre. Dans ce cas on peut dire que ce
sont les rats qui dévorent les éléphants : car il faut toujours, dans ce monde d'extermination, que l'un mange
l'autre.

Ainsi la guerre tourne dans un cercle. Après avoir
absorbé tout ce qui se trouvait à sa portée et qui ne
pouvait se défendre, chaque État est induit à s'armer
contre lui-même et à se traiter en pays conquis. Cette
étrange conclusion, que devait faire ressortir, plus
qu'aucune autre époque, le xixᵉ siècle, en raison de
son progrès politique et industriel, est un des plus
graves dangers qui menacent les peuples et les gouvernements.

En 1823, la monarchie légitime éprouve le besoin
de se rallier l'armée, de se donner une attitude militaire qui la rende redoutable au dehors, en même
temps qu'elle ressusciterait son parti et ranimerait sa
tradition au dedans. Par les conseils de M. de Chateau-
briand et avec l'approbation de la Russie, de l'Autriche
et de la Prusse, elle entreprend la guerre d'Espagne.
Voilà la légitimité triomphante, le duc d'Angoulême
devenu un héros, les émigrés dans l'enthousiasme.
Que leur donnera l'Espagne, pour l'avoir délivrée de
ses révolutions? Rien : la guerre d'Espagne fut l'acte

désintéressé d'une politique d'ordre. Mais la France payera : en 1825 fut voté le milliard d'indemnité, en actions de grâces de la victoire remportée sur les Cortès. Sans doute le vote n'a pas été motivé sur le droit de guerre ; d'autres considérations l'ont déterminé et rendu moins odieux à la bourgeoisie et aux peuples. Mais cette indemnité, on ne se serait pas cru en mesure de la lever, sans l'appui des vainqueurs du Trocadero.

Cinq ans après, en 1830, cette même monarchie légitime fait la conquête d'Alger. On y saisit quelques millions sur lesquels on ne comptait guère ; puis on se hasarde, par les ordonnances de juillet, à faire une nouvelle traite sur la révolution, qui cette fois refusa de payer.

Parlerai-je du gouvernement de Louis-Philippe, surnommé *la paix à tout prix* ? Que lui ont valu les campagnes d'Afrique, la prise d'Anvers, l'occupation d'Ancône ? Rien, si ce n'est de se soutenir, tant bien que mal, à travers les conspirations, les insurrections, le mépris croissant, la misère grondante. Tout ce qu'on peut dire, c'est qu'en dix-huit ans la guerre, que nous n'avons faite à personne, nous a enlevé, à la pointe de la baïonnette, une somme d'au moins six milliards.

Maintenant où en sommes-nous ? La gloire, depuis 1852, a de nouveau couronné nos armes ; mais la question n'est pas là. La France entretient une armée de six cent mille hommes ; les autres puissances, chacune

selon ses moyens, l'imitent. Que nous ayons ou que
nous n'ayons pas la guerre, que nous soyons vainqueurs ou vaincus, le résultat sera celui-ci : les conquêtes, par le fait de l'isonomie qu'on ne refuse plus
aux pays incorporés, et par celui des libertés politiques
devenues le patrimoine commun des nations, donnant
zéro de bénéfice, il reste que les armées, qui, aux
termes du droit de la guerre, devraient vivre de la
guerre et enrichir leurs patries respectives, se nourrissent de la substance de leurs peuples. Sur un budget
d'un milliard neuf cent vingt-neuf millions, le département de la guerre en absorbe six cents. C'est ce
qu'on appelle la *paix armée*. Lors de l'expédition de
Crimée le gouvernement a emprunté, en sus du budget, un milliard cinq cents millions ; la guerre de Lombardie a exigé un supplément de cinq cents millions,
total deux milliards en cinq ans. Ajoutez les pensions,
les dotations, la caisse de l'armée, et cet éternel décime de guerre que Napoléon Ier, malgré son talent de
nourrir la guerre par la guerre, fut forcé d'établir, que
nous payons depuis plus de cinquante ans, que nous
payerons, si le système ne change, dans les siècles des
siècles, et nous arrivons à ce singulier résultat que la
guerre se réduit, en dernière analyse, à donner ses citoyens en pâture à ses soldats.

Eh bien, c'est en présence de ces faits, des conséquences qu'ils traînent à leur suite et des idées sans
nombre qu'ils font jaillir, que je reprends l'hypothèse

développée au chapitre précédent, touchant une guerre entre la France et l'Angleterre.

La guerre, ayant sa cause dans l'anarchie économique, que toutes les nations civilisées s'accordent à admettre, sous le nom de liberté du commerce et de l'industrie, comme une vérité scientifique, peut être regardée comme indestructible. La preuve, c'est que l'Europe, qui depuis quarante-six ans est entrée dans l'ère de la paix armée, au lieu de tendre à la paix désarmée, arme tous les jours davantage.

La conquête, dans les conditions où elle s'accomplit de nos jours, ne rapporte rien au conquérant; loin de là, elle ne sert qu'à faire croître les frais d'État en proportion toujours plus rapide que le revenu. Ajoutez que les motifs de la guerre, après s'être constamment renfermés dans la sphère de la politique, tendent, par l'effet du scepticisme politique et du désillusionnement général, à s'accuser comme motifs économiques et conséquemment à s'identifier avec la cause première.

Admettant donc l'hypothèse d'une guerre à outrance entre la France et l'Angleterre, et attendu, d'un côté, qu'une pareille guerre ne pourrait se résoudre en une incorporation, parce que la nature des choses y est contraire; d'autre part qu'elle aurait pour motif avoué, ici de vaincre la prééminence qu'assurent à l'Angleterre son industrie, son commerce et sa richesse; là de détruire l'influence exercée par la France sur le continent

par la puissance de sa centralisation et de ses armées, il
est clair que, si l'on voulait pour tout de bon en finir,
la nation victorieuse devrait, écartant toute fausse générosité et toute fausse honte, prononcer la dissolution politique et l'expropriation en masse de la nation
vaincue, à peine de s'exposer à subir un jour de terribles représailles. Impossible, pour mettre un terme à
cette rivalité acharnée, de trouver une autre solution.

Remarquez du reste que cette épouvantable exécution serait autorisée par le droit de la guerre tel qu'il
a été exercé dans tous les temps et que l'enseignent
les légistes. Le droit des gens n'y contredirait pas non
plus, puisque d'après les mêmes autorités le droit des
gens n'est autre que celui de la guerre ; le droit politique et le droit civil, enfin, de même que le droit
économique, ne s'y opposeraient point, puisque dans
le cas particulier ces droits seraient subordonnés au
droit de la guerre, dont le salut public est la loi suprême.

Certes, si le cas de guerre était présenté en ces
termes aux deux nations, française et britannique, la
perspective d'une pareille éventualité leur donnerait à
réfléchir.

De part et d'autre, la majorité cherchant une transaction, la guerre pourrait bien n'être jamais déclarée;
le problème de la paix perpétuelle entre les deux
peuples serait de fait résolu.

Mais croit-on en revanche que, si la décision à pren-

dre n'était portée au tribunal de l'opinion qu'après
que la guerre elle-même aurait déjà prononcé, la nation victorieuse se laisserait attendrir; qu'entre la certitude d'une domination à jamais assurée, l'appât d'un
butin immense, d'un budget couvert par le tribut
étranger, et la possibilité de succomber à son tour dans
de nouveaux combats et d'être traitée selon la rigueur
de la victoire, elle hésiterait? Je dis que cette nation-là
serait insensée qui, ayant pour elle le droit et le pouvoir, éprouverait le moindre scrupule. Elle n'aurait pas
mérité de vaincre, elle ne mériterait pas de vivre. Le
gouvernement qui, en pareil cas, se laisserait aller
aux conseils de la modération, serait traître à la patrie.

Voilà pourtant où nous en sommes, avec le droit
international, traditionnel et classique, qui régit l'Europe. Pas de nation qui ne soit aujourd'hui placée
dans l'alternative, je ne dis pas seulement de perdre
son indépendance politique, sa souveraineté, mais
d'être expropriée de toute sa richesse, mobilière et
immobilière, et soumise éternellement au tribut; ou
bien de se consumer elle-même, si elle est incapable
de se procurer une proie.

CONCLUSION.

Lorsque après avoir reconnu la nature juridique de la guerre et sa mission humanitaire, nous avons recherché si ses jugements et ses exécutions étaient conformes, dans la pratique, à ce que faisait attendre d'elle la théorie, nous sommes arrivés à une constatation douloureuse. Considérés à distance et dans leur généralité, les jugements de la guerre sont valides et justes : ils portent leur sanction en eux-mêmes. On peut dire d'eux ce que le psalmiste dit des jugements de l'Éternel : *Judicia Domini recta, justificata in semetipsa.* Analysés dans le détail, ce n'est plus qu'une affreuse caricature des formes de la justice. Ce qu'on appelle *guerre dans les règles,* à le bien juger, est la légalisation du brigandage.

Sur quoi nous demandant d'où pouvait venir cette effrayante contradiction, et approfondissant plus que nous n'avions fait jusque-là les causes de la guerre et ses motifs, sortant des considérations de la politique pour pénétrer dans la sphère de l'économie, nous nous sommes convaincus que la cause première, universelle, et toujours instante de la guerre, est le paupérisme, soit, la rupture de l'équilibre économique.

L'humanité, avons-nous dit, est placée sous un ensemble de lois organiques auxquelles elle ne peut se soustraire sans se corrompre et se rendre misérable.

La première de ces lois est la loi d'alimentation, ou mieux de consommation, essentielle à la physiologie de notre être.

La seconde est la loi du travail, par laquelle l'homme ne consomme que ce qu'il se procure, en langage économique, ce qu'il produit.

La troisième est la loi de pauvreté, par laquelle l'homme en travaillant ne produit que ce qui lui suffit. Le but de cette loi est d'élever sans cesse l'homme au-dessus de l'animalité, de le rendre de plus en plus libre, maître de ses sens, de ses appétits et de ses passions, en spiritualisant son existence.

De cette loi de pauvreté, imposée par la prévoyance de la nature, en dérive pour nous une quatrième, qui est la loi de frugalité et de tempérance, par laquelle l'homme conforme son régime domestique à sa destinée sociale.

La cinquième loi, enfin, a pour but de répartir entre les membres de la communauté les services et les produits sur les données précédentes, et de manière à niveler le plus tôt possible les conditions et les fortunes, sans manquer au droit d'aucun : c'est la loi de justice.

Or, qu'arrive-t-il? Toutes ces lois, par l'effet de l'ignorance populaire, de la suggestion des sens, des

illusions de l'idéal et de l'exagération du droit personnel, sont méconnues et violées. La loi de consommation est violée, en ce qu'au lieu d'être considérée
comme un moyen, elle est prise pour une fin; la loi
du travail violée, en ce que le travail est regardé
comme une infortune et un châtiment, et que chacun
cherche à s'en décharger sur le prochain, ce qui produit l'esclavage et le prolétariat; la loi de pauvreté
violée, par la fascination de la richesse; la loi de tempérance violée, par la fièvre de luxe et la recherche
des voluptés; la loi de justice, enfin, violée par l'acception des personnes, de laquelle naissent le parasitisme, l'inégalité d'instruction, le défaut d'équilibre
dans les fonctions et la fausse répartition des produits.

Mais la nature, la raison et la justice ne se laissent
pas impunément outrager. Elles trouvent leur sanction
pénale dans le paupérisme, qui, se jetant sur la société, attaquant toutes les classes, creuse le déficit,
engendre dans l'état la tyrannie, sème entre les nations la discorde, les pousse à la guerre, qu'il corrompt
ensuite dans son essence et déprave.

Alors nous a été révélé le mystère d'iniquité. Nous
avons compris comment la guerre, engendrée de famine, produit la rapine, et comment ce honteux réalisme est devenu l'idéal des héros. Nous avons vu la
guerre, à l'origine des sociétés, confondant ses motifs
politiques avec sa cause économique, s'identifier au
brigandage; toutes les épopées célébrer la gloire de

ces illustres pirates, et la religion elle-même leur prodi-
guer ses bénédictions. Nous l'avons vue, cette guerre
hypocrite, de libre et privée qu'elle était d'abord, se
généraliser et devenir peu à peu une entreprise exclusivement publique, un privilége de l'État, mais
en conservant toujours son caractère de piraterie.
Nous avons assisté ensuite à la naissance de la *conquête*, par laquelle la guerre manifeste son caractère
politique, révolutionnaire et providentiel, conformément au droit de la force ; et nous avons vu ces deux
faits, pillage et conquête, le premier répondant au
paupérisme qui cause la guerre, la seconde à la raison
d'État qui la motive, se distinguer nettement l'un de
l'autre dans la théorie, mais sans cesser de marcher
de concert et de s'entre-servir dans l'action.

Enfin la civilisation poursuivant, en dépit de la
guerre, et souvent même par la guerre, sa marche
victorieuse, nous sommes arrivés à cette situation
étrange, qui est celle de l'Europe au XIXe siècle ; savoir :
que l'état de guerre, malgré qu'en aient les chefs
d'État et la partie éclairée des nations, subsistant toujours ; les armées et les moyens de destruction étant
plus formidables que jamais ; en même temps le mépris du pillage semblant devoir prendre le dessus et
la conquête se résoudre en une pure incorporation
politique : le bénéfice de la conquête se réduirait,
pour l'état conquérant, à l'exploitation de ses propres
sujets. Pour qu'il en fût autrement il faudrait revenir

au système des guerriers antiques, des Spartiates vis-
à-vis des Hilotes, des Romains vis-à-vis des nations
soumises, des Turcs vis-à-vis des chrétiens; il faudrait, par une extension exorbitante des motifs politiques, procéder, la bataille gagnée, à la dissolution
de l'État vaincu, exproprier la nation en masse, la
constituer fermière de son propre sol, et faire du pays
soumis une métairie au profit et pour la plus grande
gloire du vainqueur.

Ou l'exploitation de ses nationaux, ou la réduction
en servitude de l'étranger, tel est le dilemme posé aujourd'hui au conquérant par la guerre.

C'est en présence de ce dilemme, auquel il est de
toute impossibilité aux chefs d'État d'échapper, que
nous reproduirons la question déjà prévue à la fin du
livre III, et ajournée jusqu'à plus ample information
sur la cause de la guerre : S'il est permis de songer à
une réforme du code de la guerre et d'en ramener les
opérations à une pratique meilleure ?

Car, si d'un côté l'on ne peut dire que la politique
ait fait son temps, que le règne de la raison d'État soit
fini, que la guerre par conséquent ait rempli sa mission, et qu'il n'y ait plus entre les nations ni disjonc-
tion ni incorporation à opérer, en deux mots s'il est
probable que dans la condition actuelle de la société
une prolongation du régime de guerre soit à prévoir ;
de l'autre, on ne saurait admettre que les conquérants
dussent travailler au progrès de cette civilisation à

leurs propres dépens, et, comme les combattants des jeux olympiques, se contenter pour prix de leurs victoires d'un simple laurier.

Donc, encore une fois, une réforme de la guerre est-elle possible? Et si cette réforme n'est pas possible, que devient le mouvement de l'humanité, que devient la civilisation?

LIVRE CINQUIÈME

TRANSFORMATION DE LA GUERRE

Pacis imponere morem.
VIRGILE.

—————

SOMMAIRE.

THÈSE. —La guerre, disent ses partisans, forme de la justice primitive, ayant sa base dans la nature et dans la conscience, est susceptible de réforme. Les abus qui la souillent ne sont pas plus un argument contre elle que les aberrations de l'amour, de la paternité, de l'hérédité, ne constituent un préjugé légitime contre la famille et le mariage. La juridiction de la force est indestructible; elle est nécessaire, elle doit être améliorée, non supprimée, ce qui serait d'ailleurs un attentat à l'humanité, la négation du droit public et du droit des gens, un non-sens. Cette réforme de la guerre est d'autant plus plausible que, quant au fait même qui en a causé la dépravation, à savoir le paupérisme, on peut, sans se jeter dans aucune utopie économique, remplacer les extorsions arbitraires du vainqueur par de justes indemnités, ce que le droit de la guerre dans son acception la plus sévère autorise pleinement, et ce qui ne peut soulever de récrimination ni de haine. Telle est en substance, sur la question de la réformabilité de la guerre, l'opinion affirmative.

Réponse. — Les adversaires du militarisme répondent, d'abord, que ce projet de réforme ne détruit pas la cause première de la guerre, ce qui laisse toujours planer sur ces motifs un soupçon odieux ; en second lieu,

17.

qu'en admettant que la guerre se fasse à l'avenir pour des raisons purement politiques, sans aucun mélange de cupidité honteuse, que par conséquent elle puisse être réformée en tout ce qui regarde la tactique, la loyauté des combats, le respect des personnes et des propriétés, etc., resterait encore cette question délicate ; à savoir : la liquidation des frais et indemnités. Or, en droit, il n'est pas dû d'indemnités pour le fait même de la guerre, il n'en est dû que pour les infractions commises contre les lois de la guerre ; en fait, si les indemnités à exiger devaient représenter la totalité des dépenses du vainqueur, elles seraient exorbitantes et se résoudraient en une spoliation totale. La guerre reste donc frappée d'une contradiction, pour ne pas dire d'une ignominie indélébile ; et c'est le reproche de cupidité et de mauvaise foi que les parties belligérantes ne manquent jamais de s'adresser qui, loin d'admettre la possibilité d'une réforme de la guerre, tend à la dépraver de plus en plus, et la rend, en tout état de cause, réciproquement inique. Témoignages historiques; hypocrisie des motifs officiels.

Pour sortir d'embarras nous observerons : 1º Que la question posée par la guerre est complexe et doit être divisée; 2º que la question économique doit être traitée avant la question politique; 3º qu'en matière économique la juridiction de la guerre est incompétente. Un seul parti reste ainsi à prendre, c'est de suspendre les hostilités, et, faisant appel à la raison publique, d'organiser sur d'autres données l'antagonisme humanitaire. En ce sens seulement, la paix, une paix active, émulative, où les forces en se combattant se reproduisent, et où le droit de la force trouve pleine et entière satisfaction, la paix est la conclusion logique de l'évolution guerrière de l'humanité. C'est au droit des gens, à l'économie politique, à l'histoire diplomatique des nations, de dire si et comment il convient de faire dès à présent passer dans les faits ces conclusions de l'analyse et de préluder à la pacification universelle.

CHAPITRE PREMIER.

QUE DANS TOUTE GUERRE
L'IMMORALITÉ DE LA CAUSE ET L'INIQUITÉ DU BUT,
TANT D'UNE PART QUE DE L'AUTRE,
ENTRAINENT LA DÉLOYAUTÉ DES FORMES.

Quels que soient le développement et la prééminence des intérêts, en dernière analyse, et d'après la généalogie même du droit, l'ordre économique est placé sous la protection de l'ordre politique ; il a sa garantie dans la puissance politique : la politique est inséparable de la société. Or, la politique, par son essence, par son droit, par toutes ses institutions, c'est la guerre. La guerre donc est-elle susceptible de réforme ? Cette question n'a jamais été posée : il n'y en pas cependant de plus impérieuse.

De prime abord, la réformation des mœurs militaires ne présente rien d'impraticable. L'histoire de la civilisation pourrait se définir une succession de réformes : réformes dans la religion, réformes dans l'État, réformes dans le mariage et la famille, réformes dans la propriété, dans les successions, dans l'échange, dans l'industrie, réformes dans la justice. C'est par une suite non interrompue de perfectionnements que la société s'élève à la pureté de son type, et que

l'homme réalise, en lui et autour de lui, l'idéal conçu
par sa conscience.

Pourquoi la guerre, le plus grand acte de la vie
sociale, celui que l'analyse philosophique nous a fait
considérer comme le plus saint et le plus solennel,
que l'histoire et la poésie s'accordent à nous montrer
comme le plus fécond et le plus glorieux, pourquoi
la guerre, sujette à abus comme toutes les choses humaines, ne se réformerait-elle pas? Pourquoi ne par-
viendrait-on pas à imposer des lois plus sévères à
l'action des armées, comme on le faisait autrefois pour
l'ordalie, et comme il se pratique encore pour le duel?

La chose certes vaut qu'on l'examine : il n'y a pas
parmi les humains, de plus grand intérêt que celui-là.
La matière elle-même nous y porte. Le principe de
toute réforme, l'élément de droit, se trouve ici : la
guerre est le jugement de la force. Divers symptômes
semblent indiquer aussi dans la guerre une tendance
réformiste : l'adoucissement des mœurs guerrières,
l'horreur des massacres, la honte du pillage, l'isonomie
acquise d'avance aux pays conquis. Toutes ces considérations sont de nature à faire espérer, avec le temps,
une discipline meilleure; pouvons-nous réellement
espérer de ce côté quelque progrès?

Avant l'examen que nous avons fait, au livre précédent, de la cause première de la guerre, cette question eût été prématurée. Guidés par la puissance des
faits politiques et la rigueur du droit qui les régit, nous

n'eussions pas manqué de répondre : Oui, la guerre
est susceptible de réforme ; car elle est l'expression du
droit, la manifestation de la dignité nationale, l'acte
souverain du patriotisme, la protestation de la liberté
contre la fatalité. La guerre juste, glorieuse, mais dés-
honorée par la passion, la cupidité et le préjugé peut
se réformer ; elle le doit.

Actuellement, notre réponse ne saurait plus être la
même. Non, devons-nous dire, la guerre ne peut pas
être réformée, parce que sa cause première est impure ; parce que la légitimité de ses motifs politiques
ne détruit pas l'ignominie de sa pensée économique ;
et que toujours, par le fait de l'une ou de l'autre des
puissances belligérantes, le plus souvent par le fait de
toutes deux, il se mêle à la guerre un principe d'iniquité qui la corrompt dans son essence et en bannit
la loyauté sans retour.

Ce vice d'origine, nous le connaissons : c'est la misère, dont l'aiguillon empoisonne les consciences, fait
germer l'envie, l'ambition, l'avarice, la colère, la haine
et l'orgueil ; conduit à la mauvaise foi, à la trahison,
à la violence, au vol, à l'assassinat, et paralyse chez
les combattants tous les sentiments moraux. Une perversité de nature est-elle susceptible de se corriger par
art ou discipline, et suffit-il de réglementer la pratique
pour convertir une puissance que le principe même
de sa génération a déformée ? Non, répond ici pour
nous la théologie chrétienne : ce qui est né mauvais

ne peut changer que par une intervention du créateur ;
c'est sur ce principe que s'est établie la religion du
Christ. Par quel sacrement la guerre peut-elle être régénérée ? Voilà, dirait M. de Maistre, ce que vous avez
à découvrir.

Considérons que par l'effet du régime moitié anarchique, moitié absolutiste, dans lequel le monde des
intérêts est plongé, les nations aussi bien que les individus sont toutes les unes à l'égard des autres, en
état de suspicion invincible ; que cette suspicion, quelque soin que la diplomatie prenne de la déguiser dans
ses actes, porte sur l'honorabilité même des puissances ;
que dès lors les choses ne peuvent se passer entre ennemis qui se mésestiment comme le requiert l'idée
d'un loyal combat ; enfin, ce qui rend le mal irrémé-
diable, que l'iniquité est partout, bien qu'elle ne soit
pas toujours et partout égale. Conçue comme jugement
de la force, la guerre est sublime ; elle tient le milieu
entre la justice dont elle est une forme, et la religion
dont elle a la poésie et l'enthousiasme. Ramenée à sa
cause première, il n'est pas d'iniquité dont elle ne soit
souillée : semblable de visage à l'archange, elle porte
écrit sur son bouclier le nom de Dieu ; elle a les pieds
et la queue du dragon.

On dit qu'une réforme, si elle ne parvenait à extir-
per cette cause odieuse, en ferait du moins disparaître
l'influence, ce qui suffit à un exercice régulier de la
force ; qu'il dépend des nations de s'interdire, d'un

commun accord, toute extorsion arbitraire, toute maraude, toute pillerie ; de limiter leur droit éventuel de conquête à l'incorporation politique et à l'acquittement de justes indemnités. Qu'y a-t-il en tout cela de difficile ?

Des indemnités ! Ce mot nous révèle l'indignité native de la guerre et la contradiction fatale à laquelle elle aboutit.

Aux termes du droit guerrier, tel que nous l'avons déduit de son principe qui est le droit de la force, et de son objet qui est l'évolution des États ; tel même que le présentent les auteurs qui, tous à la suite de Vatel, enseignent que la guerre doit être censée juste de part et d'autre : il n'est dû, par la puissance qui succombe, aucune indemnité. Elle avait le droit de se défendre ; ce n'était d'ailleurs que par la victoire que le droit du plus fort pouvait être établi ; chaque partie devant en conséquence faire ses frais, il ne peut être dû de ce chef une obole par le vaincu.

L'analogie de la justice ordinaire le démontre. De quoi se composent, dans les affaires civiles, commerciales ou criminelles, les frais de procès ? Des appointements du juge, des dépenses d'audience et des honoraires d'avocats. D'abord, chaque partie paye son conseil ; il n'y a que les émoluments dus au magistrat et les dépenses d'audience qui soient imputées au perdant. Et pourquoi cette imputation ? Parce que nul n'est censé ignorer la loi ; que celui qui perd sa cause est censé avoir plaidé contre la loi ; qu'en conséquence, comme il devait s'abstenir de plaider, il doit être maintenant condamné à payer.

Mais à la guerre il n'y a pas d'autre juge que la force, pas d'autre tribunal que le champ de bataille : les frais de guerre rentrent dans la catégorie de ceux que les plaideurs font chacun pour sa propre défense, consultations d'avocats, mémoires, expertises, exploits d'huissier, extaits des minutes, etc. D'autre part, le plus fort ne peut être connu que par la victoire : jusqu'à pleine et entière défaite, le vaincu reste dans son droit; en combattant il ne manque pas au droit de la guerre, il y obéit. Il ne peut donc y avoir de ce côté, pour le vainqueur, motif de réclamer une indemnité ; son indemnité, c'est sa conquête. Pour qu'il y eût lieu à indemnité entre puissances belligérantes il faudrait que l'une des deux eût contrevenu aux lois de la guerre ; mais alors il se pourrait que les indemnités fussent dues par le vainqueur lui-même, ce qui, comme l'on voit, change complétement la question.

En fait, si la prétention du vainqueur à être remboursé de ses frais de guerre pouvait être admise, la spoliation n'aurait fait que changer de nom, elle s'appellerait indemnité. Le compte monterait si haut qu'il faudrait renoncer à être payé, ou prendre le parti indiqué au chapitre x du livre précédent, c'est-à-dire exproprier le pays ennemi de toutes ses richesses mobilières et immobilières, et réduire la population en servitude. Napoléon Ier, qui s'entendait si bien à nourrir la guerre par la guerre ; qui en cinq ans tira de l'ennemi, à ce que l'on assure, au delà d'un milliard sept cents millions, était toujours à court d'argent, obligé d'augmenter son budget, ainsi qu'on le voit par sa correspondance avec son frère Joseph. Et pourtant, sur ses dix-sept cents millions pas un centime n'était pour les familles, qui, tout en payant l'impôt et le décime de guerre, avaient encore à pleurer leurs enfants. Pendant la guerre de Crimée, les dépenses, tant ordinaires qu'extraordinaires, de la France, de l'Angleterre, de la Turquie et du Piémont, s'élevèrent, pour le matériel seulement, au moins à cinq milliards. Ajoutez-y deux cent mille hommes, à vingt mille francs l'un, voilà un total de neuf milliards de francs. Où la Russie aurait-elle pu prendre cette somme ? On a vu des guerres durer douze, vingt, trente, quatre-vingts et même cent ans : quelle indemnité couvrirait de pareilles dépenses ? Or, plus nous avancerons plus la guerre deviendra onéreuse, et, par l'exorbitance de ses frais, irréparable.

Ainsi, de quelque côté qu'on l'envisage, la guerre, provoquée par le déficit, place la nation qui l'entreprend entre la spolation totale de l'ennemi et la consommation de son propre capital. Pas de milieu : il faut qu'elle mange son ennemi, ou que son ennemi la mange. Croyez-vous qu'alors elle hésitera ? Croyez-vous surtout qu'en présence de cette alternative fatale,

de cet implacable dilemme, les deux partis se mé-
prennent sur leurs intentions réciproques?

Les exemples feront plus ici que les raisonnements.
Je commence par les cas les plus simples; nous arri-
verons ensuite aux plus compliqués et aux plus modernes.

Les forbans. — Une bande de pirates s'établit dans
des gorges inaccessibles, au fond de baies étroites,
semées de rochers perfides, inaccessibles à tous navigateurs étrangers. Tels furent ces pirates de Cilicie, à
qui César, tombé entre leurs mains, promit qu'il les
ferait pendre. Ces pirates enlèvent les bâtiments de
commerce, pillent les cargaisons, mettent à rançon les
équipages. Non contents de cela, ils somment les villes
et villages de leur payer tribut, à peine de se voir sac-
cagés et brûlés. Quel sentiment, à cette sommation
insolente, doivent éprouver les populations? Ce sera
d'abord de faire exécuter, sans forme de procès, le
parlementaire; puis de pénétrer dans le nid de ces
corsaires et de les exterminer jusqu'au dernier. C'est
ainsi qu'en usaient les Hercule et les Thésée vis-à-vis
des brigands leurs émules. Contre de tels malfaiteurs
tous les moyens sont honnêtes; y faire des façons ce
serait leur reconnaître un droit, les autoriser. Il ne
peut venir à l'esprit de personne qu'une population
laborieuse, paisible, arrachant sa subsistance à la terre
et à l'eau, doive proposer un duel en règle ou payer

tribut. Traiter selon les lois de la guerre de pareils pillards, ce serait assurer l'impunité de tous les crimes. Il suffirait à Cartouche, à Lacenaire et à leurs bandes de se dire en guerre avec la société, pour qu'en cas de défaite ils eussent au moins la vie sauve! Dans ces conditions il y aurait tout à gagner à exercer le brigandage; la pire position serait celle des honnêtes gens. Le supplice, non la guerre, paraît donc ici de toute justice. Celui qui se place hors des lois du genre humain ne peut en réclamer les garanties : c'est une bête à visage d'homme, un monstre.

Remarquez pourtant que les brigands qu'il s'agit de châtier n'acceptent pas la position qui leur est faite. Ils prétendent que la société tout entière est livrée à l'inégalité, au privilége, à l'exploitation, à l'usure, à la fraude; que la terre est injustement partagée; qu'aux uns le beau pays a été donné, tandis que les autres n'ont que la mer, les déserts et les rochers. Ils se prévalent de l'exemple des castes vivant de l'exploitation servile, des rois percevant tribut, des conquérants ravisseurs d'États; ils constatent l'état de guerre universelle et le règne de la force. De semblables allégations ne sont pas assurément sans réplique, et je crois que le lecteur me dispensera volontiers de les réfuter. Mais elles suffisent à la conscience du forban, qui, sachant quel traitement lui préparent les civilisés, de son côté ne les ménage pas. A ses yeux, ses meurtres, ses viols, ses incendies, ne sont que des représailles. Entre semblables antagonistes la guerre peut-elle se faire selon les règles de l'honneur et du droit? C'est comme si l'on proposait à un officier de l'armée française, décoré de la Légion d'honneur, d'échanger un coup d'épée avec un forçat. Passons à d'autres.

Les Sabines. — Grotius admet qu'une guerre soutenue par une population toute composée de mâles, dans la vue de se procurer des femmes, ainsi qu'il arriva aux Romains lorsqu'ils se mirent à enlever les filles des Sabins, ne serait pas une guerre injuste.

En effet, c'est le principe de la perpétuité des familles, par suite celui du croisement des races, qui est ici en jeu; principe dont on a déduit dans tous les temps, malgré le préjugé le plus opiniâtre, la légitimité des mariages entre juifs et gentils, grecs et barbares, catholiques et protestants, nobles et roturiers, blancs et hommes de couleur. D'après quel article du droit des gens les Sabins prétendaient-ils rayer Romulus et ses compagnons de la liste des sociétés politiques, en refusant de s'allier à eux par le mariage?...

En revanche, quoi de plus sacré que le droit du père de famille, celui de la femme, de refuser, l'un son enfant, l'autre sa personne, et de ne s'allier qu'à un époux de son choix? Notez que les Romains étaient des réfugiés, quelque chose comme des bandits. L'honneur des familles, autant que la liberté des per-

sonnes, était atteint. Là donc est le nœud de la tragédie : ici la famille inviolable, par conséquent la
guerre, du côté des Romains, injuste et odieuse : c'est
le viol à main armée ; là Rome qui ne doit pas périr,
et l'insolence sabine dégénérant en un complot contre
le droit des gens, en un véritable assassinat national.
— « Si nous étions plus nombreux, plus riches, plus
nobles, en un mot plus forts, pouvaient dire les Romains, vous nous trouveriez assez honnêtes gens. Eh
bien, nous vous ferons voir que nous sommes forts... »
Que serait-il arrivé, si l'amour ne s'était tout à coup
fait juge à la place de la force ; si les violées, par respect d'elles-mêmes, ne se fussent jetées, leurs enfants
dans les bras, entre leurs maris et leurs pères ? La
question renvoyée au tribunal de la force, la guerre
s'envenimait ; la fureur ne connaissait plus de lois.
C'était la guerre de la famille contre le rapt, de la
pudeur contre la violence, de l'honnêteté contre le
crime, de la société tout entière contre des individus
tarés et chassés de son sein. Tout moyen était bon
pour en purger l'Italie, et Dieu sait ce que les Romains,
poussés au désespoir, outragés dans leur tentative
de régénération, auraient fait de mal à leurs persécu-
teurs.

Les Barbares. — Si le sanctuaire de la famille a pu
être forcé, la terre serait-elle inviolable ? La terre a
été donnée à la collectivité des nations ; la même soli-

darité les enveloppe. Considérés comme exploitants et
usufruitiers du globe, nous relevons d'un ordre supérieur aux priviléges de l'habitation et de l'indigénat.
Devant cet ordre nous sommes tous comptables, et
malheureusement tous en *débet.* Dans cette anarchie
des intérêts que recouvre à peine le vernis d'une
politique arbitraire, qui peut être présumé souverain?
qui peut se dire propriétaire légitime? qui peut exci-
per de sa bonne foi et de sa possession immémoriale?
Toute propriété, sachons-le bien, implique réciprocité,
de plus elle impose au propriétaire l'obligation d'exploiter. Hors de là elle est contestable.

Chassés de leurs forêts par la famine, les Babares
demandaient des terres. Tant que les civilisés, Grecs
et Romains, se crurent les plus forts, leur réponse
fut celle de Malthus : « Au banquet de la propriété, il
« n'y a pas de place pour vous. » En termes adoucis
cela voulait dire : Que si le globe a été donné en propriété à l'humanité, chaque nation a reçu l'usufruit
du territoire qu'elle habite; que c'est à elle à l'exploiter, à en tirer sa consommation, à mettre sa population en équilibre avec son produit, sauf à se pourvoir
de terres inoccupées, que la demande des hordes était
insolite et violait tous les droits acquis. Qu'y a-t-il,
après la famille, de plus respectable que le champ des
aïeux, de plus sacré que le sol de la patrie? *Barbarus
has segetes !* C'est le cri d'indignation qui n'a cessé de
retentir en Italie depuis Jules-César jusqu'à Victor-

Emmanuel. A tout menace d'invasion, la réponse a été dans tous les temps et sera à jamais celle que Paul-Louis Courier faisait, d'une façon si gaie, aux ministres de la Sainte-Alliance :

« Si vous venez nous piller au nom de la très-
« sainte.et indivisible Trinité, nous au nom de nos
« familles, de nos champs, de nos troupeaux, nous
« vous tirerons des coups de fusil. Ne comptez plus
« pour nous défendre sur le génie de l'empereur, ni
« sur l'héroïque valeur de son invincible garde : nous
« prendrons le parti de nous défendre nous-mêmes,
« fâcheuse résolution, comme vous savez très-bien,
« qui déroute la tactique, empêche de faire la guerre
« *par raison démonstrative,* et suffit pour déconcerter
« les plans d'attaque et de défense les plus savam-
« ment combinés. Alors, si vous êtes sages, rappelez-
« vous l'avis que je vais vous donner. Lorsque vous
« marcherez en Lorraine, en Alsace, n'approchez-pas
« des haies; évitez les fossés; n'allez pas le long des
« vignes; tenez-vous loin des bois; gardez-vous des
« buissons, des arbres, des taillis, et méfiez-vous des
« herbes hautes; ne passez point trop près des
« fermes, et faites le tour des villages avec précau-
« tion. Car les haies, les fossés, les arbres, les buis-
« sons feront feu sur vous de tous côtés, non feu de
« file ou de peloton, mais feu qui ajuste, qui tue ; et
« vous ne trouverez pas, quelque part que vous alliez,

« une hutte, un poulailler qui n'ait garnison contre
« vous. N'envoyez point de parlementaires, car on les
« retiendra ; point de détachements, car on les dé-
« truira ; point de commissaires, car... Apportez de
« quoi vivre ; amenez des moutons, des vaches, des
« cochons, et puis n'oubliez pas de les escorter ainsi
« que vos fourgons. Pain, viande, fourrage et le reste,
« ayez provision de tout ; car vous ne trouverez rien
« où vous passerez, si vous passez ; et vous vous cou-
« cherez à l'air, quand vous vous coucherez ; car nos
« maisons, si nous ne pouvons vous en écarter, nous
« savons qu'il vaut mieux les rebâtir que les racheter ;
« cela est plutôt fait, coûte moins... Il y a peu de
« plaisir à conquérir des gens qui ne veulent pas être
« conquis !... »

Cependant, il y avait dans l'empire, au commencement du v⁰ siècle de notre ère, des terres de reste. La
corruption et l'exploitation romaines avaient fait le
vide. Les terres que les conquérants laissaient incultes
n'eût-il pas été juste qu'ils les abandonnassent ? Puis,
comment les Romains justifiaient-ils leur propriété ?...
Mais Rome ne pouvait rétrocéder sa conquête ; le propriétaire d'ailleurs ne raisonne pas avec l'homme sans
avoir. Il y aurait honte.

On sait ce qu'il advint de cette grande lutte de la
civilisation et de la barbarie. La raison n'était pas
toute du côté des civilisés, ni le tort tout entier du

côté des barbares. Dans cette incertitude du droit,
dans ce partage des dieux, qui devait l'emporter, je
ne dis pas naturellement, mais légalement, sinon le
plus fort? C'est ce qui arriva, et le monde s'en trouva
bien. Quand la société greco-romaine tomba en pour-
riture, ayant perdu l'énergie avec la vertu; quand
d'un autre côté les barbares, se multipliant, s'instrui-
sant par leurs défaites, acceptant, le christianisme,
eurent acquis la prépondérance, la conquête s'accomplit et l'humanité fut régénérée. Juste triomphe de
la force, mais qui n'empêche pas que, devant un
ennemi qui en veut à la propriété, et précisément
parce qu'il en veut à la propriété, la guerre n'oublie
toutes ses règles, que dis-je? ne se croie en droit de
les oublier.

Les Grecs et les Perses. — Lorsque le grand roi,
après avoir subjugué les Grecs d'Asie, vint sommer
ceux d'Europe de lui payer aussi le tribut, sinon, de
descendre dans la plaine et de se mesurer avec ses
trois cents myriades de soldats, les Grecs sous le prétexte que les Perses étaient alors plus avancés qu'eux
en civilisation et en politique, que depuis Cyrus,
fondateur de leur monarchie, ils avaient succédé
aux Assyriens et aux Mèdes, hérité de leur puissance,
de leur sagesse et de leur gloire; que déjà leur empire
s'étendait des rives de l'Indus à la Méditerranée, de
la mer Noire, du Caucase et de la Caspienne jusqu'à

l'Océan et à la mer Rouge; que la discipline des
nations, la police des mers, l'unité et la paix du
monde, exigeaient que la Grèce à son tour et les îles,
plus tard l'Italie, l'Afrique, l'Espagne et la Gaule,
entrassent dans ce vaste englobement; que le tribut
réclamé ne représentait pas le dixième des pertes que
faisaient éprouver aux nations leurs divisions intestines
et leurs guerres mutuelles; qu'on ne pouvait le considérer tout au plus que comme une prime d'assu-
rance; que partie en reviendrait d'ailleurs à la Grèce,
qu'il s'agissait de policer; qu'en conséquence ils
eussent à poser les armes, à recevoir les satrapes du
grand roi et à s'incliner devant sa suzeraineté; les
Grecs, dis-je, devaient-ils se soumettre, ou accepter
le duel qui leur était offert?

Certainement il y avait du vrai dans la sommation
du conquérant : la suite l'a démontré, puisque, à
peine délivrés de la crainte des Asiatiques, les Grecs se
mirent à s'exterminer les uns les autres; qu'ils finirent
par tomber, cent cinquante ans plus tard, sous la
domination du Macédonien, lequel inaugura la grande
monarchie, prévue par les Perses, avec l'appui des
Grecs eux-mêmes. Et pourtant, malgré ces belles
considérations dont l'histoire devait un jour confirmer la justesse, qui oserait dire que les Grecs fussent
tenus, de par le droit de la guerre et des gens,
de prendre au sérieux l'alternative qui leur était
offerte?

Les Grecs répondirent, je m'imagine : « Qu'ils ne connaissaient pas le roi des Perses; qu'ils n'avaient rien à faire avec lui; qu'ils avaient l'habitude de se gouverner eux-mêmes, et qu'ils ne voyaient nullement que le monde dût être constitué, pour le bonheur de tous et la gloire d'un seul, en une monarchie unitaire; qu'ils tenaient essentiellement, au contraire, à conserver leur indépendance; qu'ils ne demandaient pas mieux que de vivre avec lui en bonne amitié et intelligence et de concourir à la paix du monde, mais qu'ils ne pouvaient en aucune façon consentir à devenir ses sujets; que s'il persistait dans ses prétentions, ils ne pourraient attribuer son dessein qu'à des motifs d'ambition et de cupidité, à un esprit de rapine et d'orgueil; que le bruit de son faste était parvenu jusqu'à eux, et qu'ils avaient lieu de supposer que le besoin de nouveaux tributs entrait pour beaucoup plus dans ses desseins que le zèle de la civilisation; qu'ainsi ils le priaient, s'il n'avait d'autre proposition à leur faire, de rester chez lui et de les laisser tranquilles, attendu que, s'il s'aventurait avec se trois millions d'hommes dans leurs défilés et dans leurs criques, ils étaient décidés à le recevoir comme un bandit et ses Perses comme des chiens... »

Et fut dit fut fait ; et tout en faisant ici nos réserves sur les violations sans nombre dont cette guerre fut accompagnée, nous ne pouvons qu'applaudir à la résolution des Grecs. Que seraient-ils devenus, que serait devenue la civilisation occidentale, si, acceptant sans combat la loi de la force, ils s'étaient volontairement soumis, ou qu'ils se fussent fait écraser en rase campagne comme le Perse les y invitait? Le salut de la Grèce lui vint à la fois du patriotisme de ses enfants et du mode de guerre qu'ils choisirent, en se défendant, comme dans une forteresse, dans un pays impraticable à une si grosse armée. Leur victoire fut légitime, tant au point de vue du droit des gens qu'à celui du droit de la force. Le moment n'était pas venu où les nations devaient se former en un grand empire; le roi de Perse était mal fondé par conséquent d'attenter à l'indépendance des Grecs. Quant à la lutte qui s'ensuivit, nous avons fait observer, en traitant des lois de la guerre, que le demandeur doit être en mesure de contraindre le défendeur, non pas seulement sur un champ de bataille, mais chez lui. Le résultat de la guerre fut donc ici, comme dans l'invasion des Barbares dont nous parlions tout à l'heure, ce qu'il devait être : ce qui ne nous empêche pas de réprouver les infractions qui durent s'y commettre, les Perses, dans l'opinion des Grecs, étant d'affreux brigands, les Grecs, dans l'esprit des Perses, d'abominables factieux, et les uns et les autres se traitant en conséquence.

Concluons donc, par ce nouvel et mémorable exemple, qu'en matière de guerre l'iniquité avouée ou présumée de l'intention entraîne la déloyauté de la

forme, ce qui toutefois n'implique pas nécessairement
la nullité de la victoire. C'est là un mal sans remède,
auquel nulle réforme ne saurait apporter même
d'adoucissement.

CHAPITRE II.

CONTINUATION DU MÊME SUJET. — QUESTION QU'IL SOULÈVE.

Guerre d'Espagne. — L'invasion de l'Espagne par Napoléon en 1808 eut, sous le rapport qui nous occupe, tant d'analogie avec celle de la Grèce par les Perses en 490 avant Jésus-Christ, que je ne puis m'empêcher d'en faire le rapprochement.

Je ne connais pas un historien, même ami de l'empereur, qui n'ait blâmé, jusque dans son principe et dans ses motifs, cette funeste campagne. M. Thiers lui-même, plaidant sans cesse en faveur de son héros les circonstances atténuantes, ne dit rien de grave à ce sujet : à force de nous entretenir des intrigues de Bayonne, il finit par nous faire mépriser en Napoléon le conquérant autant que l'homme d'État. On se prend à douter, malgré toutes les précautions oratoires de l'historien, si l'empereur fut autre chose qu'un aventurier et un charlatan. Napoléon avait trop laissé voir que son ambition, sa gloire personnelle, l'occupaient beaucoup plus que le triomphe de la révolution. Il lui arriva ici la même chose qu'à Louis XIV à propos de la campagne de Flandre : sa politique, ses manifestes

et toutes ses allégations scandalisèrent le monde, et il
eut de plus que Louis XIV la honte de l'insuccès. Mais
l'historien philosophe ne peut s'arrêter à ces jugements *ad hominem ;* il doit aller au fond des choses,
et suppléer au besoin, par son analyse à la faiblesse
des considérations présentées par les auteurs des événements qu'il raconte.

Si Napoléon, attestant hautement la révolution française et prenant l'Europe à témoin de sa parole, avait
dit aux Espagnols :

« Les nécessités de la guerre que je soutiens contre
la Grande-Bretagne, dans l'intérêt de la liberté des
mers, du commerce et de la sécurité des nations ; le
salut de mon empire ; l'observation des traités que j'ai
conclus avec la plupart des puissances et qui sont le
juste prix de mes victoires ; le triomphe de la révolution, enfin, dont je tiens d'une main l'épée et de l'autre
le bouclier, exigent que l'Espagne entre à son tour
dans mon système. A ces fins, Espagnols, il faut que
je renouvelle votre dynastie et que je révolutionne
votre société. Pour le surplus, je n'en veux pas à votre
nationalité ; je n'exige de vous aucune subvention
d'hommes ni d'argent, je n'entends pas m'attribuer
un kilomètre carré de votre territoire. Vous choisirez
vous-même votre nouveau souverain. Tout ce que je
demande, c'est que vous gravitiez dans mon orbite,
que vous suiviez ma politique et que vous adoptiez
nos principes ; sinon, préparez-vous à lutter en rase

campagne et dans vos forteresses, contre mes invincibles soldats... »

A ce manifeste, aussi franc qu'énergique, Napoléon aurait pu ajouter ces prophétiques paroles :

« Vous tenez à votre indépendance, à votre dynastie, à votre religion ; la révolution vous épouvante, et vous nous regardez en ce moment comme des hérétiques et des athées. Eh bien, si vous étiez assez malheureux pour triompher de mes armes, Espagnols, vous verriez, avant dix ans, redoubler cette tyrannie qui pèse sur vous ; vous auriez à rougir de scandales plus grands encore que ceux de Godoï et de Marie-Louise ; ces Français, qui se présentent en ce moment à vous en libérateurs, vous les verriez reparaître en auxiliaires du despotisme, ce clergé qui vous flatte et vous agite, vous ne tarderiez pas alors à le prendre en haine ; vous vendriez ses biens, et vous seriez à votre tour des hérétiques, des athées, des révolutionnaires, des républicains... »

Si, dis-je, Napoléon avait parlé aux Espagnols de ce style, sa cause eût-elle paru, paraîtrait-elle aujourd'hui si mauvaise ? Sortait-il du droit de la guerre et du droit des gens ? N'est-il pas évident qu'il n'eût fait qu'aller au-devant de la Providence, et que sous plus d'un rapport sa conquête eût été plus conservatrice que ne l'a été le patriotisme des Espagnols ?

Ce qui égare les hommes d'État et qui fait divaguer les historiens, c'est qu'ils ne saisissent jamais d'une

vue assez haute l'ensemble des événements, qu'ils
cherchent trop la raison des faits dans les intrigues de
la politique, au lieu de la chercher dans la situation
des peuples, et qu'ils n'ont pas une idée nette du droit
de la force et de ses applications. Les causes supérieures qui déterminèrent la guerre d'Espagne en 1808,
furent tout aussi légitimes que celles qui avaient motivé
la campagne de Marengo ; en dépit de l'événenement et
des turpitudes de Bayonne, elles sont tout aussi justifia-
bles devant l'histoire. En fait, tout État du continent qui
commerçait avec les Anglais devenait contraire à l'empereur, d'autant plus redoutable même que les institutions de cet État étaient moins en harmonie avec les
principes de la révolution. La solidarité européenne
est un principe supérieur même à l'équilibre européen ; c'est ce principe qu'après tout invoquait Napoléon, mais en se plaçant au point de vue du nouveau
droit. La victoire faisait prévaloir alors la pensée et la
politique de 89, dont il était censé le représentant ;
donc être avec lui ou contre lui, il n'y avait pas de
milieu. Il le sentait d'autant mieux que son expérience
des luttes nationales lui faisait voir de plus près les
dangers d'une résistance si petite qu'elle fût, et la
nécessité de l'abattre. L'idée d'une régénération de
l'Espagne ne manquait pas non plus d'apparence : c'est
depuis la réunion des cortès, provoquée par l'entrée
de l'armée française, que l'Espagne a commencé de
vivre de la vie moderne. Quant à la dynastie espagnole,

il était indispensable de la changer ; la vie qu'elle a menée depuis 1793 jusqu'à ce jour prouve que Napoléon ne la calomniait pas.

S'ensuit-il de tout cela que les Espagnols n'eussent qu'à se soumettre ? Assurément non. J'ai voulu faire ressortir une fois de plus la nature du droit de la guerre et du droit des gens, fondés l'un et l'autre sur le droit de la force ; j'ai voulu montrer que là où il y a cas de guerre d'après les règles de la politique, la guerre est juste des deux parts, et que tel fut, entre autres, et quoi qu'on ai dit, le cas de la guerre d'Espagne. J'ai indiqué les motifs qui dirigeaient Napoléon, bien que lui-même n'en eût peut-être pas la claire et entière conscience : ces motifs subsistent, mais ne détruisent pas ceux qui animaient les Espagnols.

Quoi de plus exorbitant, en effet, au point de vue de la nationalité, que les prétentions de l'empereur? Quelle arrogance !... — Les Espagnols firent timidement entendre à Napoléon : « Qu'ils le tenaient pour le plus grand homme du siècle ; que ses armées étaient sans égales, et qu'ils n'avaient pas la prétention de leur tenir tête ; qu'ils seraient heureux et fiers d'être reçus dans son alliance et dans sa famille, mais que la circulation des produits devait rester libre autant que la mer elle-même ; qu'il était contradictoire de combattre pour la liberté du véhicule et d'intercepter la marchandise ; que si la France était en mesure de suppléer par ses propres produits, aux importations qu'ils tiraient de l'Angleterre, ils donneraient volontiers la préférence aux Français, mais que dans le cas contraire le soin de leur subsistance leur défendait de repousser les marchandises britanniques; que si le système continental, imaginé par l'empereur, ne pouvait se concilier avec cette donnée de simple bon sens, il fallait songer à réformer ce système; que c'était à Napoléon de voir comment il pourrait réduire les Anglais sans attenter à l'existence des neutres; que l'Espagne n'étant pour rien dans la guerre, il serait injuste de lui en faire supporter les charges; que pour le surplus ils pensaient que c'est un méchant moyen de régénérer une nation que de lui ôter son indépendance, et, en changeant sa dynastie, de lui arracher, pour ainsi dire, l'insigne de sa souveraineté; qu'ils souhaitaient donc très-véhémentement de rester maîtres chez eux; que leur bien-être en souffrirait moins; finalement, que si lui, Napoléon, empereur des Français, attentait à leur nationalité en occupant militairement leur pays, eux de leur côté aviseraient à se défendre, et qu'ils le rendaient d'ores et déjà responsable des événements; quant à ses prédictions qu'ils tenaient pour maxime que des gens de cœur doivent avant tout faire leur devoir, et s'en remettre pour les suites à la garde de Dieu. »

On sait ce qui arriva. Napoléon, en guerre déclarée ou latente avec l'Europe, eut bientôt lieu de se convaincre que les affaires ne pouvaient se mener ni si

rapidement ni toutes à la fois, et que l'art et la vitesse
ne sauraient à la guerre tenir lieu de la force. Il ne
put vaincre l'Espagne chez elle. D'abord, les Français
furent généralement vainqueurs en bataille rangée;
toutes les villes moins une, Cadix, occupées; toutes
les forteresses prises. Mais les Espagnols se soulèvent
en masse; ils trouvent dans les Anglais des alliés puissants; une suite d'échecs épuise, décime les légions
impériales, et plus que tout la guerre de guérillas,
dans laquelle quatre ou cinq cent mille Français péri-
rent assassinés les uns après les autres, dans tous les
carrefours, défilés et cabarets de l'Espagne. Ils ne
moururent pas sans vengeance : un million d'Espagnols de tout âge et de tout sexe furent égorgés en
représailles.

Voilà la guerre : la politique la voudrait d'une façon; le soupçon, hélas! trop fondé, de cupidité et de
mauvaise foi la fait autre. A quoi sert-il que l'une des
parties notifie sa demande, l'appuie des considérations
les plus fortes, propose le duel, la guerre dans les
formes, si l'autre décline le cas de guerre, se refuse
au combat, affirmant son indépendance, et de plus
accusant l'ennemi de ne poursuivre d'autre but que sa
dépouille? Il n'y a politique, révolution ou civilisation
qui tienne. Une nation forcée à la guerre, attaquée
dans ses foyers, menacée dans son indépendance,
fera toujours la guerre à la façon des Espagnols, et
d'après le système si pittoresquement décrit par Paul-

Louis Courier. Les puissances auraient beau décider dans vingt congrès qu'à l'avenir elles s'abstiendront, à la guerre, de toute pratique illicite : à la première occasion ce bel engagement serait oublié. On excipe-rait de la mauvaise intention, de l'ambition secrète, de la mauvaise foi, et, après maintes inculpations et récriminations réciproques, on en reviendrait aux vieilles coutumes. A celui qui protesterait de la pureté de ses motifs, et de la nécessité à laquelle il obéit, on ferait cette question ironique : Faites-vous la guerre pour la gloire ?...

Guerre du Péloponèse. — Faisons un retour en ar-rière. On a vu au livre précédent, chapitre iv, com-ment les Grecs, qui recevaient si bien l'étranger, se faisaient entre eux la guerre. Quelques réflexions à ce sujet trouvent naturellement ici leur place.

Une fois la grande guerre médique terminée, la question de l'unité se posait pour la Grèce. Il était impossible qu'un si petit pays, entouré d'ennemis puissants, restât divisé en une multitude d'États mi-croscopiques, dont les plus considérables, comme Sparte ou Athènes, en armant tous leurs citoyens va-lides, parvenaient à peine à mettre en ligne vingt-cinq mille hommes. République fédérative ou république unitaire, il fallait choisir, la monarchie répugnant à tous. Chaque ville aspirant au titre de ville capitale, exagérant ses prétentions et repoussant les droits des autres, c'était le cas ou jamais de résoudre la difficulté par la force. La guerre d'extermination faite aux Perses avait pu paraître excusable; entre les Grecs, combattant pour leur constitution fédérale, la guerre devait être sacrée. Quelles en seraient les conditions? Rappelons-les en quelques mots.

De même qu'au moyen âge, dans le combat judiciaire, les champions devaient jurer de la pureté de leur cause, se préparer au combat par la prière et la réception des sacrements; de même les nations en conflit, après avoir échangé leurs notes, reconnu la réalité du litige, l'urgence d'une solution et l'impossibilité d'y arriver autrement que par la voie des armes, après avoir réglé les conditions de la bataille et ses conséquences, stipulé les droits du vainqueur et les obligations du vaincu, devraient, avant d'en venir aux mains, se délivrer réciproquement certificat d'honorabilité et signer le traité de paix. Tel est l'idéal de la guerre; tel il s'est révélé dans les cultes du Nord et les romans de chevalerie; tel enfin le voudraient l'amour-propre des guerriers et la conscience des nations. Les Grecs étaient fort capables de le comprendre; ils n'auraient eu besoin pour cela que de développer leur tradition héroïque. Le contraire eut lieu.

La guerre qui s'engagea entre les Grecs pour l'unité nationale, autrement dite la guerre du Péloponèse, fut cent fois plus atroce, plus hideuse, que celle qu'ils

avaient faite aux Perses. Jamais la rapine, l'ambition
et la haine n'avaient enfanté pareils forfaits. L'intérêt
fédéral ne fut pas même mis en avant; pour Athènes
et Sparte, le but avoué de la guerre était de réduire
toutes les villes grecques à la condition de tributaires,
de disposer souverainement des forces de la nation, et
de s'en servir, comme les Romains se servirent plus
tard des forces de l'Italie, pour conquérir, pour piller
et dévorer le monde. Chose singulière! la parenté,
qui semblerait devoir adoucir la guerre, est précisément ce qui en redouble l'horreur. Les haines de frères
sont des haines cordiales; les guerres, entre peuples
de même sang et de même langue, pour l'aggloméra-
tion politique, sont les pires de toutes. Et c'est toujours la même cause qui envenime la lutte, l'ignominie du mobile, sur lequel entre rivaux on ne se trompe
pas.

Guerres de religion. — S'il est un cas où la guerre
ait dû se dégager de toute pensée cupide, s'abstenir
de tout outrage, c'est bien certainement celui-ci. Qui
combat pour la cause de Dieu ne doit se permettre
rien de ce que Dieu et la justice réprouvent. Eh bien!
voyons.

Un homme traduit en langue vulgaire les livres
sacrés, et prétend que chaque fidèle a le droit, non-seulement de les lire, mais de les interpréter selon la
lumière qui lui est donnée. C'est le principe du libre

examen qui, sous une formule théologique, se glisse
dans la religion. Pour soutenir cette nouveauté, les
raisons et les autorités ne manquent pas. Mais l'Église,
unitaire et souveraine, soutient que ce démocratisme,
introduit dans le domaine religieux, en est la ruine.
La foi est individuelle en tant qu'elle est un acte de
la conscience; en tant que dogme elle est d'autorité.
Qui décidera entre Luther et le pape?... Pendant qu'on
discute, le libre examen fait des progrès si rapides
qu'au bout de quelques années il n'est plus possible
de le réprimer par les moyens ordinaires de l'inquisi-
tion. La guerre seule peut décider, en dehors de la
question du dogme qui n'est pas de sa compétence,
si les hérétiques obtiendront l'exercice de leur culte au
sein d'une société naguère tout orthodoxe. Plus que
jamais la religion, d'accord avec la justice et la guerre,
prescrit donc aux deux partis d'éviter dans leurs ren-
contres tout ce qui pourrait donner à la lutte une apparence de péché. Le sens commun indique même que
l'armée qui se montrera la plus magnanime, la moins
possédée de l'esprit irascible et concupiscible, pourra
se regarder comme le représentant de la vérité.

Or, consultez l'histoire : est-ce ainsi que se sont
faites les guerres de religion? Non ; et la raison est
facile à deviner. Le spirituel est indissolublement lié
au temporel, qu'il traduit à sa manière. A l'institution
religieuse correspond l'institution politique et sociale;
plus l'autorité tient de place dans la première, plus

elle en tiendra dans la seconde. Ceci posé, on voit de suite pourquoi une population tend à changer de religion. C'est qu'à tort ou à raison elle juge que l'ancienne foi favorise trop ou ne réprime pas suffisamment l'inégalité ; c'est qu'elle accuse l'Église de complicité dans l'exploitation des peuples. Le motif d'intérêt qui détermine l'hérésie soulèvera donc à leur tour les conservateurs orthodoxes, menacés dans leurs priviléges et leurs intérêts matériels. Inutile de rappeler les guerres des Albigeois, des Vaudois, des Hussites, des Anabaptistes et autres ; la vente des biens du clergé, le pillage des églises et des couvents, les confiscations exercées par représailles sur les nouveaux religionnaires, etc. Au scandale de l'impiété se joint l'infamie de l'avarice ; la guerre devient diabolique : comment les vainqueurs, quels qu'ils soient, osent-ils chanter des *Te Deum* ?

Un mot des croisades. L'islamisme, à le bien considérer, avait droit à la sympathie des chrétiens. C'était la propre religion de Moïse, que Mahomet venait enfin substituer à l'idolâtrie des hordes arriérées du désert. A l'heure même où j'écris, le mahométisme, que refoulent la philosophie et la moralité supérieure de l'Europe, gagne du terrain parmi les peuplades du Soudan, préparant ainsi la voie à la civilisation qui marche à sa suite. La papauté et le califat pouvaient s'entendre. Le Coran n'enseigne nulle part l'intolérance : il reconnaît la mission de Moïse, celle de Jésus-

Christ; il dit que Dieu a donné à chaque peuple la loi
qui lui convient, mais qu'il a envoyé Mahomet aux
Arabes. Quoi de plus conciliant? Laisser Mahomet et
ses successeurs achever la défaite de l'idolâtrie ;
honorer le prophète devant les populations qui
l'écoutaient, l'assister même dans son œuvre : voilà
tout ce qu'à un homme d'État philosophe pouvait sug-
gérer l'apparition du nouveau culte. Donze cents ans
avant Dupuis, Volney et les exégètes allemands, Mahomet affirmait que, devant Dieu et devant la raison,
toutes les religions se confondent. Comment pour-
raient-elles, disait-il, s'excommunier et se faire la
guerre?

Mais c'est justement en cela que Mahomet a prouvé
combien, s'il était sincère, il connaissait peu le cœur
humain. Bientôt il ne suffit pas aux musulmans d'obtenir pour leur religion une place au soleil : non contents de convertir, par l'argument irrésistible du
cimeterre, les tribus du désert, ils aspirent à leur tour
à fonder la catholicité des croyances ; eux aussi ils font
œuvre de messianisme ; eux aussi ils ont compris que
le temporel est régi par le spirituel : c'est alors que,
se heurtant au christianisme, ils deviennent intolé-
rants et qu'ils se mettent à faire la guerre à la fois aux
idées, aux personnes et aux biens. Contre l'islamisme
conquérant, déjà maître de l'Égypte, de l'Afrique et de
l'Asie, lançant ses armées sur l'Europe, en Sicile, en
Italie, en Espagne, en France, la croisade devenait

nécessaire : comment des hommes politiques, tels qu'Ancillon, peuvent-ils le méconnaître?... A la conquête devait s'opposer la conquête; il ne suffisait pas d'arrêter l'ennemi, il fallait le poursuivre jusque sur son domaine. Dès lors le mobile religieux disparaissait sous le mobile de l'intérêt; aucune loyauté dans la guerre n'était plus possible. La croisade se mit ainsi à l'unisson de la propagande mahométane : chargé de dettes autant que de crimes, le croisé, partant pour la Terre Sainte, allait chercher absolution et fortune.

Qu'on ne perde pas de vue ce principe : chez les nations religieuses la religion est l'âme des intérêts. Plus grande est la foi, plus aussi les intérêts deviennent féroces; c'est pourquoi les guerres de religion sont de toutes les plus sanguinaires, les plus souillées par la dévastation, l'incendie et le viol. La haine entre les peuples est en raison directe du zèle qui les anime pour la cause de Dieu. Vous voulez restreindre la guerre, lui imposer des lois, en diminuer les fureurs. De grâce, ne vous adressez pas à la piété, ce serait jeter l'huile sur la flamme.

Guerres de révolution. — Je ne les cite que pour mémoire. J'ai reconnu précédemment la cause économique qui avait déterminé la Révolution française; j'ai rappelé la plèbe pressurée, la bourgeoisie jalouse, le clergé, la noblesse et la cour de plus en plus avides,

toute la nation travaillée par le paupérisme, de jour
en jour plus insupportable. Certes, l'indignation qui
saisit nos pères, de 1789 à 1800, fut excusable. Les
principes qu'ils firent triompher sont des principes
justes, expression la plus pure et la plus élevée du
droit. En est-il moins vrai que, par la nature des
choses et sous la pression des circonstances, la France
révolutionnaire, affamée, fut autant spoliatrice que
justicière? La Révolution, j'entends ici par ce mot
la guerre à l'ancien régime, sublime en ses motifs, a
été souillée dans ses actes et par suite compromise en
ses fins : voilà ce que la vérité oblige à dire.

Qu'on objecte, si l'on veut, que les intéressés de
l'ancien régime avaient les premiers donné l'exemple
de l'égoïsme; que les nouvelles maximes, enlevant à
la noblesse ce qui lui restait de priviléges, au clergé
ses biens immenses, ses immunités et ses dîmes, à la
couronne son *veto,* les uns et les autres refusèrent
d'admettre cette nouvelle justice et déclarèrent à la
nation une guerre d'avarice et d'orgueil. L'indignité
des uns ne couvre pas celle des autres. La cupidité
des bleus servant de prétexte à la déloyauté des blancs,
révolution et contre-révolution ne furent bientôt qu'un
échange d'injures. La guerre qui s'ensuivit ne pouvait
donc être qu'une guerre de vengeance et d'extermination réciproque : Coblentz, la Vendée, Quiberon, en
gardent le souvenir. Pouvait-il en être autrement?
J'avoue que je ne le vois pas. Je n'entends point pour

cela récuser le jugement de la Révolution : les griefs étant égaux de part et d'autre, partant compensés, la victoire n'en devait tenir compte, et elle a rendu un jugement juste en adjugeant les conclusions à ceux qui avaient la force.

De ces exemples, et de tant d'autres que je m'abstiens de citer, essayons maintenant de dégager quelque réflexion utile.

Qu'il s'agisse de l'Église ou de l'État, des principes de la philosophie ou de ceux de la religion, de l'indépendance du pays ou de la liberté des citoyens, du droit du seigneur ou de celui du travailleur, il y a toujours, au fond de la guerre, une question de tien et de mien que soulève la mauvaise conseillère, la Famine. Toujours, pour qui cherche le secret des choses, à côté des motifs religieux ou politiques, parfaitement avouables, se présente cette cause intime de la guerre, le paupérisme. De là la dépravation des mœurs militaires et toutes les licences qui en sont la suite. La guerre dans les formes se comprendrait entre Grec et Romain, entre juif et gentil, entre hérétique et orthodoxe, entre républicain et aristocrate, s'il était possible de la réduire aux pures questions de nationalité, de religion, de gouvernement. Mais quel lien de droit, quel respect d'humanité pourrait subsister encore entre le spoliateur et le spolié, entre le cultivateur et le forban, entre le maître et l'esclave, entre

le propriétaire et le *partageux?* Ici le mobile de la
guerre est une honte, et son but le crime. Dès lors, à
quoi bon des formalités? Chacun appelle son adversaire *ennemi*, comme qui dirait *brigand*. De même
que l'homme infecté dès sa naissance ne saurait être
entièrement régénéré en cette vie, la guerre corrompue
à sa source est irréformable.

Essayons maintenant, pour fixer nos idées, de ra
mener cet ensemble de faits à une proposition simple.

Ce qui engendre les anomalies dont la guerre nous
offre l'affligeant spectacle, c'est la présence et la connexité de deux espèces de causes et par suite de deux
sortes de fins : une cause et une fin politiques, une
cause et une fin économiques. De ce dualisme résultent toutes les perturbations de la guerre, et l'inextri-
cable promiscuité de justice et d'iniquité, de bien et
de mal, qui en fait le caractère.

Or, la philosophie nous enseigne qu'en toute chose,
dans le gouvernement de la société comme dans les
sciences, la condition à remplir pour arriver à la vérité
et au droit, c'est de distinguer soigneusement les
idées et les points de vue, de séparer les causes, de
discerner les éléments, d'examiner chaque chose à
part, et de ne jamais prononcer sur une question générale, avant de s'être assuré des questions particulières qui la composent.

En deux mots, la question de la guerre et de la paix
est complexe; pour la résoudre il faut la diviser.

Cette division est-elle d'abord admissible? Et si elle est admise, quel en sera pour la guerre le résultat? C'est ce que nous examinerons au chapitre suivant.

CHAPITRE III.

QUESTION PRÉALABLE :
LA POLITIQUE SUBORDONNÉE A L'ÉCONOMIE;
INCOMPÉTENCE DU JUGEMENT DE LA FORCE;
SUSPENSION DES HOSTILITÉS.

Rendons-nous compte du chemin que nous avons parcouru, et, ce qui pour nous est la même chose, de la situation faite à l'Europe moderne par les tendances que nous avons dénoncées dans la guerre.

Après avoir rétabli dans sa dignité antique et déterminé dans ses justes limites le droit de la force; après avoir, en second lieu, reconnu la légitimité du jugement de guerre, constaté les abus qui se mêlent à cette haute juridiction, et redressé sur une foule de points les consultations des légistes, nous nous sommes demandé si une réforme de la guerre, quant aux formes et à la pratique, n'était pas la chose qui dût la première nous occuper? Car, d'en prononcer l'abrogation pure et simple, après la réhabilitation que nous en avons faite, il n'y avait pas d'apparence : la constitution politique des États, les lois qui président à leur conservation et à leurs évolutions ne nous le permettaient pas, et la confusion qui règne dans les

relations internationales était peu faite pour nous y
encourager.

Une réforme de la guerre, avons-nous dit, aurait
ses analogues dans toutes les réformes qui d'âge en
âge ont renouvelé, soutenu les institutions de l'humanité. Le progrès des mœurs et des lumières nous
y porte, la conscience du guerrier y incline, l'honneur
de la civilisation la réclame. Cette réforme est-elle
possible?

Afin de nous éclairer sur cet objet, nous avons recherché quelle était la cause suprême, universelle, de
la guerre, cause dont toutes les considérations politiques, religieuses et autres, successivement alléguées
par les parties belligérantes, ne pouvaient être que
des expressions variées, selon les temps, les lieux et
les mœurs. Et nous avons trouvé qu'en effet tous les
motifs ou prétextes de guerre se ramènent à une
question d'intérêt, soulevée par cette lèpre jusqu'à
présent réputée indélébile, le paupérisme. Tout notre
quatrième livre a été consacré à la démonstration de
cette thèse.

De prime abord cette découverte, aussi triste que
grave, n'avait cependant rien qui dût nous faire désespérer d'une réforme. Autre chose après tout sont les
intérêts, dont les États ne sont que les protecteurs et
les représentants, et autre chose la guerre, qui a
pour but de décider à qui, parmi tant d'agglomérations rivales, il appartient de centraliser, protéger et

régir ces mêmes intérêts. Autre chose, par conséquent,
est le droit sévère, immaculé de la guerre, et autre
l'esprit de rapine qui s'y mêle. L'économie politique
n'est pas plus le royaume de l'escroquerie et de la mauvaise foi que la politique; pourquoi la guerre, traitant
de haut et sous des formules politiques des questions
économiques, en serait-elle nécessairement dépravée?

Le droit de la guerre, ramené à ses vrais principes,
nous venait lui-même en aide. Le droit de la guerre
ayant pour but de vider par les voies de la force les
litiges internationaux, une des conséquences fonda-
mentales qui en résultent est la distinction à faire
entre le domaine public, seul et unique objet de la
conquête, et les propriétés particulières, placées hors
de son atteinte. De là toutes ces prescriptions du droit
guerrier : Le *pillage* est interdit; la *maraude* réprou-
vée; le *tribut* déclaré abusif, fausse application du droit
de conquête; aucune *indemnité* n'est due par le vaincu
au vainqueur, si ce n'est pour infraction aux lois de
la guerre; la CONQUÊTE n'est admise qu'au sens d'incorporation purement politique; quant au système
d'*exploitation* à main armée qui tendrait à devenir
l'objet principal des États et la fin dernière de la
guerre, ce serait la caricature de la conquête et la
réduction de la guerre à l'absurde. La juridiction
de la force aboutissant à faire traiter en tributaire
chaque pays par son gouvernement serait la plus mon-
strueuse des contradictions.

La guerre, en un mot, par le soin qu'elle a toujours apporté à dissimuler sa cause originelle, par la discrétion dont elle s'entoure dans les questions économiques, et le dégoût qu'elle commence à manifester pour les extorsions et le pillage, a montré suffisamment combien la rapine lui est contraire, et combien favorablement elle accueillerait une réforme.

Malheureusement la guerre ne peut pas se séparer de sa cause, puisque sans cette cause elle n'a pas de raison d'être. Et comme la guerre est inséparable de sa cause, qui est le paupérisme, elle ne peut pas non plus se purger du soupçon de spoliation, puisque sans spoliation, sous quelque forme que celle-ci se déguise, la guerre devient absurde et la victoire une immense duperie. La guerre est donc fatalement infectée, sa dépravation est invincible : c'est ce que nous avons prouvé, par le raisonnement et par les faits, dans les deux premiers chapitres de ce livre V.

Comment sortir à présent de cette difficulté? Les litiges internationaux ne font que croître et se multiplier, et nous savons combien peu la diplomatie réussit à les vider. D'un autre côté la guerre est irréformable.

C'est ici que nous avons émis une proposition aussi parlementaire que philosophique et juridique, proposition qui d'ailleurs n'a rien en soi de contraire au droit de la force :

Il est évident, avons-nous dit, qu'au lieu d'un problème à résoudre, nous en avons deux : un problème politique, concernant la formation, la délimitation et la dissolution des États, c'est celui que la guerre s'est chargée de résoudre ; et un problème économique, relatif à l'organisation des facultés productrices et à la répartition des services et des produits, problème dont ni la guerre, ni l'État, ni la religion elle-même, ne se sont jusqu'à ce jour occupés.

Puis donc que, d'après la démonstration que nous avons faite de la cause de la guerre, le problème économique est antérieur et supérieur à l'autre et qu'il le domine, il faut de toute nécessité qu'avant d'entamer le débat sur les questions de politique internationale, dont la décision est réservée à la guerre, nous commencions par nous éclairer un peu plus que nous ne le sommes sur nos rapports économiques. Sans cela, nous ne ferons en combattant que tourner dans le cercle ; nous ne connaîtrons jamais notre droit dans sa plénitude ; nous resterons suspects les uns aux autres ; nous ne saurons même pas pourquoi nous armons, pourquoi nous nous disons les uns catholiques, les autres protestants ou libres penseurs ; pourquoi nous formons une nationalité de ce côté-ci du Rhin et une autre de ce côté-là ; pourquoi il y a parmi nous des royalistes et pourquoi des républicains ; si la démocratie est la liberté, ou si c'est le despotisme.

Cette étude est d'autant plus indispensable, avant toute déclaration de guerre, que, par le progrès des

révolutions, la prééminence a été conquise par les in
térêts sur les questions d'État. Ce qui gouverne le
monde moderne, en effet, ce n'est ni un dogme, ni une
foi, ni une tradition ; ce n'est ni l'Évangile ni le Cǫran,
ni Aristote ni Voltaire ; ce n'est pas plus la constitution de 1852 que celle de 1793 ; c'est le Livre de
raisons, dont toutes les pages portent écrits en gros
caractères ces deux mots uniques : au *verso*, Doit ;
au *recto*, Avoir.

Mais qui sera juge de cette question préalable ?
Qui fera autorité dans la science nouvelle ? A qui demander des solutions, des définitions, des jugements ?
Le jugement de la force, souverain dans les questions
d'État, peut-il faire droit dans les questions d'économie ?

Ici il appert que nous devons changer de juridiction. L'économie politique n'est, pas plus que la religion, du ressort de la guerre. Comme science, elle
relève directement de l'observation et de la raison ;
comme objet ou matière de droit, elle rentre dans le
droit politique ou civil, pour mieux dire elle donne
naissance à un droit nouveau, spécial, qu'il s'agit de
reconnaître et de constituer, de la même manière que
nous avons reconnu et constitué le droit de la force ;
c'est le *droit économique.*

C'est quand le droit économique aura été reconnu,
son objet défini, sa circonscription tracée, ses formules données, ses rapports avec le droit civil, le

droit politique et le droit des gens établis, c'est alors
seulement que nous pourrons reprendre, avec connaissance de cause et utilité, le débat politique ; c'est
alors par conséquent que nous pourrons de nouveau
en appeler, s'il y a lieu, au jugement par les armes,
à la raison de la force. Jusque-là nous serions des
insensés, des aveugles volontaires, des réprouvés de
la nature et de la Providence, si, après qu'un pareil
incident a été soulevé, nous voulions passer outre, et
porter comme auparavant nos litiges devant la justice
des armes.

La conclusion, en présence du problème qui s'impose à toutes les nations, à tous les intérêts, en présence de l'universelle ignorance qui, comme la nuit
du chaos, plane sur les idées de cet ordre, la conclusion est que toutes les hostilités doivent être suspendues, et un traité d'armistice, pour un temps indéfini,
signé entre les puissances. C'est à la raison publique,
c'est aux intérêts menacés, qu'il appartient de faire
prévaloir cette résolution. Qu'ils en aient seulement
la volonté, ils en ont le pouvoir.

« Comme la biche altérée brame après les sources
« d'eau vive, » ainsi l'humanité soupire après la paix.
L'obtiendra-t-elle cette paix tant de fois promise, et
depuis tant de siècles toujours insaisissable ? Plus d'une
fois le monde a cru la tenir, et toujours, comme une
ombre fugitive, elle s'est dérobée. Serons-nous plus
heureux aujourd'hui ?

A une question aussi précise, je me garderai de
faire une réponse catégorique. L'idée de paix perpétuelle est devenue une utopie. D'ailleurs les années ne coûtent rien à la civilisation, et plus on
étudie l'histoire, plus on découvre qu'en toutes choses,
dans le droit comme dans la science, l'humanité aime
à prendre du champ. La paix l'enchante à coup sûr;
elle court après le bonheur. Mais dites-lui que faire
la paix, vivre heureuse, cela signifie qu'au préalable
il ne faut plus faire la guerre, aussitôt vous la verrez
hésiter : tant elle a horreur de la négation, tant il lui
répugne d'abjurer un seul de ses préjugés, de se séparer de la moindre partie d'elle-même.

A Dieu ne plaise donc que je prêche à mes semblables les douces vertus et les félicités de la paix ! Moi
aussi je suis homme, et ce que j'aime le plus de
l'homme est encore cette humeur belliqueuse qui le
place au-dessus de toute autorité, de tout amour,
comme de tout fatalisme, et par laquelle il se révèle
à la terre comme son légitime souverain, Celui qui
pénètre la raison des choses et qui est libre. J'observe
seulement qu'à l'époque où nous sommes parvenus,
la guerre, quant au fond, ne peut plus être entreprise
sans soulever contre l'agresseur un odieux soupçon;
quant à la forme, qu'elle n'est plus faisable.

Je dis d'abord qu'au fond la guerre ne peut plus
dissimuler sa véritable cause, et que tous les considérants politiques dont elle essayerait de s'envelopper

apparaissent de plus en plus comme des logomachies. Ceci est également vrai des multitudes et des gouvernements. Est-ce que l'Angleterre, par exemple, ferait la guerre pour un principe, pour une idée ? Eh ! non ; l'Angleterre n'a de souci que de son *exploitation*, comme dit M. de Fiquelmont, à moins toutefois qu'il ne s'agisse d'une descente sur ses côtes. Or, toutes les nations sont entrées plus ou moins dans le sentiment anglais ; toutes imitent de leur mieux la politique exploitante de l'Angleterre. La date de 1814-1815, qui a ouvert pour l'Europe l'ère des gouvernements constitutionnels, est aussi, et pour la même raison, celle qui a vu naître la prépondérance des intérêts. Et les masses suivent la pensée des gouvernements. Le prolétaire, de même que le bourgeois, n'estime la liberté, le suffrage universel et ce qui s'ensuit, que pour le profit qu'il en espère : c'est un point que les manifestations de 1848 et les mœurs de 1852 doivent avoir mis pour tout le monde hors de doute.

L'esprit de cupidité et de rapine est la vraie caractéristique de l'époque actuelle. Le pauvre exploite le riche, l'ouvrier son patron, le locataire et le fermier leur propriétaire, l'entrepreneur ses actionnaires, ni plus ni moins que le capitaliste exploite et pressure l'industriel, le propriétaire le cultivateur, et le fabricant le salarié. Il y a un fait qui, dans un autre genre, traduit bien cet antagonisme : c'est l'impôt, que le pauvre voudrait faire tomber exclusivement sur le riche, au moyen des taxes somptuaires, progressives, sur les successions, le capital, la rente, etc.; et que le riche s'efforce de rejeter sur le pauvre à l'aide des taxes de consommation, proportionnelle, personnelle, industrielle, etc., etc.

Un tel régime ne peut durer : c'est l'égoïsme, l'improbité, le mépris de l'homme et des principes érigés en maximes et faits dieux. La critique a depuis longtemps fait justice de ces idoles, et nous savons ce qu'il en coûte de les adorer. Ce qui est certain au moins, c'est que la politique est désormais percée à jour, et que la guerre, si elle venait à se généraliser, laissant entrevoir sa véritable cause, ne serait qu'un retour au plus affreux cannibalisme. On en a vu un échantillon dans la manière dont a été repoussée l'insurrection de juin 1848.

En deux mots comme en cent, la guerre, même entre les nations les plus honorables, et quels que soient les motifs officiellement déclarés, ne paraît pas pouvoir être désormais autre chose qu'une guerre pour l'exploitation et la propriété, une guerre sociale. C'est assez dire que jusqu'à la constitution du droit économique, aussi bien entre nations qu'entre individus, la guerre n'a plus rien à faire sur le globe. La politique dominée par l'économie, la juridiction de la force est provisoirement abrogée.

Non pas qu'on doive la méconnaître, cette juridiction, pas plus que le droit dont elle émane : tout au contraire, l'esprit moderne, étranger à la théologie, fatigué de métaphysique, avide d'idées positives, amateur des choses qui s'évaluent et s'escomptent, est à la glorification de la force. La force n'est-elle pas tout ce que le monde matérialiste adore, la richesse, le pouvoir, le crédit, la vie, la beauté? N'est-ce pas le travail? La guerre ne visait qu'au groupement et à l'équilibre des forces politiques; il s'agit maintenant de l'organisation des forces économiques. Or, à quoi servirait, pour la solution de ce nouveau problème, la guerre et son tribunal de sang?

La guerre, pour toute intelligence attentive aux significations de l'histoire, a tenu sa dernière assise de 92 à 1815, dans les campagnes de la République et de l'Empire. Ses considérants sont datés de Valmy, Jemmapes, Neerwinden, Fleurus, Toulon, Montenotte, Rivoli, Aboukir, les Pyramides, Saint-Jean-d'Acre, Novi, Zurich, Marengo, Hohenlinden, Austerlitz, Trafalgar, Iéna, Friedland, Baylen, Wagram, Torrès-Vedras, Saragosse, les Arapiles, Vittoria, Borodino, la Bérésina, Leipzig, Paris et Waterloo. Ses conclusions ont été prises par Louis XVIII à Saint-Ouen. Le système constitutionnel, expression de la politique des intérêts, corollaire des fameux traités de 1815, lui a donné son congé. Ce qu'elle a fait depuis n'est pas, à vrai dire, acte de guerre, c'est œuvre de gendarmerie. La guerre, si on essayait de la faire revivre, serait, pour les peuples sans idéal, un réalisme hideux. Ses soldats ont beau faire, ils n'ont plus d'auréole. Malheur donc, malheur à celui qui, méconnaissant l'esprit du siècle, pousserait la civilisation à de nouvelles luttes ! Malheur à la nation qui, s'oubliant elle-même, demanderait aux armes ce que la science seule, le travail et la liberté peuvent donner !

Comme toute magistrature, la guerre a eu ses abus de pouvoir et ses iniquités. Ses arrêts fourmillent d'irrégularités et d'épouvantables violences. Mais le fond subsiste, et nous oublions, en faveur du droit posé, les vices de forme, la cruauté des exécutions et l'ignominie du butin. Qui soutiendrait aujourd'hui que les sentences rendues, il y a quatre cents ans, tant en matière civile qu'en matière criminelle, fussent injustes et nulles, parce que le juge recevait des épices, parce que les audiences étaient secrètes, que les coupables étaient mis à la torture et leurs biens confisqués ? Il en est ainsi de la guerre : ce qu'elle a fait pour le progrès de la civilisation demeure à jamais ; tout le reste est néant.

Qu'elle nous laisse donc à présent, et nous applaudirons à ses hauts faits ; nous relirons ses poëmes, nous célébrerons ses héros. Notre tâche, à nous, n'est plus de faire lutter les forces, mais de les équilibrer. Eh ! n'est-ce pas, au fond, ce que voulait la guerre ? De quelque côté que nous l'envisagions, la guerre conclut à la paix : ce serait la méconnaître et lui faire injure que de la croire éternelle. La guerre et la paix sont

sœurs justicières : ce que la bataille produit chez l'une,
l'opposition le crée chez l'autre ; le fond et la forme
sont les mêmes. La guerre, ayant pour but de comparer les puissances et d'en régler les droits, était une
joute préparatoire, indispensable. Toutes les nations
civilisées ont donné leur mesure : on sait ce que valent
les autres; leur faiblesse les dispense du jugement.
Maintenant l'épreuve est faite, l'expérience consommée. L'équilibre politique s'affirme : c'est à la science
économique et aux arts de la paix de conclure.

CHAPITRE IV.

DERNIÈRES OBJECTIONS DU MILITARISME.

Nous savons enfin que penser de la guerre ; nous pouvons nous flatter de la connaître à fond. La théorie et la pratique, le noumène et le phénomène, le principe et la fin, la cause et les prétextes, la règle et l'abus, le bien et le mal, les grandeurs et les misères, les créations et les ruines, le progrès et le recul, les contradictions et la raison : nous avons tout dit. Nous savons que la guerre a été nécessaire, d'une nécessité de justice, à l'éducation du genre humain ; les principes et les faits ont été d'accord pour nous l'apprendre. Nous savons aussi, avec une certitude théorique égale, appuyée d'un commencement de réalisation, que nous touchons à un moment de l'histoire où la guerre, ayant épuisé son mouvement, doit quitter la scène, à peine pour l'humanité d'une rétrogradation funeste. Le résultat définitif étant ainsi en faveur du droit, nous pouvons, après tant de conflits et tant de maux, être fiers de notre passé, et nous affirmer nous-mêmes comme l'incarnation de la justice divine, qui se manifeste également par les arrêts de la guerre et par les créations de la paix.

Cependant, comme l'hypothèse d'une paix indéfinie ne repose toujours, ainsi qu'il a été dit, que sur une donnée théorique ; comme on ne saurait dire, en fait, que l'état de paix soit définitivement acquis, le doute continue de planer sur les esprits, d'autant plus spécieux qu'il se prévaut d'une tradition sept ou huit fois millénaire, et que les considérations dont il s'appuie ne manquent pas d'une certaine vérité.

« 1. — L'idée d'une paix perpétuelle, nous disent les sceptiques, a sa source dans les incommodités de toute espèce que la guerre entraîne, et qui l'ont fait considérer de tout temps comme le fléau le plus terrible. Dès le commencement du monde, les poëtes, les théologiens, les philosophes, les économistes, les femmes surtout, se sont accordés à maudire la guerre, à voir en elle un des témoignages de la malice humaine et un signe des vengeances célestes. Mais cet argument des terreurs féminines, développé à satiété par une fausse morale, n'est plus aujourd'hui de mise. La guerre, telle que la donne son idée authentique, ne saurait être réputée un mal. C'est une forme de la justice, l'acte souverain de la conscience des peuples, et, pour le guerrier, l'instant de la suprême félicité.

« Sans doute la guerre fourmille d'abus : comme les tribunaux ordinaires, elle a ses vices de forme, qu'on pourrait appeler les nullités de la victoire ; elle donne lieu à un foule de prévarications. Mais, vous l'avez vous-même reconnu, elle a cela de commun

avec toutes les institutions de l'humanité, avec toutes
les créations de la nature. Le monde social, comme le
monde naturel, est imparfait dans ses réalisations,
mêlé de bien et de mal, de beauté et de laideur, de
vertu et de vice, d'ordre et de désordre : s'ensuit-il
que nous devions condamner comme mauvaises la
société, la famille, l'État, le mariage, la propriété, la
justice, l'homme lui-même? La vie est-elle mauvaise,
parce qu'elle est souvent troublée par les maladies et
qu'elle se termine par la mort?

« 2. — On reproche à la guerre son origine peu
glorieuse, ce paupérisme endémique dans l'humanité,
en termes moins flétrissants, le défaut d'équilibre
économique. Nous admettons cette origine, qu'on ne
saurait nier sans mentir à l'évidence. Qu'en peut-il
résulter contre la guerre? Qu'en toute chose les commencements sont pénibles, disgracieux, souvent ignobles, quelquefois coupables. Autant en peut-on dire
de toute législation, de toute institution, de toute
justice, civile et pénale. Le mariage ne fut d'abord
qu'une fornication brutale, pour ne pas dire un viol.
Le mariage en est-il moins réputé sans tache? Quant
à l'hypothèse, sous-entendue par les adversaires du
régime guerrier, d'une constitution économique de
l'humanité qui équilibrerait les forces, éteindrait le
paupérisme, et, supprimant la cause de la guerre,
l'abolirait elle-même, c'est une utopie que toutes les
civilisations, toutes les périodes historiques se trans-

mettent, comme elles se transmettent les rêves de fraternité et d'égalité, et que nous n'avons pas même besoin de réfuter.

« 3. — Une raison plus sérieuse, si elle était fondée, serait celle qui se tire de la subordination de l'idée politique à l'idée économique. Assurément l'importance des intérêts économiques est devenue, depuis trois siècles, colossale; et l'on ne peut nier que la participation des masses, bourgeoisie et plèbe, au gouvernement, n'en ait été partout la conséquence. La direction des États en est devenue plus compliquée, plus difficile; la politique s'est éloignée, plus qu'elle n'avait fait jamais, des vieilles maximes de la raison d'État; elle a dû se faire d'autres règles et compter davantage avec les lois de l'utile et les prescriptions du droit. S'ensuit-il que la politique soit réellement subordonnée à l'économie? En aucune façon. Si les convenances d'en bas ont été plus consultées, l'initiative d'en haut s'est fortifiée dans la même proportion. Entre autres preuves on peut citer la tendance à l'unité et à la centralisation, commune à tous les États de l'Europe. Au principe de divergence, qui est celui de l'économie, s'oppose le principe de concentration, qui est celui de la politique. L'un appelle l'autre : ce qui revient à dire que si le travail est la condition d'existence des nations, la guerre est la forme et la condition des États, que par conséquent elle reste prédominante, et qu'elle est éternelle.

« 4. — L'argument tiré du progrès n'est pas plus juste. Toujours faire la guerre! s'écrie-t-on. L'esclave a conquis sa liberté, l'homme et le citoyen ont fait reconnaître leurs droits, les nations ont fait prévaloir leur souveraineté. Le contribuable vote l'impôt; le mercenaire peut devenir maître; la femme est presque l'égale de l'homme : pourquoi les nations ne passeraient-elles pas de l'état de guerre à un état de paix définitif? — Comme si le progrès consistait à développer les êtres contrairement à leur nature, et non pas suivant leur nature! Dans les exemples précédents la transition dérive de la nature même de l'être et de ses lois : c'est ce que la philosophie, la jurisprudence, la guerre elle-même, par les jugements qu'elle a été appelée à rendre, ont établi. Mais qu'est-ce donc qui prouve que l'humanité guerrière pendant sept ou huit mille ans, et de plus en plus guerrière, doive changer tout à coup sa nature, et, en moins d'une génération, parce qu'elle s'est donné des chemins de fer, des institutions de crédit, des télégraphes électriques, doive passer, sans autre forme de procès, de cet état chronique de guerre à un état encore inconnu et parfaitement indéfinissable de paix ?

« 5. — On allègue, comme nécessité d'un tel progrès, l'inutilité, au point de vue du profit, des conquêtes. Le pillage, nous dit-on, étant noté d'infamie, le tribut sur les populations conquises n'étant plus dans les mœurs, le but matériel de la guerre, le seul

20.

qui soit en rapport avec sa cause, ce but disparaissant,
la guerre devient sans objet. Pour peu qu'ils réfléchissent, les gouvernements, à l'unanimité, vont déclarer
la paix perpétuelle. — Mais pourquoi ne verrions-nous
pas plutôt, dans cette inanité fiscale de la conquête,
un progrès dans la moralité de la guerre? On calomnie
la guerre, quand on lui prête des tendances sciemment
et nécessairement cupides. Le pillage, la servitude,
le tribut, l'exploitation elle-même, peuvent disparaître,
sans que la guerre cesse pour cela d'être une condition de la vie humanitaire. A-t-elle fini son rôle de
justicière? Manque-t-il de questions qui ressortissent
à son tribunal? Les nationalités, les fusions de peuples, les croisement de races, les frontières naturelles
ou conventionnelles, les fédérations, les centralisa-
tions, les nouvelles créations d'États, les transforma-
tions religieuses, l'agitation économique, qui met aux
prises les unes contre les autres toutes les classes de
la société; l'équilibre des continents, leur exploitation, leur police : n'y a-t-il pas là de quoi entretenir la
guerre pour quarante siècles? Le régime parlementaire n'est encore qu'à l'essai : à lui seul il peut occuper les armées pendant cinquante ans. Et quand on
songe que dans cet ordre d'idées les questions naissent
les unes des autres à l'infini, qu'aucune ne peut être
résolue par les voies ordinaires de l'arbitrage, puisque
les nations, en vertu de leur souveraineté et de leur
indépendance, y répugnent; oh! certes, on n'a pas

lieu de craindre que la guerre manque sitôt de besogne. Pour peu qu'on ait les nerfs délicats et l'esprit
faible, on risquera plutôt de tomber en syncope, à la
vue des fleuves de sang et des montagnes de cadavres
que promet l'avenir.

« 6. — On insiste et l'on dit : Une question domine
toutes les autres, la question économique. Il faut
l'aborder, enfin ; on saurait d'autant moins y échapper
que, cette question une fois soulevée, toutes les autres
deviennent de purs prétextes, et des prétextes de mauvaise foi. Or, cette question n'est évidemment pas du
ressort de la guerre. Donc il faut, en premier lieu,
que la guerre s'ajourne jusqu'à solution du problème
posé ; puis, au cas où cette solution serait obtenue,
la cause qui produit la guerre étant par le fait supprimée, il faut que la guerre donne sa démission.

« Sophisme de procureur. Admettre ce déclinatoire
serait renverser l'ordre de la justice : nous allons le
prouver par une analogie empruntée à l'économie
politique elle-même.

« L'agriculture est certainement du ressort de l'économie politique. Elle ne relève pas, en tant qu'industrie, du droit civil. Cependant, pour que la terre soit
cultivée, il faut au préalable qu'elle appartienne à
quelqu'un. Point de propriété, point de culture ; partant point de subsistances. Tous les économistes en
conviennent. Or, qui décide de la propriété en cas de
litige ? Le tribunal civil. Le juge ira-t-il s'enquérir si

le droit économique domine ici le droit civil? Non : il
adjugera la terre au légitime propriétaire, à qui il dira
de cultiver son champ à sa guise, suivant la science
ou suivant son plaisir.

« Il en est ainsi des questions de souveraineté. Elles
requièrent solution indépendamment des questions
d'économie générale qui s'y rattachent, ou qui même
les produisent. En conséquence, les rapports économiques des nations sont réglés par des traités de commerce, amiablement conclus. Mais, de même que la
culture du sol présuppose une propriété, les traités
entre nations présupposent une souveraineté, qui, si
elle est mise en jeu, devient immédiatement justiciable
de la guerre.

« 7. — Ceux qui, à la suite de l'abbé de Saint-Pierre,
colportent l'idée de paix perpétuelle et tiennent en
son honneur d'innocents congrès, prennent-ils garde
seulement que l'idée de paix est négative, inorganique
de sa nature, synonyme d'inertie et de néant? Dans
l'état actuel des sociétés, état que vous reconnaissez
vous-même avoir duré déjà de six à huit mille ans, et
que le commun des humains regarde comme prescrit,
qu'est-ce que la paix? Une *suspension*, arbitraire ou
fortuite, de l'action guerrière; rien de plus. Impossible, d'après les faits, d'en concevoir une autre idée.
Octroyée ou conquise, ou bien encore imposée aux
belligérants par la nécessité des choses et par l'épuise-
ment de leurs forces, la paix n'est, à vrai dire, que

l'affirmation silencieuse de la guerre. Ontologique-
ment et phénoménalement, elle n'a pas d'autre valeur.
La paix, en un mot, c'est la guerre au repos; ne voilà-
t-il pas de quoi crier merveille?

« Vous parlez de l'*équilibre des forces,* comme devant
être l'œuvre spéciale de la paix. Ceci est une conception de votre esprit dont on peut vous faire compli-
ment. La paix, en équilibrant les forces, deviendrait
quelque chose entre l'être et le non-être ; ce ne serait
peut-être plus la mort, mais à coup sûr ce ne serait
pas encore la vie. Car si les forces sont équilibrées, si
elles ne peuvent plus se consommer, s'absorber, s'as-
similer, se doubler, se transformer, en réalité elles
n'agissent plus; la guerre cessant, l'humanité meurt
et le monde finit. Vous avez appelé la guerre un préjugé atroce, fille du paupérisme, mère du vol et de
l'assassinat. Certes, votre paix peut se dire imma-
culée : c'est une momie.

« 8. — La guerre enfin, disent les pacifiques, peut
bien être la loi du monde animal ; il répugne qu'elle
soit la loi du monde moral. Qu'elle marque la transition, transition douloureuse, du premier de ces mondes
à l'autre, on le conçoit, et l'excuse peut s'accepter;
comme état organique et définitif, la guerre implique
contradiction.

« Cette difficulté est résolue d'avance par ce qui a
été dit par vous-même que la guerre est une forme de
la justice, par conséquent qu'elle est donnée dans la

morale. Des femmelettes demandent comment des êtres
doués de raison pensent s'honorer en se livrant de si
effroyables combats. Qu'elles demandent plutôt comment le monde étant un composé de forces, ces forces
agissent les unes contre les autres, et par conséquent
se combattent. Car le jeu des forces ne ressemble pas
à la danse des muses, qui, dans leurs chœurs har-
moniques, se croisent, s'entrelacent, se retirent, se
rejoignent, sans que de leurs mouvements légers et
rapides il résulte ni froissement ni choc. Les forces ne
font rien par figures; leur action conclut nécessairement à une réalisation : pour cela il faut qu'elles s'en-
tre-choquent, qu'elles s'entre-brisent, qu'elles s'entre-
dévorent. A cette condition seulement elles produisent.

« La guerre est l'état naturel du genre humain ; la
guerre, c'est la vie. La paix, une paix véritable, universelle, perpétuelle, serait la mort. Tous les peuples
se sont de bonne heure organisés pour la guerre ; on
n'en connaît pas qui soit organisé pour la paix. Sur
ce point, la raison pratique des nations est d'accord
avec leur instinct : Si tu veux la paix, prépare la
guerre, dit un aphorisme fameux : *Si vis pacem, para
bellum.* Il n'y a de paix, en effet, que pour le fort, et
aussi longtemps qu'il est fort; c'est dans la force victorieuse que se trouve le repos. Mais la force s'use
dans le repos comme dans l'action ; elle a besoin, pour
se renouveler, de gymnastique. L'histoire des nations
n'est guère que le récit de leurs combats; la paix n'y

figure que sous la forme de courtes trêves. Quelle
paix fut jamais plus applaudie, même par les vaincus,
que celle de 1814? Or, voici que depuis quelques
années, non-seulement les Français, mais les Allemands, les Italiens, les Suisses, les Hongrois, les
•Russes, toutes les nations signataires des traités se sont
mises à accuser à l'envi les actes du Congrès de
Vienne, monuments de la plus grande et de la plus
glorieuse paix qui ait été faite parmi les hommes.
N'est-ce point qu'au fond la paix n'est jamais qu'un
rêve : *Dicebant : Pax, pax, et non erat pax?* Dès que la
paix se prolonge, les populations s'inquiètent comme
si elles allaient mourir, comme si la civilisation manquait à sa destinée, qui est de marcher de découverte
en découverte et de bataille en bataille.

« De là, ces idées singulières, où le mysticisme et
l'empirisme se donnent la main, mais qui témoignent
d'une raison supérieure à celle des philosophes :

« Que la guerre entre dans les desseins de Dieu et
dans l'ordre de la Providence;

« Que par la paix les sociétés se corrompent et
qu'elles se régénèrent par le sang;

« Que la paix perpétuelle, comme le souverain
bien, est un absolu, une chose hors de ce monde;

« Que la destinée terrestre de l'homme est de faire
la guerre à son prochain, attendu qu'il ne saurait se
délivrer jamais, par la science, de tout doute et de
toute dispute, par la richesse, de toute gêne;

« Que le contraire supposerait une métamorphose
des idées, des passions, des caractères, des mœurs,
que rien ne permet de prévoir ;

« Qu'ainsi ce n'est pas à tort que la profession des
armes est considérée comme la plus noble, puisque
c'est celle qui exprime le mieux la divinité de notre
nature ;

« En conséquence, que l'hypothèse d'une paix permanente, indéfectible, est une erreur dangereuse,
contraire à la religion, à la morale, à toutes les tradi-
tions, subversive de toute hiérarchie comme de toute
discipline, et déjà condamnée, sous le nom de *quié-
tisme*, par l'Église de Jésus-Christ.

« Prenons-en donc notre parti bravement ; et, sans
tant philosopher, chose malsaine pour un être dont la
destinée est d'agir, sachons nous montrer hommes
dans toutes les fortunes.

« Quand la puissance secrète qui dirige vers une
fin inconnue toutes les créatures, Dieu ou démon, a
décidé que nous devons nous battre, il n'est raison,
morale ou charité qui tienne : la guerre est inévitable.
L'immoralité serait alors de vouloir y échapper. Fai-
sons-la donc, cette guerre, généreusement, vite et
bien, et ne songeons qu'à nous honorer dans la défaite
comme dans la victoire. Le mal n'est pas de donner
la mort ni de la recevoir : c'est de vivre dans la lâcheté et l'abjection.

« Au contraire, cette même puissance, satisfaite ou

repue, trouve-t-elle qu'il y a assez de sang répandu, la paix devient à son tour une conclusion forcée. Plus de conquérant, plus de héros ; tout conspire pour faire tomber les armes. Les orgueils fléchissent, les haines s'adoucissent, les courages se paralysent, les intérêts, auparavant inexorables, se détendent ; les idées pour lesquelles on se battait, jusque-là incompatibles, se montrent conciliantes. La contradiction a disparu comme par enchantement. Faisons la paix alors, et jouissons-en sans mollesse, comme sans illusion. »

CHAPITRE V.

RÉPONSE AUX OBJECTIONS :
C'EST LA GUERRE QUI, PAR SON ÉVOLUTION,
CONCLUT ELLE-MÊME A LA PAIX.
TRANSFORMATION DE L'ANTAGONISME.

Je crois avoir présenté, avec une hauteur de pensée et une sincérité d'expression qu'elles ne trouveraient sans doute pas ailleurs, toutes les objections qu'on peut élever aujourd'hui contre l'hypothèse, je ne dirai pas d'une pacification définitive, car nous ignorons de quels retours la civilisation est susceptible, mais d'une trêve illimitée, ce qui suffit à la théorie aussi bien qu'aux intérêts.

D'abord, le lecteur remarquera que ces objections tirent exclusivement leur force de l'étude approfondie que nous avons faite de la guerre. En effet, jusqu'à ce qu'une semblable critique se fût produite, la guerre pouvait exciter des lamentations ou inspirer des panégyriques ; elle ne pouvait donner lieu à un véritable débat. Personne n'eût été en mesure de l'attaquer, pas plus que de la défendre, philosophiquement. C'était, comme je l'ai dit, un fait mystique, divin. On le subissait, on s'en désolait ; ou bien, dans l'ivresse du triomphe, faisant de nécessité vertu, on s'en glorifiait. Mais personne n'eût songé à soutenir, ni que ce fait fût essentiel à la vie de l'humanité, ni qu'on dût le considérer en conséquence soit comme permanent, soit seulement comme transitoire. La guerre était hors de l'appréciation des hommes.

Maintenant que le mystère est, ou peu s'en faut, pénétré, et que le cours des événements semble incliner à la paix, on conçoit que des objections raisonnées, en faveur de la perpétuité de l'action guerrière, se produisent. Ces objections reposent sur les mêmes données que celles qui nous font croire à la paix : sur le droit de la force, auparavant nié, et que nous avons rétabli ; sur la qualité de justicière, que nous avons reconnue à la guerre ; sur le rôle, non pas fortuit, mais positif, qu'elle a joué dans la civilisation : elles sont surtout motivées par cette considération que, la paix ne pouvant se constituer d'une manière permanente que par la suppression de la cause même de la guerre, à savoir le paupérisme, une semblable révolution est au-dessus de la sagesse humaine, et doit être regardée comme une utopie.

Pour répondre à cette argumentation, ce qui n'est certes pas facile, puisque la société est toujours en état de guerre, que la guerre a pour elle le fait, c'est-à-dire une possession de six mille ans, tandis que la paix est toujours à l'état de projet et de perspective, il faut, selon moi, au lieu de nous épuiser sur les objections,

attaquer l'ennemi dans son fort, marcher droit sur sa
capitale, qui, une fois tombée, nous livre tout le reste.
Or, cette capitale, base de tous les raisonnements du
militarisme, n'est autre que la loi d'antagonisme, que
nous avons reconnue nous-même (tome Ier, livre Ier,
chap. VI, page 73) comme loi universelle de la nature
et de l'humanité, corollaire de la loi de justice ou d'é-
quilibre. La loi d'antagonisme expliquée, tout s'explique : la thèse de la guerre devient la thèse de la paix.

Le monde de la société, de même que le monde de
la nature, est établi sur des forces.

Ces forces sont d'elles-mêmes expansives, envahis-
santes, par conséquent opposées et antagoniques ; elles
vivent et se développent aux dépens les unes des
autres et ne produisent qu'en raison de leur consommation mutuelle. Telle est la grande loi de la création,
qui est en même temps la loi de la conservation et du
renouvellement des êtres.

Ceux qui croient à la perpétuité de la guerre se
prévalent donc de cette théorie générale des forces,
de leur antagonisme et de leur absorption réciproques. « L'humanité, disent-ils, de même que la nature, est toujours en création, toujours en renouvellement : et c'est par la guerre qu'elle se crée et se
renouvelle. Parler de paix, c'est affirmer la décadence
et la mort. »

Mais, avant de se prononcer d'une manière aussi
affirmative sur l'avenir belliqueux de l'humanité, il

conviendrait de s'être assuré de deux choses : 1° quel
est le genre de création que poursuit la guerre ; 2° si
l'antagonisme des forces, que nous avons jugé irréformable en sa condition actuelle, n'est pas susceptible d'une transformation, qui ne serait autre que le
but même poursuivi par la guerre.

Car, et nos adversaires sont de cet avis, l'antagonisme n'a de valeur que par la création dont il est
l'agent. Toutes les fois qu'une guerre éclate entre
deux puissances, c'est en vue d'un nouvel état de
choses qui, dans l'ordre providentiel, doit être substitué à l'ancien, soit qu'il s'agisse de la formation
d'un nouvel État en remplacement des autres, soit
que la guerre ait simplement pour but de déterminer
leur étendue et leurs rapports. Mais quel est le but
général de la guerre? Depuis trois mille ans, nous
l'avons vue aller de formation en formation, de remaniement en remaniement, de révolution en révolution. Des États, des nationalités innombrables, ont
été consommés dans cette lutte. N'y a-t-il donc
pas à la guerre un objet supérieur, ou faut-il croire
qu'elle tourne dans un cercle sans fin, détruisant et
remplaçant pour le seul plaisir de remplacer et de
détruire ?

D'autre part, si la guerre est vraiment créatrice,
féconde, rien de ce qu'elle détruit ou plutôt qu'elle
transforme ne doit se perdre. Il en est des créations
de la guerre comme des compositions et des décom-

positions chimiques : tout doit se retrouver à la balance ; il ne peut s'égarer un atome. Sous ce rapport,
et indépendamment des objections que nous avons
élevées contre la violation des lois de la guerre ,
nous avons à nous demander si la guerre fait bien ce
qu'elle fait ; s'il n'y a pas de déperdition dans son
œuvre, par conséquent si son mode d'action est, sous
ce rapport, irréprochable, et si elle ne tendrait pas
elle-même à le changer ?

Nous avons le droit de poser ces questions à nos
adversaires , puisqu'elles ressortent de leur propre
principe : ils ne sauraient s'y soustraire sans illogisme
et sans mauvaise foi. Or, par cela seul que nous posons de semblables questions, il est évident que nous
rentrons dans l'hypothèse d'une pacification, sinon
absolue, au moins illimitée ; ce qui nous reste à démontrer par le tableau de l'évolution guerrière.

Je dis donc que la guerre, en autres termes l'antagonisme humanitaire , a pour but la manifestation
complète et le triomphe absolu de la justice, en un
mot la civilisation ; mais j'ajoute que pour mener à fin
cette création supérieure, l'antagonisme en sa forme
actuelle, c'est-à-dire la guerre, est impuissant ; qu'il
fait mal ce qu'il veut faire, et qu'il est devenu indispensable, non pas simplement de lui faire subir une
réforme, mais d'en opérer la transformation complète.

Et je prouve cette proposition en constatant que la
guerre, à tous les points de vue de son développe-

ment, conclut à une transmutation d'elle-même, ce que je nomme la paix.

Point de vue du *Droit*, dont elle est le plus solennel et le plus incorruptible représentant. — La guerre nous a fait parcourir cette gamme : Droit de la force, Droit de la guerre, Droit des gens, Droit politique, Droit civil, Droit économique, etc. (tome Ier, page 286). Or, le droit économique formant aujourd'hui une question à vider préalablement à tout nouvel engagement des puissances, et la guerre se déclarant incompétente pour résoudre une semblable question, il est clair qu'une convention d'armistice, pour un temps indéfini, doit être d'abord signée par tous les États, à peine de mentir à la guerre, d'offenser sa loi, de la faire rétrograder.

Point de vue des *Révolutions*. — L'humanité, conduite et jugée par la guerre, a traversé successivement plusieurs phases, dont il importe de saisir la tendance : régime des castes ou de l'esclavage ; système d'un empire universel, rêvé par les Juifs et réalisé par les Romains ; système théocratique ou féodal ; système des monarchies de droit divin, à la place duquel s'est installé celui des monarchies constitutionnelles. Actuellement c'est la plèbe travailleuse qui tend à supplanter la bourgeoisie capitaliste, propriétaire et patentée, et qui fait son apparition par ces deux formules : *Droit au travail* et *Suffrage universel*. Nous ne sommes qu'au début de ce dernier mouvement. Mais

qui ne voit déjà tout ce qu'il y a de profondément in-
compatible entre l'ordre de choses actuellement en
éclosion et le régime de guerre, caractéristique de la
monarchie de droit divin et de la féodalité? N'est-il pas
manifeste que, comme nous avons vu tout à l'heure
la guerre s'éloigner de plus en plus du droit exclusif
de la force, et réduire, par la reconnaissance de nouveaux droits, son propre empire ; de même ici nous
la voyons se resserrer encore davantage, en conduisant la civilisation du régime des castes à celui de la
liberté et de l'égalité économique?

Quelle est, pour l'Europe du XIXᵉ siècle, la question
dominante? Ce n'est plus la religion et la tolérance,
l'unité de l'Église et son alliance avec l'Empire ; ce
n'est pas davantage la monarchie, l'aristocratie ou la
démocratie ; ce n'est ni la centralisation, ni la décentralisation politique, ni l'équilibre européen, ni le
principe de nationalité ou des frontières naturelles.
Toutes ces questions ont leur part, mais comme secondaires ou accessoires, dans le débat. Parmi les institutions en litige, il en est qui sont à la veille de
disparaître pour ne plus revenir, comme le pouvoir
temporel des papes ; d'autres qui semblent prendre un
nouvel essor, bien qu'on eût quelque raison de penser, il y a quelques années, qu'elles touchassent à leur
fin : telles sont les deux questions de monarchie
constitutionnelle et de gouvernement unitaire. Le
suffrage universel lui-même, ce suffrage que tout le

monde respecte, mais auquel personne n'ajoute foi,
déjà commence à s'user. La grande question, la grosse
affaire, celle qui prime toutes les autres, et dont on
affecte pourtant de ne dire mot, c'est la question
économique. C'est par elle que règne Napoléon III,
soit qu'il refoule la plèbe impatiente, ou qu'il se dérobe à la logique rétrograde de la conservation bourgeoise ou cléricale.

Point de vue du *Droit international*. — Comment
nier encore que la guerre n'ait, à peu de chose près,
terminé son œuvre? C'est la guerre qui nous a conduits à ce système international que toutes les attaques
ne font que consolider de plus en plus, et que l'on a
coutume de désigner par l'expression éminemment
économique d'*équilibre européen*. On ne veut pas de
monarchie universelle ; on ne veut pas d'une hiérarchie
des États ; on répugne à l'idée d'une confédération ou
d'une diète européenne : chacun affirme son indépendance, sa nationalité, son autonomie. Si la Russie est
humiliée en Crimée, à l'instant il se forme, sur le bas
Danube, un État nouveau, détaché de la Turquie, et
qui sert de ce côté à flanquer le système. Si l'Autriche
éprouve une diminution du côté de l'Italie, en revanche il se forme un État italien, qui, s'il peut se
maintenir, fournira une nouvelle garantie à l'équilibre. Toutes les anciennes causes de litige s'effacent
devant la mutualité des intérêts. La révolution de
juillet crut faire merveille en séparant la Hollande et

21.

la Belgique, qu'avaient réunies les traités de 1815 : les
voilà qui, sans songer le moins du monde à s'absorber, se rapprochent et s'embrassent. Autant il en
arrive entre les deux États scandinaves, Suède et Da-
nemark. Tandis que la France et l'Angleterre arment
à l'envi, en défiance l'une de l'autre, elles vont ensemble visiter la Chine et signent un traité de libre
échange. Les traités de commerce, les unions douanières tendent à remplacer les incorporations et les
alliances : entre la France et la Belgique, traité de
commerce; entre les États politiquement séparés d'Allemagne, alliance commerciale. La politique, aujour-
d'hui, est de l'économie politique : que voulez-vous
que la guerre aille faire là ?

Point de vue de la *Conquête*. — Ici encore la guerre
nous a dit son dernier mot. Elle s'est faite d'abord
pour le pillage; puis elle s'est faite pour le tribut, ensuite pour l'incorporation. Maintenant que lui reste-
t-il? L'exploitation : c'est le suicide. Il faut désarmer,
à peine de contradiction, de rétrogradation. Travaillez
à présent, nous dit la Guerre; vous avez assez combattu. Produisez, faites des échanges, apprenez à vous
considérer dans vos personnes et à vous faire justice
dans vos œuvres; chassez votre ignorance, devenez
philosophes, artistes même, si vous pouvez : je ne me
mêle pas de ces choses. Vos *affaires*, comme vos arts
et vos sciences, sortent de ma compétence.

Point de vue des *Moyens militaires*. — Le métier des

armes est une industrie en mode inverse ou subversif.
A proprement parler, et quel que soit le génie qui s'y
déploie, il n'y a pas d'art ou de métier de la guerre.
Il y aurait pour le public une curieuse étude à faire
sur ce sujet. J'ai voulu m'éclairer sur cette profession
héroïque pour laquelle toutes les nations entretiennent
à grands frais des pépinières d'apprentis et de hautes
écoles; je n'ai vu partout que de l'industrie, et toujours de l'industrie. Nos capitaines du génie et de l'artillerie sont formés à la même école que nos officiers des
ponts et chaussées; ce sont des géomètres, des archi-
tectes, des physiciens, des chimistes. En quoi nos officiers de marine diffèrent-ils des capitaines marchands?
Napoléon Ier se vantait d'avoir appris tous les mé-
tiers, depuis le charronnage jusqu'à la comptabilité
et aux transports; il avait besoin de cette science po-
lytechnique, autant pour accomplir ses grands travaux
que pour triompher des résistances. A la guerre, en
effet, il y a deux choses à vaincre, l'homme et son industrie.

Originairement, les armes de guerre ne sont que
des instruments de travail et de chasse : l'arc du chasseur et sa pique, le couteau du boucher, la faux du
moissonneur, le marteau du forgeron, le bâton du
berger. La science moderne y joint ses mélanges explosibles, ses carènes de fer et tout son outillage de
métallurgie, transformé en balles et boulets coniques,
auxquels rien ne résiste plus. L'insurrection de juin

1848 a prouvé aux plus aveugles que l'homme d'industrie peut devenir en un moment artilleur, ingénieur, tacticien et stratége. Pendant les quatre jours que dura la bataille, les insurgés avaient appris à se retrancher, à élever des remparts, à fabriquer de la poudre, à fondre des balles, des canons et des boulets. A cet égard, on peut dire que l'armée ne fait de progrès qu'à la faveur de l'industrie, et que les classes ouvrières, si leur pensée se tournait vers la révolte, seraient toujours en avance de l'artillerie et du génie, et triompheraient de toutes les armées. La guerre, en un mot, s'industrialise de plus en plus : comment ne compterait-elle pas avec l'industrie, dont elle ne saurait seulement se distinguer?

Il est évident, pour qui considère avec attention l'ensemble du mouvement guerrier, qu'il y a tendance de l'humanité, non point à une extinction, mais à une transformation de l'antagonisme, ce que l'on est convenu, dès le commencement des sociétés, d'appeler la PAIX. Cette prévision va devenir une certitude, si, après avoir retracé sommairement ces évolutions de la guerre, nous lui en demandons à elle-même l'interprétation. Ici, ce n'est plus la raison de l'historien, c'est le droit de la guerre lui-même qui va parler.

La guerre a pour but de déterminer à laquelle de deux puissances en litige appartient la prérogative de la force. Elle est la lutte des forces, non leur destruction; la lutte des hommes, non leur extermination. Elle doit s'abstenir, en dehors du combat et de l'incorporation politique qui s'ensuit, de toute atteinte aux personnes et aux propriétés. Nous n'avons plus à démontrer ces choses : la critique que nous avons faite des formes de la guerre et de sa cause originelle a répandu sur tous ces points la plus vive lumière ; nos adversaires eux-mêmes se rallient à ces principes.

Il suit de là que l'antagonisme, que nous acceptons comme loi de l'humanité et de la nature, ne consiste pas essentiellement pour l'homme en un pugilat, en une lutte corps à corps. Ce peut être tout aussi bien une lutte d'industrie et de progrès : ce qui, dans l'esprit de la guerre, et pour les fins de haute civilisation qu'elle poursuit, revient, en dernière analyse, au même. « L'empire au plus vaillant, » a dit la Guerre. Soit, répondent le Travail, l'Industrie, l'Économie ; de quoi se compose la vaillance d'un homme, d'une nation ? N'est-ce pas de son génie, de sa vertu, de son caractère, de sa science acquise, de son industrie, de son travail, de sa richesse, de sa sobriété, de sa liberté, de son dévouement patriotique ? Le grand capitaine n'a-t-il pas dit qu'à la guerre la force morale est à la force physique comme 3 est à 1 ? Les lois de la guerre, l'honneur chevaleresque ne nous enseignent-ils pas à leur tour que dans nos combats nous devons nous honorer, nous abstenir de toute injure, trahison, spoliation et maraude ? Luttons donc ; nous

n'avons que faire pour cela de nous attaquer à la
baïonnette et de nous tirer des coups de fusil. De
même que par l'effet de la guerre le droit, d'exclusivement personnel qu'il était au commencement, est
devenu droit réel, de même la guerre à son tour doit
cesser d'être personnelle et devenir exclusivement
réelle. Dans ces nouvelles batailles, nous n'en aurons
pas moins à faire acte de résolution, de dévouement,
de mépris de la mort et des voluptés ; nous ne comp-
terons pas moins de blessés et de meurtris ; et tout
ce qui sera lâche, débile, grossier, sans vaillance de
cœur ni d'esprit, ne doit pas moins s'attendre à la
sujétion, à la mésestime et à la misère. Le salariat, le
paupérisme et la mendicité, dernière des hontes, attendent le vaincu.

Ainsi, la transformation de l'antagonisme résulte de
sa définition, de son mouvement, de sa loi ; il résulte
encore de sa finalité. L'antagonisme, en effet, n'a pas
pour but une destruction pure et simple, une consommation improductive, l'extermination pour l'extermination ; il a pour but la production d'un ordre toujours supérieur, d'un perfectionnement sans fin. Sous
ce rapport, il faut reconnaître que le travail offre à
l'antagonisme un champ d'opérations bien autrement
vaste et fécond que la guerre.

Remarquons d'abord que dans cette arène de l'industrie les forces sont en lutte non moins ardente que
sur les champs de carnage ; là aussi il y a destruction

et absorption mutuelle. Je dirai même que ·dans le travail comme dans la guerre la matière première du combat, sa principale dépense, est toujours le sang humain. En un sens qui n'a rien de métaphorique, nous vivons de notre propre substance, et, par l'échange de nos produits, de la substance de nos frères. Mais il y a cette différence énorme, que dans les luttes de l'industrie il n'y a de véritablement vaincus que ceux qui n'ont point ou qui ont lâchement combattu : ce qui emporte cette conséquence que le travail rend à ses armées, et souvent au delà, tout ce qu'elles consomment, chose que la guerre ne fait pas, qu'elle ne saurait faire jamais. Dans le travail, la production suit la destruction; les forces consommées ressuscitent de leur dissolution, toujours plus énergiques. Le but de l'antagonisme, dont on veut se prévaloir, l'exige ainsi. S'il en était autrement, le monde retournerait au chaos : viendrait le jour où par la guerre il n'y aurait plus, comme à l'aurore de la création, que du vide et des atomes :' *Terra autem erat inanis et vacua.*

Napoléon Iᵉʳ avait entrevu cette vérité quand il prétendait, à l'exemple des Romains, que la guerre doit se soutenir par elle-même : « Avec des soldats, di- « sait-il, je gagne des millions; avec des millions je « retrouve des soldats. » Le grand *condottiere* sentait que la guerre, pour avoir un sens, une valeur, une moralité, doit réparer ses forces à mesure qu'elle les dépense. Mais la manière dont il se flattait de résoudre le problème était aussi fantastique que ses victoires : d'un côté, elle supprimait le vaincu ; quant à la nation prétendue victorieuse, sans parler du retour de fortune qui la ramena si brusquement au *statu quo ante bellum*, la statistique nous a appris quel déchet vingt-cinq années de guerre ont fait subir à la santé et à la vigueur du peuple français.

Après ces considérations générales sur la loi d'antagonisme, il suffit de quelques mots pour réfuter les objections produites :

a) La guerre, nous dit-on, se justifie par sa moralité même. — Oui, quant à son idée, qui est le droit de la force ; oui, quant au but que suppose l'exercice de ce droit, et qui est le progrès de la civilisation. Mais non, quant à la cause de la guerre et à sa pratique : la première accusant un désordre dont la réparation sort de la compétence de la guerre ; la seconde étant en pleine contradiction avec la loi même de l'antagonisme, qui exige que les forces, en se détruisant, se réparent. Qu'on soutienne la perpétuité de la guerre, si on le peut, les opinions sont libres ; mais qu'on ne la fasse pas mentir.

b) On ajoute : L'extinction de la guerre est une utopie, attendu que l'extinction du paupérisme, soit la constitution économique de l'humanité, est elle-même une utopie. — C'est comme si l'on soutenait qu'un individu ne doit jamais mourir, attendu qu'on ne lui connaît pas d'héritier. Nous ne pouvons, je le reconnais, nous faire qu'une idée encore indécise du régime économique que je soutiens devoir succéder au régime de politique ou de guerre, ces deux expressions signifiant pour moi la même chose. Sous ce rapport, et dans cette mesure, le doute est légitime. Mais il ne faut pas abuser, pour nier le mouvement et l'avenir, de la défaveur jetée sur quelques théories socialistes. Une chose du moins est avérée, c'est que la religion de la guerre s'en va, de même que celle de la royauté et de la noblesse ; c'est que la raison des intérêts domine de plus en plus la raison d'État ; c'est que le travail, autrefois réputé une malédiction, est maintenant glorifié à l'égal de la vertu. Le travail, jadis œuvre servile, règne actuellement sous le nom de suffrage universel ; un jour il gouvernera. Déjà il a commencé de prendre possession du pouvoir sous le titre de gouvernement représentatif ; la moitié du chemin est faite. Nous ne savons pas, je le répète, ce qui arrivera quand le désarmement universel aura été opéré ; ce qui est sûr, c'est que la guerre a trouvé son successeur.

c) L'importance des questions politiques, observe-t-on, grandit avec celle des questions économiques ; il est donc impossible que les intérêts parviennent à subalterniser le gouvernement. — Erreur : l'augmentation d'influence qu'on est forcé de reconnaître au travail est aux dépens de la raison d'État ; cette in-

fluence marche plus vite que l'idée gouvernementale,
à laquelle le travail fait un échec décisif par les en-
traves qu'il apporte à la guerre. La période historique
de 1814 à 1860 le démontre. Que cette influence
industrielle ne se ralentisse pas, nous touchons au
désarmement. Or, sans la guerre, à quoi se réduit la
politique ?

d) On insiste : Un changement aussi profond, aussi
subit dans les mœurs de l'humanité ne s'est jamais
vu, ne se comprend pas; une tradition de tant de
siècles ne s'interrompt pas tout à coup. — Mais qui
donc prétend que le phénomène doive se passer de la
sorte ? La révolution de la paix date elle-même de
vingt-cinq siècles. Elle a commencé avec les fameuses
monarchies de Daniel; elle n'a cessé depuis de s'éla-
borer par les conquêtes d'Alexandre, par l'empire romain et par la catholicité chrétienne. Les traités de
Westphalie et de Vienne sont ses deux dernières
étapes. La guerre et la paix engrènent l'une avec
l'autre; mais le travail de la première nous empêche
de voir le progrès de la seconde. Pour mieux dire, la
guerre et la paix sont deux formes différentes d'un
seul et même mouvement, d'une seule et même loi :
l'antagonisme.

e) On allègue la multitude de questions que la
guerre, le jugement de la force, peut avoir à trancher
encore. — Ces questions, la prépondérance du travail
une fois acquise, les lois de la solidarité économique

connues, l'inutilité de la conquête déclarée, le pillage proscrit, deviennent toutes secondaires ; elles sont du ressort des congrès : la raison publique suffit à les résoudre. Quant aux forces elles-mêmes, nous avons dit qu'elles luttaient sur un autre champ de bataille.

f) On a traité de chicane l'exception d'incompétence que nous avons tirée contre la guerre de la position du problème économique. Sans doute, a-t-on dit, ce n'est pas à la guerre qu'il appartient de trancher les questions de crédit, de salaire, d'association, d'échange, etc. ; mais il y a toujours une question de politique, on pourrait presque dire de pétitoire international, à vider, et sur laquelle tout l'édifice économique repose. Or, cette question est exclusivement du ressort de la guerre. — A cela je réplique, en me servant du même style, que le pétitoire est incessamment modifié, transformé par le possessoire ; que de même que la propriété, qui depuis le droit quiritaire a déjà subi tant de fortunes diverses, tend à en subir une plus profonde encore et à tomber tout à fait sous la juridiction commerciale, de même l'État, transformé par l'abolition du principe féodal et de droit divin, tend à prendre un caractère purement administratif et à se réduire en un règlement de budget ; de même, enfin, les rapports internationaux tendent à se résoudre en des rapports purement économiques, ce qui écarte toute hypothèse d'une juridiction de la force.

g) Enfin, on invoque de nouveau la loi d'antagonisme. L'idée de paix, dit-on, est négative. Or, la
société a été formée par la guerre : comment tombe-
rait-elle sous la loi du néant? — Mais il ressort de
tout ce que nous avons dit que la paix n'est pas la fin
de l'antagonisme, ce qui voudrait dire en effet la fin
du monde ; la paix est la fin du massacre, la fin de la
consommation improductive des hommes et des
richesses. Autant et plus que la guerre, la paix, dont
l'essence a été jusqu'ici mal comprise, doit devenir
positive, réelle, formelle. La paix, donnant à la loi
d'antagonisme sa vraie formule et sa haute portée,
nous fait pressentir par avance ce que sera sa puissance organique. La paix, enfin, dont l'inexactitude
du langage a fait jusqu'ici le contraire de la guerre,
est à la guerre ce que la philosophie est au mythe :
on garde celui-ci pour l'amusement de l'enfance, pour
l'embellissement de la littérature ; à la raison seule
il appartient de diriger la conscience et l'action de
l'homme.

En résumé, l'hypothèse d'une paix universelle et
définitive est légitime. Elle est donnée par la loi d'antagonisme, par l'ensemble de la phénoménalité guerrière, par la contradiction signalée entre la notion
juridique de la guerre et sa cause économique, par
la prépondérance de plus en plus acquise au travail
dans la direction des sociétés, enfin par le progrès du
Droit, droit de la force, droit international, droit poli-

tique, droit civil, droit économique. La guerre a été
le symbole, la paix est la réalisation. La constitution
du droit dans l'humanité est l'abolition même de la
guerre ; c'est l'organisation de la paix. Tous les peuples
ont accueilli cette promesse ; tous ont rêvé de changer
leurs lances en charrues et leurs socs en faucilles.
Jusqu'à présent le monde a eu des paix temporaires :
il y a eu, seulement depuis deux siècles, la paix de
Westphalie, la paix de Nimègue, la paix d'Utrecht, la
paix d'Aix-la-Chapelle, la paix d'Amiens, la paix de
Tilsitt, la paix de Vienne. Il nous faut aujourd'hui
LA PAIX ; le monde n'en comprend et n'en veut plus
d'autre.

A quelles conditions l'obtiendrons-nous, cette paix
organisée, dont il n'appartient à aucune puissance de
dicter les articles, et dont la garantie, reposant sur la
lutte réglée des forces, est supérieure à toutes les armées du globe ?

Ce n'est pas avec des souscriptions et des *meetings*,
avec des fédérations, des amphictyonies, des congrès,
comme le croyait l'abbé de Saint-Pierre, que la paix
peut devenir sérieuse et se placer au-dessus de toutes
les atteintes. Les hommes d'État n'y peuvent pas plus
que les philosophes ; la Sainte-Alliance y a échoué ;
aucune propagande philanthropique n'y fera rien. La
paix signée à la pointe des épées n'est jamais qu'une
trêve ; la paix élaborée dans un conciliabule d'économistes et de quakers ferait rire, comme le fameux

baiser Lamourette. L'humanité travailleuse est seule
capable d'en finir avec la guerre, en créant l'équilibre
économique, ce qui suppose une révolution radicale
dans les idées et dans les mœurs.

Pour établir le règne de la paix, *pacis imponere
morem,* il faut, selon l'expression du précurseur évangélique, que nous commencions par changer d'esprit :
Μετανοῖτε. Or, le premier article de cette conversion,
c'est d'abord d'expurger la guerre de toute pensée de
spoliation, en lui appliquant le précepte du Déca-
logue : *Non furaberis ;* c'est en second lieu de comprendre notre destinée terrestre, si bien marquée
par la maxime stoïcienne : *Sustine et abstine ;* c'est,
enfin, d'observer la loi de production et de réparti-
ion, condition suprême de l'égalité démocratique et
sociale.

Cette révolution est-elle possible ? Est-elle pro-
chaine ? A cette interpellation catégorique, voici ma
réponse :

Ni la métaphysique des philosophes, ni les compi-
lations des juristes, ni le savoir-faire des industriels,
pas plus que les protocoles des diplomates et les constitutions octroyées par les potentats, ne nous fourni-
ront les moyens de réaliser cette haute espérance. La
sagesse des individus, des écoles, des Églises, des conseils d'État, est ici impuissante. La spéculation politique et socialiste a fait son temps. La guerre, de
même que la religion, de même que la justice, de

même que le travail, la poésie et l'art, a été une manifestation de la conscience universelle ; la paix ne peut être également qu'une manifestation de la conscience universelle.

CONCLUSIONS GÉNÉRALES.

UN DROIT NOUVEAU : UNE NOUVELLE MISSION.

PHÉNOMÉNALITÉ DE LA GUERRE. — La guerre est le phénomène le plus profond, le plus sublime de notre vie morale. Aucun autre ne peut lui être comparé : ni les célébrations imposantes du culte, ni les actes du pouvoir souverain, ni les créations gigantesques de l'industrie. C'est la guerre qui, dans les harmonies de la nature et de l'humanité, donne la note la plus puissante; elle agit sur l'âme comme l'éclat du tonnerre, comme la voix de l'ouragan. Mélange de génie et d'audace, de poésie et de passion, de suprême justice et de tragique héroïsme, même après l'analyse que nous en avons faite et la censure dont nous l'avons frappée, sa majesté nous étonne, et plus la réflexion la contemple, plus le cœur s'éprend pour elle d'enthousiasme. La guerre, dans laquelle une fausse philosophie, une philanthropie plus fausse encore, ne nous montraient qu'un épouvantable fléau, l'explosion de notre méchanceté innée et la manifestation des colères célestes; la guerre est l'expression la plus incorruptible de notre conscience, l'acte qui, en définitive et

malgré l'influence impure qui s'y mêle, nous honore
le plus devant la création et devant l'Éternel.

IDÉE DE LA GUERRE. — L'idée de la guerre est égale
à sa phénoménalité. C'est une de ces idées qui, dès le
premier instant de leur apparition, remplissent l'entendement, qui s'accusent, pour ainsi dire, en toute
intuition, en tout sentiment, et qu'en raison de leur
universalité la logique nomme *catégories*. La guerre,
en effet, une et trine comme Dieu, est la réunion en
une seule nature de ces trois radicaux : la *force*, principe de mouvement et de vie, que l'on retrouve dans
les idées de cause, d'âme, de volonté, de liberté, d'esprit; l'*antagonisme*, action-réaction, loi universelle du
monde, et comme la force une des douze catégories
de Kant; la *justice*, faculté souveraine de l'âme, principe de notre raison pratique, et qui se manifeste dans
la nature par l'*équilibre*.

OBJET DE LA GUERRE. — Si, de la phénoménalité et de
l'idée de la guerre, nous passons à son objet, elle ne
perdra rien de notre admiration. Le but de la guerre,
son rôle dans l'humanité, c'est de donner le branle à
toutes les facultés humaines, par là de créer au centre
et au-dessus de ces facultés le *droit*, de l'universaliser,
et, à l'aide de cette universalisation du droit, de définir et de lancer la société.

Mais qu'est-ce que le droit?

II.   22

C'est ici que la guerre, sublime en ses manifestations, universelle en son idée, juridique et par conséquent providentielle en sa mission, va nous émerveiller encore davantage par la certitude, et, qu'on
me passe le terme, par le positivisme de son enseignement.

DÉFINITION ET RÉALITÉ DE LA JUSTICE, D'APRÈS LA GUERRE.
— Si nous consultons les théologiens et les philosophes, la justice n'aurait rien en nous de positif, de
réel, d'organique; ce n'est pas un fait. C'est la conception par l'esprit d'un rapport de convenance entre
les personnes et les intérêts, mais rapport qui ne devient obligatoire pour la volonté qu'en considération
d'un motif supérieur qui détermine. Ce motif ou mobile, pour le croyant, est la crainte de Dieu; pour l'in-
crédule, l'intérêt bien entendu. Je laisse de côté les
systèmes intermédiaires, mi-partis d'utilitarisme et de
religion.

Il est évident qu'aux yeux du théologien, de même
qu'à ceux du rationaliste, la justice par elle-même
n'est de rien pour l'homme; que nous sommes maîtres d'y avoir ou de n'y avoir point égard, sans qu'il
en résulte pour nous, au fond, ni mérite ni démérite,
Il y a plus : c'est que si l'intérêt, mobile supérieur indiqué par Hobbes, trouve son compte à violer la justice; si le service de Dieu, mobile suprême du chrétien, exige le sacrifice de tout autre devoir humain, la

justice devra être abandonnée sans hésitation : ce serait impiété à celui-ci de préférer son devoir à son
Dieu, duperie à celui-là de le préférer à son intérêt.

La guerre nous donne de la justice une tout autre
idée.

D'après l'analyse que nous avons faite du droit de la
force, la justice, dans son acception la plus générale,
est le respect de la dignité humaine, considérée dans
l'ensemble et successivement dans chacune de ses
manifestations. Ce respect nous est inné : c'est de tous
nos sentiments le plus éloigné de l'animalité; de
toutes nos affections la plus constante, celle dont l'action, l'emportant à la longue sur tout autre mobile,
détermine le caractère et la marche de la société. Rapporté à moi, le respect de la dignité humaine forme
ce que j'appelle mon droit; rapporté à mes semblables, il constitue mon devoir.

Ainsi la justice n'est pas simplement une idée de
rapport, une notion métaphysique, une abstraction :
c'est encore un fait de conscience, un essor de l'âme,
par conséquent une faculté organique, positive, une
réalité, comme l'amour, l'ambition, l'amitié, le goût
du beau et du luxe, etc.

Les conséquences de cette réalisation de la justice
dans l'humanité sont immenses.

LA JUSTICE, D'APRÈS LA DÉFINITION DONNÉE PAR LA
GUERRE, PRINCIPE ET FIN DE LA SOCIÉTÉ. — Si, comme

il vient d'être dit, la justice est plus qu'une abstraction, si elle est une puissance, et si la mission de la
guerre a été de faire prévaloir cette puissance et d'en
procurer entre les peuples le développement incessant, il s'ensuit d'abord que la justice est tout à la
fois le principe et la fin, le mobile et la loi de nos
actions, la raison de notre vie, l'expression de notre
félicité.

La théorie de Hobbes est fausse : notre mobile
suprême n'est pas l'égoïsme; ce n'est pas la conservation de notre corps et de nos membres, ce n'est pas
notre intérêt bien ou mal entendu. S'il est pour nous
un fait avéré, c'est que la justice est positivement
autre chose que l'intérêt ; nous devons la démonstration de cette vérité à la guerre.

La théorie des idéalistes et des mystiques est aussi
fausse que celle des utilitaires. Notre mobile suprême
n'est pas un idéal, à moins que ce ne soit l'idéal même
du droit. Nous avons vu l'idéalisme séduire les âmes
tantôt par l'illusion de la richesse, tantôt par l'appât
des voluptés ; pousser la société au paupérisme, et par
le paupérisme la précipiter dans la guerre, qu'il cor-
rompait elle-même. Ce mobile n'est pas l'amour, définitivement subordonné à la justice par la constitution
de la famille, dont la base est l'autorité du père, le
droit même de la force ; ce n'est pas la religion, puisque la religion, variable dans ses formes, se réfère
toujours à la justice, tandis que la justice subsiste par

elle-même, s'impose à toutes les sectes et demeure immuable; — ce n'est pas, enfin, la liberté, toujours invoquée avec ferveur aux époques de décadence et de despotisme, mais qui ne peut exister sans la justice, qui reçoit sa règle de la justice, tandis que la justice est à elle-même sa propre loi et peut se passer même de liberté.

La justice est pour l'humanité force motrice et cause finale : cela résulte de ce qu'elle est, comme nous l'avons expliqué, non simplement une idée, mais une puissance; que toute puissance tend à l'expansion d'elle-même aux dépens de ce qui l'environne; et que la justice étant la première de nos puissances, elle entraîne et subordonne toutes les autres. Et si nous cherchons la preuve de cette vérité dans les faits, la guerre nous la fournira. Nous avons vu l'évolution guerrière aboutir, par la consécration du droit de la force, à la domination romaine, c'est-à-dire à la pro-clamation du droit universel; nous avons vu ensuite le moyen âge essayer, par l'alliance de la papauté et de l'empire, une première constitution, moitié réa-liste, moitié mystique, de ce droit; nous savons au-jourd'hui que le droit ne sera définitivement constitué, universalisé et réalisé que par l'élimination de l'élé-ment religieux, et la reconnaissance du droit écono-mique, c'est-à-dire par la Révolution. Immanence et réalité de la justice dans l'humanité, tel est le grand enseignement que nous donne la guerre.

22.

LA JUSTICE, TOUJOURS D'APRÈS LE MÊME TÉMOIGNAGE, BASE ET PIVOT DE TOUTE CROYANCE. — Si la justice est le mobile et la fin de la civilisation, si elle est supérieure à toute force, à tout dogme, à tout idéal, il s'ensuit encore que la justice est la base de toute croyance, de même que le droit de la force est le tronc sur lequel bourgeonnent et se développent successivement tous les droits. Ce n'est plus, comme autrefois, la raison spéculative, une théologie naturelle ou révélée, une philosophie de la nature ou de l'esprit qui donne le critère et la loi à la raison pratique; c'est la raison pratique, au contraire, qui donne le critère et la loi à la raison spéculative. Le XIXe siècle, par cette grande et radicale interversion, a trouvé son principe, et, j'ose le dire, sa religion.

« La morale, nous dit ici la Guerre, expression de la liberté et de la dignité humaine, la morale existe par elle-même : elle ne relève d'aucun principe; elle domine toute doctrine, toute théorie. La conscience est chez l'homme la puissance supérieure, à laquelle les autres servent d'instruments et d'acolytes. De même que ce n'est pas la religion qui fait l'homme, ni le système politique qui fait le citoyen, mais bien au contraire l'homme qui fait sa religion et le citoyen qui fait son gouvernement; de même ce n'est pas d'une métaphysique, d'un idéal ou d'une théodicée que vous devez déduire les règles de votre vie et de votre sociabilité : c'est au contraire d'après votre conscience que vous devez régler votre entendement, c'est dans le commandement de cette conscience qu'il vous faut chercher la garantie de vos idées et jusqu'au gage de votre certitude. La justice juge le dogme comme elle juge les intérêts. Suivez, mortels, l'exemple que je vous donne : comme je rends à la force ce qui est dû à la force, sans égard aux religions ni aux races, rendez à votre tour au génie ce qui est dû au génie, au travail ce qui est dû au travail, à la beauté ce qui est dû à la beauté, à la vertu ce qui est dû à la vertu. Vos droits ne sont pas un vain conceptualisme, appuyé sur de chimériques abstractions : ce sont des prérogatives réelles attachées à des facultés réelles. La justice est en vous tout à la fois réalité et pensée souveraines. C'est pourquoi vous n'aurez à l'avenir pas d'autre philosophie, pas d'autre constitution, pas d'autre religion que la justice : c'est moi, la Guerre, votre première institutrice et la plus grande de vos divinités, qui vous le déclare... »

DROIT DES GENS, SELON LA GUERRE. — Inflexible dans sa logique, la guerre ne faut pas, dans l'application, à ses propres maximes. Nous avons vu au second livre de cet ouvrage comment, du droit de la force et du droit de la guerre, du principe supérieur que la justice est immanente à l'humanité, l'expression de sa liberté et de sa vaillance, se déduit le *droit des gens*. La guerre traite les nations, non pas selon les catégories arbitraires d'une législation fictive, mais selon leurs mérites positifs ; elle ne reconnaît de droit que là où il y a puissance et qualité de juridiction. Ni la nationalité, ni la légitimité ou l'antiquité, ni l'orthodoxie elle-même ne lui imposent : nationalité, légitimité, orthodoxie, devant la justice guerrière, sont des mots.

C'est en vain que la France aurait un instant, par son souffle, galvanisé l'Italie ; en vain que sous cette protection puissante les tronçons de l'antique peuple-roi se seraient de nouveau groupés en un État unique : si l'Italie nouvelle ne possède pas l'énergie de tempérament, la vitalité de conscience dont toute nation a besoin pour constituer sa souveraineté ; si sa politique est toujours celle de Machiavel ; si, pour contenir ses gouvernants, elle n'a d'autre moyen que le poignard ; si ses populations, superstitieuses et indisciplinées, sont réfractaires au service des armes, l'Italie n'a pas droit à l'existence politique. La nationalité italienne n'est rien de plus, comme on l'a dit, qu'une expression géographique ; tôt ou tard, si une révolution plus radicale ne la sauve, elle retombera sous la domination de l'étranger. La France elle-même, obligée d'intervenir une seconde fois, serait conduite à en faire le partage, de la même manière et en vertu du même droit que fut partagée au dernier siècle la Pologne... A Dieu ne plaise que je croie la cause de l'Italie à ce point désespérée ! Mais, dans l'hypothèse où je me place, qui est-ce qui, après avoir pleuré cette seconde mort de l'Italie, pourrait accuser les puissances copartageantes d'iniquité? Une nation n'a pas droit, il faut le dire et le redire, à se faire reconnaître comme puissance, à jouir de l'autonomie, par cela seul qu'elle existe : il faut qu'il y ait en elle force et vertu. L'iniquité serait d'abandonner à elle-même une race ou trop innocente ou trop corrompue pour supporter la vie politique, et qui n'aurait d'indépendance à attendre que d'une entière rénovation des choses; l'iniquité serait d'affirmer ce que le droit de la force aurait condamné.

DROIT POLITIQUE, SELON LA GUERRE. — De même qu'il n'existe pas un droit de nationalité, en vertu duquel une nation, par cela seul qu'elle existe, puisse revendiquer sa souveraineté, si elle ne possède en même temps la force et toutes les qualités qui font une nation souveraine; de même il n'existe pas non plus un droit de l'homme et du citoyen, en vertu duquel les individus qui composent la population d'un pays puissent, par cela seul qu'ils sont hommes et citoyens, exiger de leur gouvernement le respect de leurs libertés, s'ils ne possèdent en même temps les qualités qui font le citoyen et l'homme, la force, le courage, l'intelligence du droit, les vertus domestiques, la frugalité des mœurs, l'amour du travail, et par-dessus tout la ferme résolution de sacrifier biens et vie plutôt que de laisser porter atteinte à leur dignité. A cet égard, le droit politique ne fait que reproduire, sur une moindre échelle, la maxime du droit de gens.

C'est donc en vain que, proclamant l'unité de la race humaine, vous auriez, sur ce fondement moitié physiologique, moitié mystique, prononcé l'abolition de la servitude et l'égalité de tous devant la loi. Si votre serf ou esclave est incapable par nature de s'élever au niveau de son maître; s'il ne peut lutter avec celui-ci ni pour la valeur guerrière, ni pour l'industrie, ni pour la philosophie et les arts; si décidément et en dépit de toute instruction, la caste qu'il s'agit d'émanciper constitue, comme on l'affirme du nègre, une variété d'homme inférieure, vous n'aurez rien fait pour elle en lui donnant la liberté. Abandonnée à elle-même, elle tombera dans un état pire que le premier. L'égalité civique et la fraternité humaine ne reposent pas sur une métaphysique du droit pas plus que sur la participation aux mêmes sacrements; elles reposent sur l'équivalence des facultés, des services et des produits. Ce n'est pas un affranchissement pur et simple que réclament vos esclaves, c'est une tutelle.

Poursuivons ce raisonnement. C'est en vain qu'une nation naguère libre, mais tombée par une suite de fautes et un concours de circonstances malheureuses dans le despotisme, se plaindrait de l'injure qui lui est faite par son souverain, alléguerait que ce souve-

rain est son mandataire, l'élu de ses suffrages; qu'il a
juré de respecter les droits acquis, et qu'il n'existe
que pour la protection des libertés publiques. Si cette
nation, d'ailleurs brave devant l'ennemi, est sans
fierté devant le maître qu'elle-même s'est donné; si
l'égoïsme et la lâcheté ont étouffé dans les cœurs l'esprit public; si la lasciveté et la mollesse ont pénétré
dans les familles; si la richesse, seule poursuivie, a
plus de prix aux yeux des masses que le respect de
la constitution et des lois, une nation ainsi dégradée
a perdu le droit d'être libre : le pouvoir qui la tient à
la chaîne n'est ni ingrat ni parjure, il fait justice.

La *loi civile* a pu, statuant d'une manière générale,
et sur l'hypothèse d'une égalité qui n'est pas dans la
nature, mais que notre devoir est de procurer, la loi
civile a pu, dis-je, faire que tous les enfants d'un
même père héritent de lui par portions égales. Ce
qu'elle ne saurait faire, c'est que le prodigue, le fai-
néant, l'insensé, soient aussi méritants devant l'opinion que l'économe, le laborieux et l'intelligent; que
par conséquent ils possèdent, de leur nature, le même
droit. C'est d'après cette considération que le code
reconnaît au père de famille le pouvoir de rectifier
par testament ce que la généralité de la loi pourrait
introduire d'anomal dans la pratique : tant il est vrai
que le droit est établi, non sur des abstractions, mais
sur des réalités, dont la première en date est la force.

La loi politique relevant plus directement que la loi
civile du droit de la force, est aussi plus rigoureuse.
Aucune constitution, aucune omnipotence ne saurait
garantir à des citoyens indignes une liberté dont ils
sont déchus par leur dissolution. Le pouvoir ne pouvant être que l'expression de la société, si la société
manque au droit il faut que le pouvoir gouverne par
l'arbitraire. Le despotisme alors devient tout à la fois
le représentant et le bourreau de l'immoralité publique, et il se maintiendra jusqu'à ce que la société se
convertisse ou s'abîme dans sa corruption.

AUTORITÉ LÉGISLATIVE ET JURIDICTION DE LA GUERRE. —
Après ces vues générales sur l'essence, la réalité, et
le progrès en nous de la justice ; sur le rôle d'abord
inaperçu, aujourd'hui manifeste, qu'elle joue comme
principe, mobile et fin de la civilisation ; sur le caractère exclusivement justicier du nouvel ordre moral
qui, se subordonnant toute pensée et toute connaissance, se posant même comme philosophie générale,
tend à se substituer à l'ancienne foi : que de choses
auparavant obscures l'étude de la guerre nous a rendues intelligibles ! La torche qui ne semblait faite que
pour porter l'incendie est devenue le phare qui a illu-
miné au loin nos ténèbres.

La guerre est constitutionnelle à l'humanité, bien
qu'elle ne nous paraisse plus maintenant devoir être
perpétuelle. C'est la forme première que revêt en nous

l'antagonisme, loi de l'humanité aussi bien que de la nature, indispensable au mouvement social. On peut ainsi considérer la guerre sous deux aspects différents: l'un politique et législatif, l'autre économique.

Sous le premier de ces aspects, la guerre agit comme organe et mandataire du plus primitif de tous les droits, le *droit de la force*. Ce droit est attesté par la conscience universelle : sans lui l'édifice entier de la justice s'écroule, la constitution de la société, la marche de la civilisation, le sens des mythes religieux, deviennent inexplicables. Avec ce droit, au contraire, tout devient rationnel et lucide ; on voit la civilisation se développer, d'étape en étape, par la guerre ; la loi poser ses formules et toutes les variétés du droit se dégager les unes des autres, se distinguer et se définir d'après le principe et sur le modèle du droit du plus fort : droit de la guerre, droit des gens, droit politique, droit civil, droit économique, droit philosophique, droit de l'intelligence, droit de la liberté, droit de l'amour et de la famille, droit du travail.

Du reste, organe spécial du droit de la force, la guerre n'étend pas sa compétence au delà des questions de force. C'est pourquoi, après avoir créé l'État comme son substitut pour le règlement des litiges entre simples particuliers, elle ne se réserve que la solution des litiges entre États. Juridiction terrible, sans conseils, sans témoins, sans jury, sans magistrat,

sans auditoire ; où les parties sont en même temps
leurs propres juges, leurs propres garants, leurs propres avocats. Mais les jugements de la guerre n'en sont
pas moins certains, efficaces, incorruptibles. Malheur
à qui voudrait s'y soustraire ! Malheur à qui refuserait
le combat, ou qui l'ayant accepté essayerait d'en fausser les lois ! La victoire ne lui profitera pas, et tôt ou
tard la force outragée, dédaignée, se tournera contre
lui. Je ne redirai point ici les causes de la chute du
premier empire napoléonien, que la force renversa,
parce qu'il était entré dans sa constitution moins de
force que d'artifice ; ni cet argument décisif contre la
papauté qui, ayant en main la puissance spirituelle,
pouvant commander au monde au nom de la foi et de
la morale, déclina bientôt et se vit condamnée à traî-
ner une misérable vie, parce qu'elle ne sut, ne put ou
ne voulut faire la guerre, et qu'au nom de sa foi elle
dédaigna la juridiction de la force. Contentons-nous
de rappeler que ce que la guerre a une fois jugé est
ce qu'il y a de mieux jugé, et qu'il n'appartient à aucune autorité, quelle qu'elle soit, de confirmer ou
d'invalider ses jugements. L'annexion de la Savoie et
de Nice à la France, de la Toscane et des Marches au
Piémont, pouvait, après les victoires de Magenta et de
Solferino, se passer de la formalité du suffrage universel. Qu'est-ce que le témoignage de citoyens dépo-
sant leurs billets dans une urne, auprès de celui de
soldats qui versent leur sang ?...

La guerre, en créant le droit dans l'humanité, en
faisant de l'étude de ce droit une science positive,
objective, a parlé plus haut que toutes les révélations
et son autorité surpasse celle de l'Évangile même. La
loi d'amour n'a rien produit de comparable aux créations sorties du droit de la force. C'est grâce à la
guerre que nous savons enfin, contrairement à l'idée
messianique, contrairement aux suggestions de la fraternité évangélique et de la féodalité papale que la
constitution politique du genre humain ne saurait être
ni une monarchie ou catholicité des nations; ni une
fédération ou communauté d'États, rassemblés sous
l'autorité d'une diète; ni une hiérarchie de princi-
pautés et de royaumes, telle que la conçut le moyen
âge à la suite du pacte entre la papauté et l'empire.
Une monarchie universelle serait la fusion de toutes
les forces, par conséquent la négation de l'antagonisme, l'immobilisme absolu ; une fédération universelle aboutirait à l'inertie de ces mêmes forces par
leur soumission à une autorité commune : le système
fédératif n'est applicable qu'entre petits États, réunis
pour leur mutuelle défense contre les attaques de plus
grands; une hiérarchie universelle enfin se résoudrait
en une compression universelle, ce qui impliquerait
toujours la cessation de l'antagonisme, et par conséquent la mort. Le système politique de l'humanité est
un équilibre général des États, sollicités et limités les
uns par les autres, et dans lequel la liberté et la vie

résultent incessamment de l'action réciproque, je dirais presque de la menace mutuelle. Cet équilibre est la PAIX, paix d'abord négative, mais que nous allons voir se constituer et prendre son essor, quand nous aurons reconnu le second côté de la guerre.

L'ÉCONOMIE POLITIQUE SELON LA GUERRE. — Pour soutenir son corps et développer son esprit, l'homme est obligé de les alimenter l'un et l'autre : la *consommation*, matérielle et morale, peut être regardée comme sa première fin. Or, l'homme ne consomme que ce qu'il se procure par un exercice de tous les jours : le *travail* est donc pour lui une seconde fin. Mais ce travail ne lui procure, terme moyen, que le juste nécessaire ; la *pauvreté*, telle est notre troisième fin. Travail, sobriété et prudence ; affranchissement des sens et de l'idéal : voilà notre loi. Avant d'être un guerrier, l'homme, dans les prévisions de la nature, est un ascète. Et c'est afin de nous maintenir dans la juste mesure que nous assignent la condition du travail et celle de la pauvreté, que la conscience à son tour, cette même conscience qui affirme le droit de la force, nous impose une nouvelle loi, qui est de répartir de la manière la plus égale, sans manquer à la dignité et au droit d'aucun, les services et les produits. En sorte que la justice apparaît comme notre quatrième et dernière fin. Quant à la manière dont se produit la justice économique, en autres termes la juste répartition des services et produits, la guerre nous l'a apprise. C'est toujours la lutte ou concurrence des forces, non plus lutte armée et sanglante, mais lutte de travail et d'industrie, d'après le principe que, comme le héros se fait connaître aux coups, l'ouvrier se juge à l'œuvre.

Ainsi la vie humaine, introduite par la guerre dans la voie de la justice, soumise aux lois du travail, du sacrifice, de la frugalité, de l'équité, peut se définir une ascension de la nature vers l'esprit, ascension qui n'est autre que l'évolution de la liberté même.

Mais l'homme, entraîné par les sens, séduit par la volupté, trompé par l'illusion de la richesse, esclave de son idéalisme, exalté dans l'opinion qu'il a de sa personne, méconnaît sa loi et manque à sa fin. Il méprise le travail; il ne sait ni modérer ses appétits, ni brider son imagination, ni respecter dans son prochain sa propre dignité; il entre dans l'arène de la vie avec des inclinations fourvoyées, Spinoza dirait, avec des idées non adéquates. De ce moment la guerre est dépravée; elle devient suspecte à tous et irrévocablement déloyale. Sous l'aiguillon du paupérisme, la guerre, de justicière, devient voleuse et assassine : elle a pour but, selon le degré de civilisation, le pillage, le tribut, la dépossession, finalement l'exploitation de l'homme, sans distinction de vainqueurs ni de vaincus. Réduite à l'absurde par cet indigne travestissement de la *conquête,* la guerre perd tout prestige et devient im-

possible. Un nouveau problème se pose hors des limites de la juridiction guerrière : c'est le problème
économique, dont la solution, en transformant l'antagonisme, donne naissance et réalité à la paix.

C'est ainsi qu'en dépit du paupérisme qui la per-
vertit, sous l'impulsion même de ce paupérisme, la
guerre, concluant toujours à la justice, nous conduit
au désarmement. Elle nous y a conduits tout à l'heure
par l'équilibre international ; elle nous y ramène à présent par cette inévitable position du problème économique, sur lequel elle prend soin de déclarer elle-
même son incompétence.

LA DÉMOCRATIE ET LA GUERRE. — Pour tout homme de
bonne foi, qui aura suivi dans les différentes parties
de cet ouvrage la marche de la guerre, il doit être
évident que le cours des choses aboutit à la paix.
J'oserai même dire que l'époque de cette pacification
décisive ne peut être éloignée : la paix, selon toute
probabilité, sera l'œuvre du XIXe siècle. Mais il n'est
pas moins vrai qu'à l'heure où j'écris, peuples et gouvernements semblent plus que jamais tournés à la
guerre : on dirait qu'avant de rentrer aux enfers l'implacable Bellone réclame un dernier sacrifice. Il faut
du sang...

A qui attribuer cette soif de carnage, en contradiction avec les tendances et les conclusions les plus au-
thentiques de la guerre ? Je laisse à mes lecteurs le

soin d'apprécier la politique des puissances, et je m'abstiens de dire ici rien qui puisse choquer les gouvernements. Mais il me sera permis de regretter qu'une fraction de la démocratie française, en poussant, par un zèle de révolution mal entendu, le gouvernement à la guerre, manque à son idée, à la vraie mission de la France.

Toutes les questions pendantes peuvent se ramener à une seule, la paix de Vienne.

Certains organes, plus ou moins officiels, de la démocratie ont cru devoir REMERCIER le gouvernement impérial, comme d'un acte héroïque, nécessaire à la sécurité et à la gloire du peuple français d'avoir *déchiré les traités de* 1815. Par cette seule déclaration les susdits organes de la démocratie ont prouvé que les mots étaient tout pour eux, les idées rien. Ils ont prêté à rire, sinon à rougir, au gouvernement qu'ils adulaient.

C'est une mode en France, une sorte de lieu commun auquel se laissent aller les esprits les plus distingués et les meilleures plumes, de prétendre que les traités de 1815 ont cessé d'exister. J'avoue, quant à moi, que je vois tout le contraire. Les traités de 1815 me paraissent plus solides que jamais ; en nier l'existence et l'autorité me semble presque aussi ridicule que de nier l'existence et l'autorité de la révolution.

Il faut distinguer dans les traités 1815, comme dans tous les traités amenés par de longues guerres, deux

choses : 1° l'idée fondamentale, générique, donnée
par les événements, partant indestructible, et qui fait
la substance exprimée ou sous-entendue des traités ;
2° l'application, plus ou moins arbitraire, par conséquent toujours susceptible de révision, de cette
dée.

L'dée des traités de 1815, c'est, d'abord, l'équilibre
entre les puissances, tel que toute suprématie politique, tout protectorat, conséquemment toute guerre
d'ambition et de conquête, soient rendus impossibles ;
en second lieu, et comme garantie de cet équilibre,
l'établissement dans tous les États du régime constitutionnel. Voilà, en dépit de toutes les accusations
comme de toutes les réticences, ce qu'il y a au fond
des traités de 1815 ; ce que la coalition des peuples
soulevés en 1813 contre Napoléon, d'une part, et la
tradition de 89, de l'autre, ont exigé qu'il y eût.
Considérés dans leur pensée fondamentale, les traités
de 1815 n'ont fait que continuer et développer la pensée de 89 ; ils ont servi la civilisation plus que n'aurait
fait la suzeraineté impériale affectée par Napoléon.
Par ces traités la France de 89 peut se vanter d'avoir
été définitivement victorieuse. — Quant à l'application, il est certain qu'elle laissait à désirer, non-seulement pour la France contre qui d'injurieuses mesures
de précaution avaient été prises, mais pour les nations
du continent, dont plusieurs étaient froissées par le
partage, et qui la plupart n'arrivèrent que lentement

à la possession des droits et des libertés qui leur avaient été promis[1].

C'est à ce double point de vue du principe et de l'application que nous avons à examiner si les traités de 1815 peuvent et doivent être DÉCHIRÉS, comme le crie le Jacobinisme ; ou s'il ne convient pas plutôt d'en demander la rectification quant à certains détails, ce qui veut dire la consolidation.

La démocratie rejette-t-elle le principe d'équilibre, ou des *contre-forces,* démontré par Ancillon quinze ans avant que le congrès de Vienne en eût fait la base du droit public de l'Europe ? Qu'on plaisante, si l'on veut, de cet équilibre, qu'il ne faut pas confondre avec l'immobilisme : ce qui est sûr, c'est qu'aucune puissance n'oserait s'inscrire en faux contre lui. Ce serait donner à entendre qu'elle aspire à la conquête du continent : elle ne l'oserait pas.

La démocratie rejette-t-elle le principe du gouvernement représentatif, création principale de 89 ? Ce serait renier la révolution. Malgré son adoration de l'autorité et du pouvoir fort, elle n'en est pas là.

Donc la démocratie affirme la pensée des traités : elle ne veut pas qu'on les déchire ; elle demande, au contraire, qu'on les respecte. Les traités de 1815 existent de même que ceux de 1648 ; leur pensée est

1. Voir, pour le développement de cette question, *De la Justice dans la Révolution et dans l'Église,* par **P.-J. PROUDHON,** quatrième livraison de l'édition belge.

23.

entrée dans la conscience des peuples; ils sont acquis à l'histoire et à la civilisation. Parler de les déchirer, c'est rétrograder de deux siècles.

Passons à l'application, et voyons ce qui depuis quarante-cinq ans a été fait.

En ce qui touche la France : c'est elle qui la pre⁻ mière, après 1814, poursuivant sa rénovation sociale, interrompue par les victoires et conquêtes du grand empereur, a été appelée, par une disposition spéciale, des traités de 1815, à jouir du système représentatif. Ce système n'a cessé de se développer chez nous jusqu'en 1852, où, pour des causes qu'il est inutile de rapporter, il fut tout à coup restreint aux institutions et libertés de 1804. A cet égard, on peut dire que les traités de 1815 ont été par nous déchirés. Est-ce de cela que la démocratie a entendu remercier Napoléon III ?... Quant à la surveillance dont le congrès de Vienne nous avait rendus l'objet, elle a cessé dès 1830 et 1831, d'abord par la conquête de l'Algérie puis par la création du royaume de Belgique et la démolition des forteresses établies sur cette frontière, Courtrai, Menin, Philippeville, etc. C'est à la Restauration et au gouvernement de Juillet que revient l'honneur d'avoir opéré cette rectification des traités. Le gouvernement impérial en a opéré une autre par l'adjonction de Nice et de la Savoie : en quoi il serait permis de dire qu'il n'a pas eu la main aussi heureuse, si cette adjonction devait être compensée, du côté de l'étranger, par l'unité italienne.

Pour ce qui regarde les autres pays, nous voyons que les traités se fortifient de jour en jour, d'abord par la propagation du régime parlementaire, puis par la formation d'États, par des agglomérations et des alliances, qui assurent de plus en plus l'équilibre. Ainsi se sont constituées, il y a quelques années, les provinces danubiennes ; ainsi, pour mieux contenir et l'Autriche et la France, tend à se former une Italie unitaire; ainsi les divers États de la Confédération germanique tendent à se grouper en un empire d'Allemagne ; ainsi la Belgique et la Hollande, revenant à la pensée de 1815, mais tout en conservant chacune son individualité, se rapprochent le plus qu'elles peuvent. La Belgique avait démoli ses places-frontières; la voilà qui fortifie Anvers. A qui la faute?... Ce serait à mon avis, une grave erreur de s'imaginer que l'Autriche soit à la veille d'une dissolution, parce que les peuples dont elle se compose, d'un côté affirment leurs franchises nationales et rappellent l'empereur au principe fédératif de l'empire, de l'autre réclament des réformes : en tout cela, les populations ne font que se référer à l'esprit des traités. Elles seraient à plaindre, si elles pensaient autrement. C'est la paix qui s'organise par toute l'Europe sous les formules du droit de la guerre, l'œuvre de 1815 qui se complète et se consolide, en attendant les définitions du droit économique. Il se peut que dans ce travail de pacification équilibrée plus d'un remaniement dans la composition et la délimitation des puissances soit opéré, que telle dynastie paye de la déchéance son obstination contre le progrès : qu'est-ce que cela fait aux traités? Ce serait mesquinement les entendre, faire peu d'honneur aux nations représentées à Vienne, que de s'imaginer que tout se soit fait pour la gloire des Bourbons ou l'humiliation des Bonaparte.

En résultat, les traités de 1815 ont créé en Europe un ordre de choses nouveau, indestructible, que le temps et l'expérience peuvent apprendre à perfectionner, mais auquel on ne saurait porter atteinte qu'au détriment des peuples et de la civilisation.

Est-ce à la France maintenant qu'il peut convenir, dans cette agitation régénératrice, de faire entendre le clairon belliqueux? Qu'a-t-elle, à cette heure, à porter au monde? Est-ce la liberté? Partout elle existe, chez nous seulement à un moindre degré. Est-ce le gouvernement représentatif? Nous y avons renoncé, au moins en partie, volontairement. Est-ce la philosophie? L'Allemagne en sait là-dessus plus que nous. Est-ce le libre échange? Nous avons pris pour maîtres nos rivaux, les Anglais. Est-ce le droit de l'homme? Le tzar Alexandre ne nous a pas attendus pour émanciper ses vingt millions de serfs. Depuis le décret d'émancipation il règne un accord formidable en Russie... Est-ce la nationalité, enfin?

On fait grand bruit de ce prétendu principe, que ni le droit de la guerre ni le droit des gens jamais ne reconnurent; qui eût arrêté court la civilisation, s'il avait été reconnu; qui n'a plus même aujourd'hui de raison de se faire reconnaître, puisque la nationalité est plus que jamais indéfinissable; qui dans tous les cas ne pourrait obtenir un semblant d'application que par la dissolution préalable des grands États, l'abolition du régime militaire, et la subordination du droit politique au droit économique.

Qu'est-ce d'abord que la nationalité, en présence de ces abdications populaires, des ces incorporations, de ces fédérations, de ces fusions, balancées par ces constitutions, ces distributions de pouvoir, ces lois d'équilibre, ces décentralisations, ces affranchissements? Qu'est-ce que la nationalité, en présence de ces réformes douanières, de cette pénétration mutuelle des peuples, de ces anastomoses, de ces mélanges de races, de cette similitude, pour ne pas dire de cette identité croissante des lois, des droits, des mœurs, des garanties, de l'industrie, des poids et mesures, des monnaies? N'est-il pas évident que si la politique remet sur le tapis cette vieille question des nationalités, de tout temps niée par la loi du progrès autant que par le droit de la force, abolie un instant par l'empire romain et par le christianisme, c'est que la politique n'a véritablement plus rien à dire; c'est que les nationalités, broyées pendant quatre mille ans par la guerre, ne forment plus qu'une pâte; c'est, en un mot, que la guerre est arrivée à la fin de son œuvre, et que la parole est à l'économie politique, à la paix.

Si l'on en croyait certains politiques, le gouvernement impérial déclarerait la guerre à l'Europe pour obtenir la reconnaissance des nationalités. Comment ne voit-on pas au contraire que la guerre, si elle devenait générale, ne pourrait avoir d'autre résultat que de réduire encore le nombre des nationalités indépendantes, en créant pour toute l'Europe un sorte de duum- ou quatuor-virat, formé par exemple de la Russie et de la France, ou bien de la Russie, de la France, de l'Allemagne et de l'Angleterre, autour desquelles toutes les puissances de second et troisième ordre, si elles n'étaient tout à fait incorporées, graviteraient comme des satellites? C'était la pensée secrète de Tilsitt, que ni la France ni la Russie n'ont oubliée sans doute. Alors disparaîtrait, dans ces vastes agglomérations, avec la nationalité la liberté : ce serait fait de la Révolution.

Trois noms, trois ombres, ont le privilége d'émouvoir l'opinion à l'aide de ce mot rapporté d'outre-tombe, la *nationalité* : ce sont l'Italie, la Hongrie, la Pologne.

Que les populations de l'Italie revendiquent les libertés et les garanties constitutionnelles, rien de plus juste. C'est la pensée de 1815 et de 1789, le vœu de l'Europe entière. A cet égard, Napoléon III et Victor-Emmanuel, en s'armant contre l'Autriche,

n'ont fait que se conformer à l'opinion du siècle, à
l'esprit des traités, que l'Autriche par sa politique
rétrograde et sa tendance envahissante, violait. Mais
de là à prétendre que les divers États de la péninsule,
sous prétexte de nationalités, se résolvent en un État
unique; que, pour hâter cette résolution, la France
doive armer de nouveau à l'appel du Piémont et rappeler ses troupes de Rome, il y a un abîme; pour
mieux dire, il y a un effroyable contre-sens.

Je conçois à toute force l'unité italienne comme une
machine de guerre dirigée momentanément contre la
domination de l'Autriche, le protectorat français et la
papauté. Je ne puis y voir qu'une odieuse mystifica-
tion, s'il s'agit de nationalité et surtout de liberté.
Il y a assez de cinq grandes puissances en Europe
pour maintenir l'équilibre : en créer une sixième est
un soin superflu, dont les populations se passeront
fort bien. Qui donc ne voit, en ce moment, que sous
ce vain prétexte d'unité, l'Italie est déjà retombée sous
une servitude pire que l'ancienne; que, poussée à la
centralisation monarchique, tantôt par l'influence
française qui aspire à se faire de l'Italie une vassale,
tantôt par le machiavélisme anglais, qui cherche dans
la péninsule un instrument contre la France, au lieu
d'organiser ses forces, elle compromet sa nationalité
même? N'est-ce déjà pas le quatuor-virat européen
qui commence ? Quant à l'évacuation de Rome par
l'armée française, j'en parlerai tout à l'heure.

Bien différente est la conduite des magnats hongrois. Eux ne parlent pas de se séparer du faisceau impérial, auquel la Hongrie s'est réunie volontairement depuis le xvie siècle. Ils comprennent que leur sauvegarde, en présence des Allemands au nord, des Russes au nord-est, des races latines au sud et à l'ouest, est dans ce faisceau puissant. Ce qu'ils demandent, c'est, avec le respect de leurs prérogatives nationales, des garanties constitutionnelles et fédératives, selon l'esprit de 1815. Il est vrai que, par cette politique médiocrement nationaliste, les magnats de Hongrie se sont rendus suspects au parti qui prêche, au nom de la nationalité, l'unité en Italie et la séparation en Autriche. Mais alors où veut-on en venir? Quelle est cette politique à double face? Qui trompe-t-on ici?

Mêmes divagations au sujet de la Pologne, même tactique injustifiable. Que l'on réclame, pour les populations de l'antique Pologne, de même que pour celles de la Hongrie, de l'Italie, de la Bohême, la jouissance des droits et des libertés promis par les puissances coalisées de 1813, et devenus le patrimoine de l'Europe : à la bonne heure. Cette thèse se défend d'elle-même ; il est inutile d'invoquer la nationalité. Mais, quant à ressusciter un État condamné par ses propres rois, exécuté en vertu du droit de la force et selon les formes de la guerre, j'aimerais autant qu'on me parlât de rétablir la Saxe de Witikind, le royaume d'Austrasie ou celui des Wisigoths.

La Pologne, à moins de n'être qu'un joujou accordé par la débonnaireté des puissances à la politique fantaisiste, doit comprendre, avec le duché de Varsovie, la Posnanie, la Lithuanie, la Podolie, la Gallicie, Crakovie, Dantzik même et Kœnigsberg. De quel droit, en effet, l'une ou l'autre de ces provinces serait-elle exclue de la résurrection? Et comment fermer aux Polonais l'entrée dans la Baltique? C'est donc le démembrement de la Prusse, de l'Autriche et de la Russie, telles que les guerres, les traités, et une possession déjà longue les ont faites, qu'on réclame : y songe-t-on sérieusement? Croit-on que les grandes puissances, le futur quatuor-virat, au lieu de s'exterminer pour l'émancipation de leurs sujets respectifs, ne préféreront pas s'entendre pour s'adjuger de nouvelles possessions?... Et puis, dans quel but cette annulation des jugements de la guerre, ce démenti à une histoire de huit cents ans? Que s'agit-il de réparer? Quelle idée à remettre sur pied? Qu'est-ce que le monde a perdu, en laissant périr la Pologne? Existe-t-il une idée polonaise? La Pologne n'a toujours à offrir au monde que son catholicisme et sa noblesse. Plus tard, sans doute, la Pologne entrerait dans la phase révolutionnaire ; elle proclamerait, comme la France de 1789, le droit de l'homme et du citoyen ; elle reconnaîtrait, comme la France de 1848, le droit au travail. Eh bien, que la Pologne, par un vigoureux enjambement, se mette dès à présent à l'unisson du

progrès. Les nations travaillent les unes pour les autres : il est parfaitement inutile, à l'avancement de
l'humanité et au bonheur des Polonais, que la Pologne
refasse l'œuvre de 1793, les campagnes de la république et de l'empire, le travail parlementaire de
1814 à 1851. Que les nobles polonais appuient l'idée
de février, la fin du militarisme et la constitution du
droit économique, et, en servant la civilisation générale, ils serviront mieux leur pays que par une vaine
ostentation de nationalité.

En résumé, s'agit-il de droits et de libertés politiques? Suivons le mouvement de 1814-1815, inter-
prété par 1830 : c'est lui qui a fait l'Espagne libérale,
l'Italie libérale, la Belgique libérale, l'Allemagne et
l'Autriche libérales. Nous n'avons pas à nous écarter
de cette route. Exige-t-on une révolution plus radicale ? C'est la pensée de 1848 : la nationalité, pas plus
que la guerre, n'y sert de rien. Les nationalités doivent aller s'effaçant de plus en plus par la constitution
économique, la décentralisation des États, le croisement des races et la perméabilité des continents.

Que la démocratie française, au lieu de ressasser de
vieilles formules, de vieilles idées, de vieux para-
doxes; au lieu de poursuivre des utopies surannées et
de rallumer des passions éteintes, se mette à l'unisson
des événements; qu'elle étudie l'esprit et les choses
de son siècle; qu'elle en observe la tendance, et elle
se convaincra que la guerre n'a plus la moindre raison

de se faire ; que, provoquée par.des préjugés, par des
chicanes rétrospectives, elle n'aurait rien d'organique,
de civilisateur, de libéral ; que ce ne pourrait être
qu'une guerre de fantaisie en attendant qu'elle devînt
une guerre chaotique, la guerre de ceux qui ne possèdent pas contre ceux qui possèdent.

LE POUVOIR SPIRITUEL ET LA GUERRE. — En dehors des
questions de liberté politique et d'équilibre international, tombées dans la banalité et devenues même
secondaires, il reste à la démocratie française une initiative à prendre qu'aucune puissance ne lui dispute :
c'est, avec la constitution du droit économique, la
création d'un nouvel ordre spirituel.

Chose digne de remarque, la fin de la période de
guerre coïncide avec la fin de la mission chrétienne.
C'est qu'en effet le symbolisme théologique est une
émanation de la pensée guerrière, et qu'ainsi la même
révolution qui a aboli le droit divin doit abroger la
juridiction de la force.

Il appartenait à des organes de cette révolution de
résumer la question du gouvernement papal, et de
dire à la France : Que, comme dans l'individu l'âme
commande au corps, ainsi dans la société et dans
l'État le spirituel commande au temporel ; qu'il en fut
ainsi dans toutes les sociétés antiques, où les deux
pouvoirs restèrent unis, jusqu'à l'avénement du christianisme ; que le christianisme, en distinguant les deux

pouvoirs, n'a ni rompu, ni changé, ni interverti leurs
rapports; que dès le temps des apôtres les évêques,
gardiens de la foi, chefs de la communauté spirituelle,
étaient aussi les juges et les administrateurs de ses
intérêts ; que le communisme primitif ayant été aboli,
ils n'en demeurèrent pas moins les régulateurs des
mœurs, et par là les juges indirects de toutes les trans-
actions sociales; qu'ils réglaient les différends, recevaient les dons, distribuaient les aumônes, adminis-
traient les biens d'église et les hospices, instruisaient
la jeunesse ; qu'après la victoire de Constantin sur
Maxence la puissance de l'épiscopat ne fit que s'accroître; que, l'empire tombé, l'évêque de Rome devint
le vrai souverain de l'Italie et le directeur de la politique contre les Grecs et les Barbares; que le pacte de
Charlemagne mit la dernière main à ce système, en
nommant l'empereur évêque du dehors comme le pape
était évêque du dedans, et en soumettant le premier,
par l'obligation de l'orthodoxie, au contrôle du second,
et que la cession de Pepin, en constituant un domaine
propre au souverain pontife, ne fut qu'un gage donné
au saint-siége, organe de la conscience chrétienne,
contre l'infidélité éventuelle des princes et des rois.

Il appartenait, dis-je, à des hommes ayant l'intelligence du nouveau droit, de montrer que les restric-
tions successivement apportées par les princes à la
suprématie papale étaient l'effet, non pas de la séparation organique des deux pouvoirs, mais d'une révo-

lution qui s'accomplissait, à l'insu des peuples, dans
le spirituel même; que ce spirituel, incapable de
donner la paix au monde, ainsi que l'avait promis son
fondateur, étranger au droit de la guerre et au droit
des gens, inhabile par conséquent à gouverner les
États, avait été reconnu faux par les chefs des nations
qui le confinèrent dans la théologie et le réduisirent à
l'administration des sacrements; que plus tard il avait
été définitivement abrogé par la Révolution française;
qu'ainsi à l'Évangile avait été substitué le Droit de
l'homme, au règne de la grâce le règne de la liberté;
qu'en conséquence un nouvel ordre spirituel avait été
inauguré, selon lequel la justice était le principe et le
fondement de toute sagesse, de même qu'autrefois le
dogme révélé avait eu la prétention de servir de principe et de critère à toute justice et à toute philosophie;
mais qu'à la différence du christianisme, où le spirituel est représenté par la hiérarchie sacerdotale, la
Révolution a fait la conscience publique seul interprète
du droit, seul juge du temporel et seul souverain, ce
qui constitue la vraie démocratie et marque la fin du
sacerdoce et du militarisme.

Et l'orateur de la Révolution aurait conclu : Que la
papauté étant, par la force des choses, nullement par
la défection des peuples ou la trahison des princes,
dépossédée, placée sous la garde de ceux qui jadis,
selon l'esprit du christianisme, n'étaient que ses
vicaires, n'ayant plus où reposer librement sa tête, le

monde allait se trouver, par la dissolution de la société
chrétienne, sans spirituel, sans base morale et juridique; qu'il fallait faire cesser au plus tôt ce dangereux
interrègne, en revenant résolûment aux institutions
et aux principes de 89 et en affirmant le Droit de
l'homme, l'incarnation de la justice dans l'humanité; que c'était le seul moyen de mettre un terme
aux déchirements, de ramener la modestie dans les
mœurs et la sérénité dans les âmes, d'organiser une
paix réelle et féconde; qu'à ces fins le devoir du gouvernement était, non pas de déchirer les traités de 1815
dont la politique suivie depuis dix ans n'avait pu que
développer et affermir la pensée supérieure, mais de
résilier le concordat, de retirer l'instruction du peuple
des mains du clergé, et de pourvoir à la réforme des
mœurs par la discipline des intérêts. A ces conditions,
la France peut renoncer à la garde du saint-siége, et
laisser, à qui voudra le prendre, le protectorat du
catholicisme.

La démocratie officielle et officieuse a mieux aimé
entretenir l'équivoque, en protestant de son respect
pour la religion du Christ et de sa vénération pour la
personne du souverain pontife. Elle a prétendu que la
papauté serait plus puissante quand elle ne tiendrait plus
à la terre, que les beaux temps de l'Église reviendraient
quand l'Église aurait l'air de ne s'occuper que des
choses de l'autre monde; elle a osé dire que la Révolution n'était elle-même que le christianisme considéré

dans sa morale et ses espérances immortelles : par cette affectation de religiosité, elle a trahi la Révolution et bafoué la foi chrétienne. A qui la faute maintenant si les esprits sont à la guerre? La politique de nos meneurs est comme leur conscience : elle n'a pas de principes. Leur parole sème le vent, et nous recueillons la tempête.

L'humanité est comme un vaste cerveau dans lequel toute pensée s'agite, mais où la vérité finit toujours par triompher de l'erreur. La France tient entre ses mains la paix et la guerre. Aucune puissance ne songe à l'attaquer : toutes la craignent au contraire et s'en méfient : ce qui ne doit pas être pour elle un sujet d'orgueil. Ce que la France aura décidé arrivera. L'évolution guerrière est à sa fin; cela résulte de toutes nos recherches. Voulons-nous la recommencer, cette évolution? D'après les principes que nous avons successivement posés, l'analyse que nous avons faite des motifs et des causes, la situation à laquelle l'Europe est parvenue, il n'existe pas, à cette heure, un seul cas rationnel de guerre. La politique de guerre est épuisée, et nous savons à quoi nous en tenir sur la question économique. Mais tout peut servir de prétexte : que choisissons-nous? Le mouvement de 1814-1815, continuant le mouvement de 1789 et amenant celui de 1830-1848, a produit tout ce que nous voyons : les guerres qui se sont faites depuis dix ans n'y ont rien ajouté de fondamental ni même d'utile. Tout ce qu'ont valu à la civilisation, à l'équilibre européen, au progrès du droit, les campagnes de Crimée et de Lombardie, pouvait être obtenu sans frais. Allons-nous reprendre 1848 ou continuer 1859 ? Je pose la question tout à la fois aux républicains de février et aux conservateurs qui s'étaient d'abord ralliés à la république. Quand la France, toute-puissante par la pensée et par l'exemple, ne tire plus de fruit de ses victoires, renoncerons-nous à la pensée pour courir aux armes ?

Au reste, quelle que soit la décision des hommes, nous pouvons être sans inquiétude sur les événements. Les hommes sont petits : il dépend d'eux jusqu'à un certain point de troubler le cours des choses ; en le faisant, ils ne peuvent nuire qu'à eux-mêmes. L'humanité seule est grande, elle est infaillible. Or, je crois pouvoir le dire en son nom : L'HUMANITÉ NE VEUT PLUS LA GUERRE.

FIN.

TABLE

DU TOME SECOND.

LIVRE TROISIÈME.

LA GUERRE DANS LES FORMES (SUITE).

LIVRE QUATRIÈME.

DE LA CAUSE PREMIÈRE DE LA GUERRE.

n.   24

LIVRE CINQUIÈME.

TRANSFORMATION DE LA GUERRE.

PARIS. — IMPRIMERIE DE J. CLAYE, RUE SAINT-BENOIT, 7